U0087851

誰製造了貧窮？

史丹佛經濟學家對貧富不均的思辨

Thomas Sowell

湯瑪斯・索威爾——著

李祐寧——譯

WEALTH POVERTY AND POLITICS

目次

導讀：釐清事實的真相　莊奕琦　05
第一章　問　題　09
第二章　地理因素　23
水路　30
土地與氣候　43
動物　61
疾病　68
位置　70
第三章　文化因素　75
文化與環境　77
文化傳播　90
文化與進步　106

第四章　社會因素 125
人口 126
心智能力 142

第五章　政治因素 169
國家的出現 172
政治極化 185
福利國家 198

第六章　可能的影響與遠景 227
收入與財富的差異 228
面對事實與未來 269

結語 281
致謝 313
參考資料 317

導讀

釐清事實的真相

莊奕琦／國立政治大學經濟學系教授

研究經濟發展一直是經濟學家的終極關懷，但其範疇包羅萬象，牽涉到社會、政治、教育等領域，因此也最具挑戰性。現代經濟成長理論強調外顯的投資（資本累積）與技術進步的重要性，但就發展的面向而言，實則更注重內顯的影響因素。本書從地理、文化、社會、政治等角度切入，旁徵博引古今中外實例，提出這些因素如何在交互作用下形成發展上的差異。結論是不同地區、族群和國家，並非具有一樣且公平的發展機會，因而呈現出不同的發展結果。本書引述真實世界的客觀事實來支持相關論述，並強烈批判當今主流社會在討論分配不公時的慷慨激揚論調，有多麼的不切實際與荒謬。

由人類發展的歷史軌跡來看，不難發現地理位置越孤立封閉、資源越貧瘠的地區，越難有發展。但資源豐富的地區也不必然能發展起來，例如技術未成熟到足以開採資源，或需要其他地理因素，像是溫度、氣候、土壤、雨量等相互配合。

文化，則是人類為求生存而演變出來的制度，反映特定族群的生活態度與價值觀。創造財富需要具有某些文化先決條件，包括知識、教育、技能等人力資本的養成，具有這些條件的文化，即使面臨環境制約也比較容易突破限制、成功發展，這也說明為何某些族群，例如海外各地的華人或猶太人，在不同的地理環境或移民社會中，依然能有亮眼的成就。

我們常認為，種族之間或性別之間的經濟差異是源於「歧視」，但更可能的原因是文化的價值觀所致，即經濟差異反映的乃是背後的生產力差異。因此，越能以開放的思維吸收外來文化，越有助於發展；反之，一味排斥外來文化的孤立文化，則限縮了發展的空間。

人類是群居的動物，從家庭到社會，十分講究人與人之間的關係。社會包括人口的組成與結構的不同，不同型態的社會自然會有不同的表現，但無論是種族、宗教、種姓或任何原因，人民都不應該被剝奪發展潛能的機會。確保和維持社會的流動性，將有助於社會的公平與穩定，也影響著國家的經濟命運。

至於特定政府所制定的特定政策，也會對經濟發展產生深遠的影響。從部落、城邦乃至國家的形成，政治實體擁有分配社會資源的絕對權力，任何政治上的干預，也會顯著影響經濟發展的軌跡。例如市場經濟體制比計畫經濟有效率、開放貿易政策比保護主義更有發展機會，而全球化下的國際貿易秩序，藉由市場擴大能帶來規模經濟與專業化生產分工的好處。然而，種族議題與政治意識形態下的分化與衝突，卻埋下了發展不穩定的因子。

當談及發展的分配不均時，政治因素往往比地理、文化、社會等因素更具煽動力與說服力。例如，有一派主流論述認為，分配不均的原因來自於低所得族群長期被壓抑，以及高所得族群的特權效應所致，是社會的不公不義現象。本書作者則以人類的經驗實例來回應，以個人生涯收入的成長軌跡與世代人力資本的累積，說明常見的分配不均統計其實只是一種靜態描述，其真實結構應是動態的社會流動，只有少數人會持續停留在低下階層，尤其是那些寧可不工作、坐領補助或社會福利的人；大部分的人，事實上會隨著人力資本與經驗的累積，在不同的人生階段爬升、流動至更高的所得階層。因此，將靜態的分配不均統計數字，視為政治因素導致的不公不義，顯然過於武斷，也昧於事實。

本書充分說明了可能影響經濟差異的各種原因，以及這些原因在交互作用後形成多元而複雜的結果，讓人耳目一新，發聾振聵。循著本書的脈絡，臺灣為一資源貧瘠的蕞爾小島，四百多年來，先後被荷蘭和西班牙占領下作為東西方貿易的轉口港、清末被英法聯軍逼迫開港通商、甲午戰爭後成為日本的殖民地，臺灣因此開始對外貿易、不斷吸收外來的先進知識與技術。此外，隨鄭成功來臺解甲歸田的移民，以及因國共內戰隨國民政府撤退來臺的兩百萬移民，都豐富了臺灣的人力資本。接下來的土地改革、開放貿易與發展勞力密集產業的工業化政策，也讓臺灣掌握了發展的機會，奠定二戰後經濟快速發展的基礎。

臺灣是一個多元族群融合的社會，有原住民、早期移民與晚期移民；因早、晚期移民結構的不同，又再區分為本省人與外省人等。然而，國家認同的政治分化，卻侵蝕我們好不容易達成的經濟發展奇蹟。戰後初期，國民政府由少數外省籍菁英掌權，本省籍菁英出於政治因素，容易強化本省人被壓迫、外省人享有特權的形象，每逢選舉就操作省籍意識的對決。對照本書的描述，弱勢族群的政客善於操作族群對立，以獲取政治資源，混淆成就與特權的區別，阻礙社會的融合與經濟的發展，讓人心有戚戚焉。

事實上，傳統刻苦耐勞的精神與重視教育投資的價值觀，讓臺灣在發展的過程中達到教育普及與生活改善的成果，已逐漸弭平本省人與外省人的省籍差異，唯一還存在影響的因素便是「政治」。國家認同與兩岸統獨問題如鬼魅般揮之不去，卻忽略生產力的提升才是經濟發展的動力，嚴重阻礙臺灣的長遠發展。族群的對立與文化的孤立，是野心勃勃的政治領袖取得政權最廉價的工具，歷史斑斑，殷鑑不遠。

本書給我們的重要啟示是，經濟差異背後反映的是生產力問題，而生產力又受到地理、文化、社會、政治之間的交互影響。雖然客觀環境易造成不平等的發展機會，但現代政府的政策務必確保人力資本累積的公平性，尤其是公平的受教育機會。解決之道需要人民理性思考的自覺，我們能做的是掌握生活機會扭轉契機，從而轉化不可能為可能，創造經濟奇蹟。而本書強調以「事前」和「事後」觀點來區分產出與生產力、成就與特權、惰性與歧視的不同，有助於釐清事實的真相，在人云亦云、資訊爆炸的時代，有如醍醐灌頂，值得我們深思。

第一章

問題

此刻的我們，或許會對現代工業化國家與第三世界國家的生活水準，居然呈現如此極端的對比感到吃驚，但這樣的不均在人類數千年來的歷史上，卻是一種常態。此種不均已經從財富本身，延伸至創造財富的資源上，像是在不同的地理條件、文化與政治背景下，不均等地發展出來的知識、技能、生活習慣與戒律。

當大不列顛的土地上，只有過著粗糙而原始的生活、幾近於文盲的部落民族之時，古希臘人卻已經在鑽研幾何學、哲學、建築學與文學。在雅典那座於數千年後、光憑斷垣殘壁仍讓世人讚嘆不已的城市——衛城出現之時，大不列顛卻連一座建築都沒有。當古希臘人出現了柏拉圖、亞里斯多德、歐幾里德等多位協助奠定西方文明知識基石的偉大人物，同一時期的大不列顛，卻沒能在史書上留下任何一個名字。

據學者的推測，古代歐洲的某些地區，其生活品質僅達到希臘數千年前就已經達到的程度[1]。當歐洲多個地區及世界上其他地方的居住者，才開始掌握農耕的基本技巧時，除希臘地區以外，更有埃及與中國，已經出現了複雜的文明。[2]

千百年來，財富與創造財富能力上的巨大落差，向來是一種普遍現象。然而，儘管人類歷史上普遍存在此種巨大的經濟差異，在近幾世紀間，此種不均等的特有模式，卻也開始出現激烈的顛覆。儘管古時候的希臘遠比英國更為先進，但十九世紀的英國卻遠遠超越希臘，帶領世界進入工業化時代。

數世紀以來，中國的進步程度超越歐洲所有地區，更遑論其發現並發明了指南針、印刷術、紙、舵，和如今被西方人命名為「中國陶瓷器」(chinaware) 或單純稱為「中國」(china) 的瓷器。早在歐洲人開始製作鑄鐵器皿的一千年之前，中國就有了鑄鐵用品[3]。中國知名將領所進行的海上探索之旅，其年代不僅遠遠早於哥倫布航行數世紀，其航行的距離甚至更遠，用於航行的船隻也更為宏偉及進步[4]。但中國與歐洲的相對關係，在數世紀間也有了對調。世界上各地區及各地區的人們，在特定的領域上都曾經有過屬於自己的輝煌時代，或曾在諸多專業方面取得顯著的進步。

農業，堪稱人類社會演化史上對生活型態造成最大改變的發明，在古時候從中東傳入了歐洲。農業讓城市成為可能，因為如此稠密的人口社群，倘若以過去的狩獵採集方式來維持，勢必會需要極為廣闊的土地，才能給予人們足以長久定居下來的食物來源。除此之外，在數百年裡，世界各地的城市於藝術、科學及科技方面的發展，與數量相仿但散居在蠻荒地帶的人口相比，也有著更為顯著的貢獻。[5]

與北歐或西歐的居民相比，地理位置更靠近中東的希臘，較早接觸到農耕技術，也因此早於歐洲數世紀出現都市化，且與世界上那些尚未接觸到都市化、因此獲得其益處的人口相比，在許多方面都表現出長足的進步。地理位置的偶然，無法造就天才，卻能賦予人類開發心智潛能的環境，這是過去必須漫遊在廣袤土地上、迫切尋找食物的狩獵採集集體生活，所不能提供的條件。

地理位置也只是影響人類及地區間，巨大經濟差異的其中一項因素而已。此外，這些差異指的也不僅僅是單純的生活標準差異，儘管此點也確實同等重要。不同的地理環境，能決定人們會接觸到較廣闊或較狹隘的文化範疇，從而侷限或賦予人們將心智潛能發展為經濟學者所謂的人力資源的能力。此種地理環境的差異，不僅只是如歐洲、亞洲及非洲等地區出現的水平差異，更包括了垂直差異——如生活在平原與崇山峻嶺間的人們。正如同一篇地理研究所指出的：

> 山區不利於天才的孕育，因其位置孤立且封閉，遠離隨河谷流淌的巨大人流與思潮。6

世界上許多山區——如美國的阿帕拉契山脈、摩洛哥的里夫山脈、希臘的班都斯山脈、喜馬拉雅山脈等，都出現了極為相似的貧困與落後特徵。如同傑出的法國歷史學家費爾南·

布勞岱爾（Fernand Braudel）所言：「山間生活總是落後於平原。」[7]此一描述在千百年歷史中，實屬貼切，直到近兩個世紀突飛猛進的交通運輸革命，讓外部世界的進步終於得以進入山區村落。但這些科技革命無法給予山區的，是過去幾世紀間，那些因身處在優勢環境中的人們得以獲得的文化發展機會。居住在山裡的人們，可以努力追上外面的世界，但理所當然地，世界並不會停下腳步，等待他們學習。

山只是一項地理特徵，地理也只是影響人類發展的一項因素。但無論是就地理或文化層面來看，我們經常能在世界各地的貧窮與落後中，瞧見孤立的影子（包括物理性孤立或文化性孤立），在稍後的章節中，我們也會進一步探討具體原因。

無論人們與國家間的經濟不均成因為何，這樣的不均在過去與現在都非常普遍。二十一世紀，瑞士、丹麥和德國的人均國內生產毛額（Gross Domestic Product，簡稱GDP），是阿爾巴尼亞、塞爾維亞或烏克蘭的三倍以上，挪威的人均GDP更是後面這些國家的五倍以上[8]。而此種經濟不均，並非歐洲所獨有的現象。亞洲同樣如此，日本的人均GDP為中國的三倍以上，更是印度的九倍以上[9]。撒哈拉以南非洲的人均GDP，則遠不及歐洲國家的十分之一。[10]

一國之內及國與國之間，階級、種族或各種人類族群間，收入不均的現象極為普遍。面對此種經濟不均，反應從屈服到革命皆有。由於許多人認為自身國家內部出現這樣的不均非常奇怪，因此我們有必要強調，這樣的不均並非特定時代或特定區域下的產物。正因如此，我們自然不能用受特定時間或區域因素所侷限的理由，來解釋經濟差異現象，如當代的資本主義或工業革命❶，更遑論那些圖政治之便或僅為滿足情緒宣洩所提出來的解釋。

至於征服或奴役等基於道德原因所提出來的重大探討，在解釋當代的貧富不均因果原因上，也絕不能理所當然地被看作同等重要。在特定情況下，這些原因可能重要，也可能不重要。人們或國家比較富裕或貧困，可能是因為：(1)他們的產值比其他人多或少；(2)他們奪取了他人較多的產值，或他們的產值被其他人剝奪較多。任何人在特地時間地點下所願意接受的理由，並無法撼動現實的真相。

❶根據《國家為什麼會失敗》(*Why Nations Fail*)的作者：「全球如今現存的不均等現象，主要肇因於部分國家在十九及二十世紀間有機會獲得工業革命於技術及組織方面的成果，而其他國家卻沒能如此。」但國家間的貧富不均，並非起始於工業革命，且古時候存在的國際不均現象，也絕對不比現代的不均少。戴倫・艾塞默魯(Daron Acemoglu)和詹姆斯・羅賓森(James A. Robinson)，《國家為什麼會失敗：權力、富裕與貧困的根源》，紐約：Crown Business，二〇一二，第二七一頁。

以西班牙人征服西半球的事蹟為例，毫無疑問地，西班牙對被征服地的人民確實殘忍，也扼殺了當地很有可能孕育出來的先進文明，同時還將當時西半球所擁有的大量黃金與白銀，搜刮運送至西班牙（黃金兩百噸，白銀更超過一萬八千噸[11]）。其行為的後果就是導致當地居民的財富被掠奪一空，還被送到金礦與銀礦中被迫進行開採。西班牙的行徑，並不罕見。然而，此處的問題在於：財富轉移此一解釋，對當代國家與人口間的貧富不均現象，產生了多大程度的影響力？

如今，西班牙是西歐最貧窮的國家之一，在經濟上更被那些從未出現過帝國強權的瑞士或挪威等國超越。西班牙透過「黃金時代」所搜刮而來的巨額財富，本可以投資到自身經濟或其人民身上，但他們沒有。所有的財富都被花掉了。西班牙人自己提起黃金，也描述其如同落在屋頂上的暴雨，轉瞬間就消逝無蹤[12]。綜觀歷史，大量人類因少數統治者那倏忽即逝的財富，而飽受被征服或被奴役等各種苦痛的往事，更是屢見不鮮。

西班牙在西半球所進行的那場惡名昭彰掠奪事件，對西班牙經濟的長遠效果，只留下了一道極為輕淺的痕跡。直到一九〇〇年，西班牙人之中，有超過半數者為文盲[13]，與此同時，美國黑人在重獲自由後的五十年內，絕大多數都得以脫盲[14]。至於一個世紀後的二〇〇〇年，西班牙的實際人均收入則略低於美國黑人的實際人均收入。[15]

道德問題與因果問題同等重要。但將兩者混淆、或想像兩者能單純地結合成一個在政治或意識形態上更具吸引力的組合，絕對不是解釋經濟差異的有效方法。

國家間的經濟差異，不過是貧富不均故事的其中一個環節罷了。有大量存在於國家內部的貧富差異需要我們關注。在考量特定國家人口中所存在的經濟差異時，人們經常傾向於將此種差異視為「收入分配」(income distribution) 上的問題[16]。但實際收入——亦即對通貨膨脹進行調整後的金錢收入，是由一國之內所生產的商品及服務所構成。當我們僅從那些因為製造產品與服務而獲得金錢的角度來看待產出，會冒著造成不必要誤解的風險，而這些誤解很可能演變成嚴重的社會問題。

事實上，一國的生活標準更仰賴的應該是平均產能，而不是因為製造產出而獲得的金錢收入。否則，政府可以輕鬆透過印鈔票的方式，來讓我們每個人致富。將焦點放在所謂的「收入分配」，導致許多人以為政府可以重新安排這些金錢流，好讓收入變得更「公平」（暫且不論此處的公平定義為何），卻忽視了此種政策的反彈很可能落在更基本的商品與服務產出過程，而後者卻是一個國家生活標準的依歸。然而，媒體甚至是學術界所呈現出來的觀點，卻好似產出或財富「不知怎麼地」已經存在了，真正值得探索的地方只在於該如何分配而已。

有時候，對於收入過度關注，以及對得到收入者背後的生產過程的忽視，可能會導致人們企圖以「貪婪」此一標籤來看待獲得大筆收入者，就好像對鉅額金錢的貪婪無厭，會讓其他人必須為他所購買的高價商品或服務買單一樣。

無論是出現在人群、地區或國家間的收入差異，都有非常多可能的解釋。其中，有一個非常明顯卻不被重視的解釋。如同經濟學家亨利．赫茲利特 (Henry Hazlitt) 所言：

> 貧窮的真正問題不在於「分配」，而在於生產。窮人之所以窮困，並不是因為他們某部分財富被扣繳，而是因為他們生產的不夠多——無論背後是基於何種原因。[17]

在亨利．赫茲利特眼中最顯而易見的事實，對許多人來說卻非如此，後者抱持著不同的觀點，並因為這些觀點而理所當然地衍生出各種議題。認為經濟不均是因為財富生產所導致的差異，以及認為此種不均是源自於某些人的財富被「轉移」到他人手中，此兩派看法有著根本上的不同。

歷史告訴我們，此兩種財富不均的原因在特定時期與特定地方皆普遍發生過。本書所採取的態度，是尋求財富「生產不均」的解釋，並同時涉及到財富轉移的部分——無論是因為過去的殖民或奴役，或如今的福利制度國家內部與跨國援助行為。

在探究地理、文化與其他影響財富生產的因素時，必須明確區分影響與決定論。過去，某些人會用地理決定論，來解釋人們與國家間出現的貧富不均現象。舉例來說，擁有豐富天然資源的地方，理論上應該要更為富庶。但批判者能輕易舉出這樣的論點並非總是成立，且在多數情況下，甚至不一定為真，因為部分貧困國家如委內瑞拉、奈及利亞等，擁有豐富的天然資源，而繁榮的國家如日本和瑞士，卻沒有什麼寶貴的天然資源。這樣的結果不只導致地理決定論被摒棄，更導致地理在其他方面上，也同樣不被視為重要的影響因素。

儘管如此，地理確實以一種非常不同的方式影響著經濟產出。此外，此種影響不僅是因為單一地理條件特徵，許多時候更是特定地理特徵與其他地理特徵的**交互作用**，以及與其他非地理特徵，如文化、人口、政治，或其他影響因素的交互作用。

但即便像這樣一個簡單且無可辯駁的地理事實——如靠近極圈的地方其平均溫度比靠近赤道的地方來得低，在考量到與其他地理因素的交互作用後，也不一定總是成立。比波士頓更靠近極圈好幾百英里的倫敦，冬季平均溫度卻比波士頓高，且其溫度與美國幾百個在波士頓南邊數百英里的城市相近[18]。倫敦十二月的平均每日最高溫，與美國首都華盛頓十二月的平均每日最高溫相同，儘管後者的地理位置比前者靠近南邊八百五十英里。而華盛頓的平均每日最低溫，自十二月以後一直到三月，都略低於倫敦[19]。緯度很重要，但不同洋流的溫度差異也很重要❷，且此兩者的交互作用，能創造出與單一因素所導致的後果截然不同的事實。

在特定地理因素彼此交互作用的同時，非地理因素也在醞釀，其導致的結果也與單獨考量某一特定的地理、文化、人口或政治因素時，非常不同。這也是為什麼「影響」不等同於「決定論」。有鑑於多數經濟成果都會受一個以上的因素所影響，那麼當我們將所有因素加總在一起後，卻期待這些因素能在所有人類及地區間，創造出均等的繁榮與進步，其機率自然是微乎其微。而截然不同的地理位置也只是導致經濟發展極為不同的其中一項因素而已。

文化，則是另一項在人與人之間、國與國之間，甚至是一國之內的族群與個體間，都可能有著極大差異的因素。如同對地理影響的評論，對文化影響的評論在某些時候，也同樣過於簡化其作用。舉例來說，知名著作《國家為什麼會失敗》就試圖質疑文化因素對經濟發展的影響性，拒絕承認英國前殖民地如美國、加拿大與澳洲之所以繁榮，是因其繼承了英國文化：

❷墨西哥灣暖流，發源於墨西哥灣的亞熱帶水域，朝東北流向大西洋，並經過不列顛群島，讓西歐的冬天溫度，比同緯度的東歐、亞洲或北美來得溫和。

加拿大與美國曾為英國的殖民地，但獅子山共和國與奈及利亞也是。前英國殖民地間的繁榮程度差異，如同世界既存的差異般巨大。因此，英國文化並不是締造北美成功的主因。[20]

是的，這些國家全是英國的前殖民地，也因此都能被視為曾經受英國文化的薰陶，但同屬事實的是，加拿大與美國的開國者皆為英國人，是數世紀以來受英國文化影響的後代；與此同時，獅子山共和國與奈及利亞的開國者，則是數世紀以來深受撒哈拉沙漠以南的非洲地方文化影響的後代，除文化性質極為不同外，該地區受英國文化影響的時間也尚未超過一世紀，且在短暫成為大英帝國殖民地的時期內，本地文化並未因此滅絕。

在許多人口以非英國人為主的前英國殖民地身上，我們依舊能觀察到些許英國文化特質，像是律師帶著假髮出庭（即便這些殖民地已獨立），但這些形式上的英國傳統儀式，並不妨礙這些前殖民地傳承著在本質上與英國文化截然不同的文化環境，以及在獨立後遭遇極為不同的政治與經濟體驗。

同樣地，基因決定論者也企圖質疑文化因素，認為個體與族群天生在智能方面的不同，解釋了不同族群、國家與文明間的經濟不均現象。但這些將當代成就與智能測驗結果[21]等難以否認的事實作為根據的基因決定論者，卻也解釋不了為什麼在不同歷史時期下，特定種族、國家或文化能從遙遙領先的狀態，變成遠遠落後，就連英國與希臘也不過是眾多角色對調的其中一例而已。

那些在一個世紀內，從貧窮與落後國度搖身一變成為人類成就開創者的國家，例如：從十八世紀開始崛起的蘇格蘭，以及從十九世紀開始崛起的日本，其改變的速度遠超越基因可能改變的速度，且事實上，在這兩個例子中，根本沒有任何基因出現改變的跡象，倒是有許多文化變革的痕跡。即便某些特定文化在當代的展現是顯而易見的，研究者還是會因這些文化的起源消失在時間的迷霧中而備感挫折。此外，如同當代基因決定論者所提出來的，文化本身並不容易進行量化[22]或統計分析，發展出類似IQ與GDP的關聯分析，予人科學精確度的感受。但就像統計學家經常強調地，關聯性不代表因果性。此外，如同凱因斯(John Maynard Keynes)早就說過的：「大致的正確，好過精確的錯誤」。[23]

無論考量的是文化、地理、政治或其他因素，這些因素的**交互作用**在部分程度上，解釋了為什麼理解「影響」與宣稱「決定論」，兩者有著極大的不同。

第二章

地理因素

這個世界從來就不是一個公平的競爭環境，萬物皆有代價。

大衛・藍迪斯 (David S. Landes)[1]

最顯而易見的事實是，數千年來，世界各地的人們在不同的地理環境生活與發展。但較不明顯的事實，則在於這些環境間的差異所導致的經濟與社會成果差異。地理環境下，不存在平等主義。

世界上不同地區的地理特徵，甚至稱不上近似。地理環境的不同與因其所導致的現實差異，就如同許多人對收入不均現象感到詫異般那樣，令人吃驚。舉例來說，美國中部發生的龍捲風數量，遠多過任何一個國家，甚至大於世界上所有國家的加總[2]。世界上絕大多數的間歇泉，都出現在黃石公園[3]。地震在環太平洋國家中極為普遍（包括亞洲與西半球），但在環大西洋沿岸就很罕見。[4]

這些自然現象單純說明了不同地理條件下，物理變化的差異有多大。但在地理所導致的現象中，還存在著其他因重大經濟與社會效果所造成的不均。就連在不同地方，人們腳下踩著的土壤都不一樣。被科學家稱之為黑沃土的肥沃土壤，在全球各地的分布既不平均、更非隨機。此類土壤幾乎只存在於南、北半球的溫帶地區，且分布極為不平均，熱帶地區更是幾乎找不到。[5]

這在農業最為興盛，且成為人類經濟活動重要一環的數千年之中，產生了難以磨滅的重大影響——除了那些近幾個世紀中特別幸運的地區以外。人類數千年來所累積並發展出來的經濟與文化，就是在如此迴異的地理環境與經濟侷限下所得到的。

地理環境差異所導致的經濟效應，既是直接影響生活水準，也會間接影響人們自身的發展，這取決於地理環境是促進或妨礙當地人與外界進行交流互動。人類的大發現與發明並沒有被任何一個社會所壟斷，因此對特定一群無論階級、種族與國籍的人口而言，能接觸到世界上其他人正在進行的事物，絕對是一大優勢。

文化範疇的廣度非常重要，這不僅因其涉及了文化產物、技術與知識的傳播（這點很重要），更因為人們能目睹不同地方的人是如何不一樣地行事，從而得以打破我們在許多地理位置孤立的地域中所觀察到的——人們數世代或數世紀以來，總是慣於以同樣方式做事的惰性。後者不僅與前者同等重要，甚至更為必要。有人認為所謂的「智力」，必須要能以「廣泛比較後所獲得的營養為食」。[6]

相反地，孤立造成的影響則完全不同。當西班牙人於十五世紀發現位置孤立的加那利群島時，他們發現當地人們的生活方式就跟石器時代差不多[7]。而英國人在十八世紀所遇到的澳洲原住民，其遺世而獨立的環境也讓狀況大致如此[8]。至於其他位置孤立，如偏遠山區或熱帶叢林中的聚落，當地居民的生活狀態也往往被發現與數世紀、甚至千年前的人類先輩相同。[9]

沙漠則是另一個孤立人們的地理因素。截至目前為止，世界上最大的沙漠為撒哈拉沙漠，這對北非人口而言，確實是一大負面因素，但這對撒哈拉沙漠以南的熱帶地區非洲黑人而言，更像是一道致命屏障。這個面積些微大於美國相鄰四十八州面積[10]的超大沙漠，成為數世紀以來，導致撒哈拉沙漠以南非洲的人們無法與世界上其他地區交流的最大因素。熱帶非洲缺乏良好港口的情況，也進一步侷限了其與外界文化接觸的可能。如同費爾南．布勞岱爾所描述的：「外部影響以極其緩慢的速度被過濾著，然後一滴、一滴地滲入廣大的撒哈拉以南非洲大陸。」[11]

儘管地理影響存在，地理決定論卻不存在。如果人與人之間能互相接觸，不斷變化的人類知識以及擁有不同價值觀與願景的文化，在與固定不變的地理環境**交互作用**後，往往會締造出極為不同的結果。我們現代人所使用的多數天然資源，對穴居時期還不知道該如何利用這些資源來輔助自己的人類而言，根本稱不上資源。自古以來，中東地區就蘊藏著豐富的石油。但一直等到科學與技術進步到足以讓各地出現工業化國家後，中東的石油資源才變成一種有價值的資產，並深刻影響中東與其他工業國家人民的生活。

個別地理影響不能被視為獨立的單一事件，因為一切的成果都是奠定在這些影響的**交互作用**下。降雨與土壤之間的關係，就是諸多交互作用中的其中一例。世界各地的降雨量有著極大的差異，而不同土壤截流並儲存雨水的能力，也有著極大的差異。巴爾幹半島的石灰岩，其土壤蓄水能力顯然比中國北邊的黃土要差。由於氣候與土壤的差異，會大幅影響不同地區不同作物的生長收穫，當全世界人類最主要的經濟活動為農耕時，農業也成為城市發展的根本，因此，各地方不可能實現同等的繁榮與富庶。

但也如同許多事物，土壤的蓄水能力必須在特定情況下，才能被視為一種優點。回到羅馬時代，西北歐的平原地帶因為有著極為豐沛的降雨，導致該地出現許多沼澤與近似沼澤的區域，這對農業發展而言，極為不利。一直到數世紀後發展出排水技術與應用，這才讓土壤變得肥沃[12]。但這也並非某種既定或永恆不變的事物。排水與灌溉技術的發展，以及可套在馬、牛身上來翻動大量土地的犁的出現，對土壤的肥沃程度有著極大的影響。西北歐的土壤之所以變得肥沃，是因為土壤、降雨，以及隨時間而改變的人類知識與技術，此三者**交互作用**的成果。

而這也廣泛意味著地理因素的可能組合與排列，遠超過可被單獨考量的因素數量，尤其再加上了隨時間而改變的人類知識後。因此，不同地理環境下所可能得到的多種經濟與其他成果，讓世界上不同地區與人們得到相同發展程度的機率，變得更渺小，更不是靠著單獨列舉地理差異就能釐清。對於世界各地在數千年間各自發展，並因不同地理環境而演化出不同文化的部落、種族與國家族群而言，幾乎不存在發展出同等生產力的可能性。

不僅平等的經濟成果極少、或甚至根本不存在，就連一個時代的特定不平等模式，往往也與另一個時代的特定不平等模式大相徑庭。

古希臘的社會發展遠超過英國的事實，反映了希臘地理位置比鄰中東的優勢——西南歐遠比整個歐洲早上幾個世紀，就獲得中東所發展出來的農耕技術。一旦缺乏農業，就非常難發展出人口密集的城市，因為這與必須移動的狩獵採集社會或遊牧民族生活型態不同，後者需要極大面積的土地供人移動，以取得足以讓特定人數溫飽的食物。

直至今日，城市依舊是文明取得長足進步的最大泉源。許多進步——尤其是那些劃時代性的科學與技術成就，多發生在都市人口中，而不是發生在其他地理環境下[13]。不具備形成都市先決條件的人們，長期落後於那些可實現都市化的人們。相較於人類存在的時間來看，都市成形得非常晚，而我們如今所公認的絕大多數文明也是如此。農業讓都市成為可能，也讓重要的工業、醫療等，其他如今在都市環境下得以發光發熱的進步成為可能。

現代傳輸與通訊技術的發達，打破了人們的孤立狀態，正如同其他的科技進步可減輕，或是根除多種地理障礙對經濟與社會發展所造成的困境。但這些深具歷史性的近代突破，無法回過頭去消除幾千年來因為嚴重地理限制所發展出來的文化，並彌補其與那些在幾千年間因為得以接觸到更多進步與思想區域的文化，此兩者間的懸殊差異。

我們如何定義「環境」很重要。一位傑出的地理學家曾如此定義：「環境是人們居住其中的總體物質設定。」[14]但另一位地理學家則認為「環境不只是意味著當地的地理條件」，並提出了「更宏觀的環境概念[15]」，涵蓋了前人的經驗是如何「透過那些在久遠祖先棲息地上所獲得的智慧傳承與傳統習俗的形式，於後代身上留下印記[16]」。無論是從地理學的角度或社會經濟學的角度出發，其最根本的差異在於將環境描述成特定人群的周圍，還是將人群內部同等囊括進去。

倘若不去瞭解那些形塑此刻人們物質與心理世界的過去條件，亦即前人所留下的印記，我們就無法瞭解當下正在發生的事。如同一位文化歷史學家所言：「人類並不是一塊空白的寫字板，一塊可供環境刻寫下一種文化，再輕易消除好覆蓋上另一種文化的板子。」[17]也如同另一位知名歷史學家所描述的：「我們並沒有活在過去，但過去流淌於我們體內。」[18]

有了這樣的認知，我們就可以更詳盡地去檢驗如水路、山脈、動植物等地理因素的影響。

除了特定的地理特徵，地理位置也是一個值得我們關注的因素。

水路

水路扮演了許多重要的角色，像是人們與動物飲用的水源、取得魚類與其他水中生物作為食物的場域、農作物的澆灌、運輸貨物及人類的交通要道。在這些角色上，水路的意義各有不同，也因此決定了其對人類的價值為高或低。

顯然，水路有許多種類，從小河到湖泊、港口、海洋，而每一種又存在著自身內部的差異，例如適航性 (navigable)。緩緩流過廣闊平原的溪水——如西歐的河流，遠比撒哈拉沙漠以南非洲那些從高處急流直下的大小瀑布，更具有商業及人口運輸的利用價值。事實上，同一條河流在其流往大海的路徑上，樣貌也不相同：

發源於山中的急流與奔流向大海的河流，並不一樣。在這段從高處通往低處的漫長旅途中，它先是得到了來自冰川溪流的乳白色水源，再接收到來自農耕土地的泥濘支流，又獲得來自石灰岩平原的清澈水注，與此同時，其湍急的流水更不停翻攪著從自身河床拍打下來的土壤。[19]

儘管供給人類與動物飲用水是水路最重要的意義，因為生命一旦缺乏水，就難以存續；但就經濟發展而言，水路最重要的角色是作為運輸渠道。水路擔任人口移動與運送貨物此一交通命脈的重要性，其關鍵在於陸地運輸與水路運輸有著極大的成本差異，而這樣的差異在數千年前尚未有機動陸地運輸以前（後者出現的時間還不滿兩個世紀），更為巨大。

舉例來說，一八三〇年，透過陸路運送一噸的貨物到三百英里之外，成本超過三十美元，但透過水路將同樣的貨物運送到三千英里外的大西洋另一端，卻只要十美元[20]。此一運輸成本差異所帶來的其中一項後果，就是住在高加索第比利斯城市裡的人，儘管離巴庫的油田只有三百四十一英里的陸路，卻選擇從八千英里外的美國，透過水路進口石油[21]。同樣地，在橫跨大陸的鐵道尚未建造完成以前的十九世紀中葉美國，從太平洋另一端的中國港口抵達舊金山，遠比經由密蘇里河沿岸的陸路抵達此處，更省時省錢。[22]

有鑑於需要運送大量的食物、燃料與其他生活必需品到都市，且都市也需要將大量的商品輸出以進行販售，不難想見為什麼世界各地的都市，幾乎都是座落在可供航運的水道上，尤其是在發生不到兩百年的運輸革命帶來陸上機動交通工具以前。

即便到了二十世紀，陸路運輸與水路運輸的成本差異依舊存在。以二十世紀的非洲為例，透過陸路從吉布地運輸一輛汽車到阿的斯阿貝巴（三百四十二英里外）的成本，與透過水路從底特律運送一輛汽車到吉布地（七千三百八十六英里外）的成本約莫相等。[23]

換個角度來看，缺乏可航行水路的地區，意味著其與外界的聯繫經常嚴重受限，該處的文化廣度也會急劇縮小，而這樣的縮小讓居民與異地人及文化接觸的機會大幅降低。在某些情況下，缺乏水路與存在地理屏障，意味著即便是相距十或二十英里外的人們，也鮮少能接觸到彼此。這就是現代運輸與通訊技術出現以前，那些缺乏馬、駱駝或其他馱獸地區數世紀以來的真實寫照。

而非洲大陸的另一項顯著事實為：儘管非洲面積為歐洲的兩倍之多，但非洲海岸線卻比歐洲海岸線還要短[24]。之所以會這樣，是因為歐洲的海岸線非常曲折，製造出許多可供船隻停泊、免受公開海域大浪襲擊的港口。此外，占歐洲總土地面積達三分之一的眾多島嶼和半島地形，也讓其海岸線增長不少。

相較之下，非洲的海岸線相當平滑、很少曲折，天然的良港少，島嶼和半島也很少，後者僅占非洲土地面積的二％。除此之外，撒哈拉以南非洲的沿海水域也過淺，導致遠洋船隻無法停靠[25]。在這樣的情況下，大型遠洋船隻必須離岸停靠，將船隻上的貨物卸載到較小、可航行在淺水中的船隻上。但如此曠日費時的過程，以及經常需要龐大勞力與設備的情況，導致成本增加，且多半高到令人卻步的程度。數世紀以來，往來於歐洲和亞洲間的海上貿易船隻經常行經非洲，卻幾乎不會停留。

即便在少數大型船隻可通過深水進入非洲的地方，熱帶非洲的海岸平原極為狹窄，往往驟然消失在懸崖峭壁間[26]。此種地形所導致的另一項重大影響，就是即便船隻可通往非洲大陸，也會因為大小瀑布的阻擋而無法繼續深入。基於同樣的原因，來自廣闊內陸的船隻，鮮少能如歐亞大陸或西半球某些地方的船隻（甚至是大船）那樣，暢行無阻地航向大海。

與非洲相反，中國擁有長江與其支流交織而成的龐大水路運輸網（甚至還被稱為「世界奇觀」），以及港口遍布的鋸齒狀海岸線[27]。同樣獨特的還有，直到歐洲所謂的中世紀以前，中國是世界上最先進的國家，且長達數個世紀。

除了港口以外，與非洲截然相反的，也包括了中國的河流。非洲是一個乾燥大陸，許多河流的深度都不像中國、西歐或美國那樣，足以讓運載著沉重貨物的大船航行。即便是尼羅河，也無法容納羅馬時代最大的船隻[28]，更遑論當代更龐大的船。

對於一艘船的航行路線而言，一條河流的**平均**深度，絕對不及河流**最淺**深度來得重要，因為後者會決定特定規模與特定重量的船可實際航行多少距離。同樣一個詞彙——適航性，可用於描述多種水路，並在具體且特定的情況下，有著極為不同的意義。儘管聖羅倫斯航道(St. Lawrence Seaway)具有遠洋船適航性，能讓遠洋船一路行駛進五大湖，但這並不意味著**所有**遠洋船都能航行。當航道於一九五九年進行重大人工改善後，此後的許多年裡，該航道的適航性做到幾乎足以容納世界上所有的遠洋船。但隨著船的規模越變越大，如今此航道已不具備所有遠洋船的適航性，儘管多數遠洋船確實可以進入。[29]

非洲贊比西河的深度，則會因為地方、雨季、旱季，有著極大的差異。在某些地方與季節裡，贊比西河的深度會下降到其適航性僅能容納對水深要求不超過三英尺的船，儘管其他時候與其他地方的水深可以深達二十英尺[30]。安哥拉的部分河流，則可以容納對水深要求不超過八英尺的船[31]。旱季裡，即便是西非最大的河流尼日河，也僅能容納重量不超過十二噸的大型平底船[32]。但在中國，即便是重達一萬噸的船也能在長江上航行數百英里，而較小的船甚至能再多走上數千英里。[33]

相較之下，熱帶非洲的河流即便在水量最充沛的季節裡，也鮮少能讓船隻持續航行這麼遠的距離。就地形結構來看，撒哈拉以南的非洲被描述為「受詛咒的臺地地形，讓每一條河流在入海之前都變成陡峭的急流」。[34]

熱帶非洲有極多地區其高度超過海平面一千英尺，且其中又有許多高度甚至超過兩千英尺。因此，發源於四千七百英尺高的剛果河，在進入大西洋之前必須垂直下降至海平面高度，這也製造出許多湍急、斷層式落下的大小瀑布。因此，儘管剛果河的水量比密西西比河、長江或萊茵河還要多，卻沒能讓其具備這些河流、或其他重要商業水路的能力，就算剛果河的水平延伸範圍讓其能負擔大規模的內陸運輸，但其適航性受太多斷層干擾。而這就是撒哈拉以南非洲多數河流的普遍狀況。

熱帶非洲河流的另一項普遍特徵，則是隨降雨季節變換而大幅波動的水位。與全年降雨量或多或少可說是相當平均的西歐相反[35]，撒哈拉以南非洲的降雨模式，包括了漫長近乎零降雨的日子、緊接著暴雨不停的雨季[36]。這樣的季節性降雨模式，也讓尼日河的最大支流——貝努埃河，在某些地區僅有兩個月具適航性。這導致了河上的運輸模式極為慌亂：

> 倘若他們讓船在貝努埃河上停留的時間太長，船就會被卡在沙丘上長達十個月！但若是基於謹慎或錯誤的消息而過早將船撤走，又會導致大量有價貨物被留下，只能透過成本高昂的陸路運走……第一艘駛入的船為商業用獨木舟，接著是較大的船，最後，直到洛科賈(Lokoja)的水量充足後，最大型的動力船與大型平底船才會以最快的速度駛入。在這短暫的季節逼近尾聲時，水位的下降導致大型船隻必須首先離開；緊接著是中型船

隻，而小型獨木舟則能繼續再航行一段時日，運輸少量的商品。[37]

對於非洲河流適航性進行統計所得到的英里數，可能有誤導之嫌，因為這個數字並不代表特定規模與重量的船隻可以持續航行的英里數——在其因為水位太淺而動彈不得，或遇到大小瀑布而不得不停下來以前。有些時候，在遇到瀑布之前，獨木舟可以先上岸，將貨物清空，接著再將獨木舟與貨物同時運送到瀑布下，如此一來，就可以讓重新裝載好貨物的獨木舟於另一水平面上，繼續前進。但是這樣的過程既費時也代價高昂。此外，這樣的作法更同時侷限了獨木舟與貨物的尺寸。最終結果就是僅有與其尺寸及重量成比例的高價貨物，才具備透過此種方式運送的經濟價值。

相反地，在世界上其他河流能在平原間讓船隻持續航行數百英里的地方，如歐亞大陸或西半球，笨重且相較於其尺寸和重量而言價值較低的貨物，如木頭、煤炭或小麥，透過水路進行長途運輸則是實質可行的辦法。

即便在同一塊大陸內，西歐的河流與東歐或南歐的河流卻非常不像，更與撒哈拉以南非洲的河流完全不同。廣闊的沿海平原上，沒有任何一處高度超過海平面一千英尺，這意味著西歐的河流流速相當和緩，對於尚未發明出可逆流而行的動力船時代而言，無疑是非常寶貴

的條件。舉例來說，在那些時代裡，原木可以順流而下，但負責護送這些原木的人，其返家的唯一路徑是透過陸地。❶

西歐的河流經常直接匯入大海，成為通往世界各地港口的通路。但東歐與南歐多數河流則非常不同，且同時對河上的經濟活動，與居住在其周邊人口所能接觸到的文化含量，造成極大的影響。由於墨西哥灣暖流對西歐的影響越往東越低，因此東歐的水路在冬季結冰的情況往往更多且更長。

此外，東歐的河流即便能流動時，也經常流入湖泊與內陸海，而不是通往大海成為與外界的連結。舉例來說，多瑙河、頓河和聶伯河最終流入黑海，而窩瓦河則是流入裏海。但是，俄羅斯多數河流都是匯入北冰洋，與大西洋或太平洋相比，此處很難連接到世界其他地方。這些水路上的差異，是眾多導致東歐數世紀以來，在經濟上落後於西歐的原因之一。

---

❶美國的情況也是如此，自一八一五年後蒸汽船將密西西比河從單向運輸水道，變成了可以沿著河流從紐奧良折返回路易維爾的雙向道。魯伯特・B・凡斯 (Rupert B. Vance)，《南方的人文地理》(*Human Geography of the South*)，第二六四頁。

而南歐河流對該地區經濟發展所帶來的貢獻，甚至更少，部分原因在於其大型河流比西歐與東歐要少，以及地中海歐洲的氣候在冬季經常出現暴雨，夏季又極少降雨，導致河流幾乎乾涸。在多山的巴爾幹半島地區裡，河流經常過於陡峭而缺乏適航性，僅有部分流域能讓當地的小船或木筏航行。[38]

至於西半球，美國在水路上也與其他方面一樣，具備了強大的地理優勢——「鋸齒狀的海岸線之中，點綴著條件絕佳的港口」，傑出的經濟歷史學家大衛．藍迪斯如此描述[39]。除此之外還有大河，其中又以密西西比河最令人印象深刻。與非洲多數奔流直下的河流相反（在剛果河其中一段流域內，有超過三十個大瀑布，並在一百五十英里內急劇下降了近乎一千英尺高[40]），密西西比河的河床以每英里四英寸的速度，緩緩下降[41]。儘管尼羅河是世界上最長的河流，密西西比河注入墨西哥灣的水量，卻是尼羅河注入地中海水量的數倍[42]。水量就是河流的全部，密西西比河的水量遠比尼羅河多，即便有一小部分的尼羅河能延伸至很遠的距離。

相較於尼羅河在容納大型船隻方面的能力受限，哈德遜河與舊金山、聖地牙哥的港口，其深度全都足以讓航空母艦直接停靠河岸。五大湖則是一個巨大的水路網，其中，光是密西根湖就比以色列還大，而蘇必略湖的面積比密西根湖還要大。這些湖泊的深度也足以容納許多遠洋船，一九五九年完成聖羅倫斯河人工改造後，遠洋船隻可以直接從大西洋一路沿著五大湖航行至芝加哥等其他中西部城市。

如同一位知名地理學家所言：

地球上再也沒有一個地方廣大如加拿大南邊與美國洛磯山脈以東地區那樣，天生就具備豐沛的商品生產與流通資源。北美單純的地形構造，包括了遠處山脈間廣闊的中央低谷，以及向大西洋與墨西哥灣坡度緩慢遞減的地勢，帶來了流速和緩的大、小河流，讓探險家、貿易家與定居者能盡情遊走於陸地間。[43]

水路不僅在物理性質上因地而異，其對人類的重要性，也隨時間而異。舉例來說，在航海知識進步之前，地中海在數世紀以來一直比大西洋更吸引人，因航行在上面較為容易：

萬里無雲，繁星點點的漫漫夏日，穩定的風與無霧的天氣，就是航行的好季節，白晝的強風利於出港與進港的船隻，明亮而能看見無數海岬與山稜的天氣，則讓尚無指南針的日子裡能找到作為導航點的根據。[44]

一直到人類懂得在沒有任何地標可跟隨、舉目所見皆只有茫茫大海的處境下航行時，海洋才從運輸障礙轉變為運輸通道。等到科學、數學與技術進步到足以克服此一根本性的困難後，海上航行才成為可能。最初，人們是透過觀察白天太陽的位置，以及夜空中星辰的位置，以天空中的「地標」來確定航行的方向。至於最終、也是最具決定性的發明，則是磁性指南針的誕生，一個更容易上手、還能在多雲的日子裡使用的工具。

在歐洲人發現西半球之前，地中海寧靜水域間的港口，遠比歐洲大西洋沿岸那些水象更為險峻的港口來得忙碌。而西半球的發現，改變了歐洲國際貿易的主要方向。由於需要不同的船隻來應對大西洋更為洶湧的浪潮，地中海無與倫比的商業與海軍勢力，在大西洋的商業與海軍勢力面前，黯然失色，因為後者的船隻能更好地適應新的跨大西洋貿易。海並沒有改變，但在知識與技術的進步下，其所具備的經濟性與重要性出現了轉變。

儘管農業在供應稠密人口可靠的食物來源上至關重要，但漁獲也是另一項食物來源，適用在農業生產力不足以讓當地人口溫飽的地區內。這在寒冷氣候區裡，尤其重要。[45]但在其他氣候帶，捕魚也可能是重要的經濟活動。曾有人說，阿姆斯特丹就是靠鯡魚打造出來的[46]。此外，與其他地方相比，漁獲對日本的經濟來說格外重要。無論如何，在土壤經常貧瘠的熱帶地區裡，農業的生產力不足，因此，以亞馬遜叢林為例，該地就有許多漁村。

漁村意味著從狩獵採集社會，朝定居生活邁進一步，儘管這些村落的規模與依賴農業養活的都市稠密人口相比，不在同一個層次上。然而，供應量遠超過當地需求的商業捕魚，則能成為都市發展的重要推手[47]。在地中海的某些區域裡，土地的農產量是如此的低，讓人們不得不同時結合陸地與海上商品以維持生計，有些地區的人們則是選擇結合農業與畜牧業。[48]

然而，與其他機會相比，捕魚的機會在世界各地的分布情況也絕對稱不上平均。一路延伸進大西洋的廣闊陸棚，創造了魚群與海洋生物棲息的絕佳環境[49]。但地中海周圍的海底地形非常不一樣[50]，缺乏像大西洋那樣的淺層陸棚。[51]

其結果就是——儘管地中海長久以來都存在捕魚行為，但與那些漁獲量豐富、能吸引遠方商業漁船前來進行捕撈的大西洋周圍，如紐芬蘭島和冰島、或甚至北海的漁場相比，還是無法相提並論[52]。最終結果就是二十世紀初，義大利漁夫的平均收入是法國漁夫的四分之一、英國漁夫的八分之一。而法國或英國的魚價並沒有比義大利高，因此收入差異絕不是因為魚價不同所導致。[53]

儘管水路在許多地區的經濟與社會發展中，扮演了極重要的角色，但這些角色往往也是基於水路與其他地理及非地理因素的**交互作用**所致，並不是基於水路本身。舉例來說，南美洲的亞馬遜河是截至目前為止，地球上最壯觀的河流，無論是從水量（世界最大）、適航性❷

或長度（幾乎與尼羅河一樣長）來看。亞馬遜河注入大西洋的水量更是尼羅河注入地中海的數十倍[54]，以及密西西比河注入墨西哥灣水量的數倍。

此外，亞馬遜河流經的區域皆為土質貧瘠的叢林地帶，沒有任何足以讓亞馬遜河發展成可與密西西比河、萊茵河或多瑙河等商業水路並駕齊驅的實力（儘管後者全部加總起來，水量甚至不及亞馬遜河）。相較之下，如泰晤士河這樣規模適中、長度僅為亞馬遜河十分之一的河流，卻能在繁盛的工業及商業大國中，擔任航運出口此一極為重要的角色。在俄國，葉尼塞河和勒拿河的水量皆為窩瓦河的兩倍之多，但窩瓦河卻是全俄國航運總噸數最高的河流，因為其流經該國人口最多、工業和農業最興盛的地段。

水路與水路之間，以及同樣類型的水路，都存在著差異，在考量到所有能使水路具備利用價值的因素後，要讓不同地方、為不同人所使用的水路具備同等價值，是完全不可能的，

---

❷「倘若亞馬遜河流經北美，遠洋貨輪就可以從波士頓一路航行到丹佛。」強納森・B・圖爾洛泰 (Jonathan B. Tourtellot) 說道。〈亞馬遜：在叢林海中航行〉，《偉大的河流》(*Great Rivers of the World*)，瑪格麗特・瑟迪恩 (Margaret Sedeen) 編輯，第二九九頁。

更別提地球上某些地區較容易取得水路資源、沙漠卻近乎為零的現實。

土地與氣候

土地有許多面向。光是土地形狀此一簡單的因素，就能決定水流的方向，並因此對生活在特定區域內的人類命運，產生決定性的影響。土壤的物理與化學成分對農業至關重要，而氣候也是如此。特殊的地表特徵如山脈、沙漠和裂谷，可以將人口切散成塊狀，並讓這些塊狀彼此遠離。這就是撒哈拉以南非洲和巴爾幹半島多數人類的命運，以及世界各地許多山間聚落的情況。

山脈

山脈不僅影響了居住其中的人類命運，也同樣影響居住在其山腳下的人類命運——且對兩者造成的影響非常不同。

全世界有一〇%至一二%的人口居住在山裡，其中又有一半位在亞洲，九〇%都住在高度不超過八千兩百英尺（約兩千五百公尺）高的山間。山裡居民的人口密度一般而言較低[55]。從美國的阿帕拉契山脈到摩洛哥的里夫山脈、希臘的班都斯山脈或亞洲的喜馬拉雅山脈，世界各地的山間聚落，經常出現特定的生活模式。這些生活模式包括了貧窮、孤立與落後[56]。原因不難想見。山的本質使居住在那裡的人們，無法觸及到能促進繁榮的事物，更無法跟上世界其他地方的進步與發展。

在土壤經常被雨水沖刷而下的山裡，肥沃土壤鮮少存在，儘管確實會有部分土壤沉積在山谷地帶，但絕大多數都會被沖刷到低地。人們經常會集中到山脈間的山谷地帶，因為此處是最容易種植作物的地方。但山谷與山谷間，經常是隔絕的，如同此句對美國南方山脈部落的描述：「人口的分布就如同他們腳下所踩著的平地那般零星散落」[57]，儘管世界上其他地方也能看到同樣的模式。山谷中所能使用的土地面積侷限了居住人口數，因此多數村落規模都很小。此外，即便這些聚落的直線距離並不遠，但崎嶇的山路使其難以和其他地方聯絡，導致這些聚落經常彼此孤立，更與外界隔絕。[58]

此種歷史性障礙，在現代運輸與通訊技術發展出來前的數千年中，尤其嚴重。然而，這些技術革新幾乎毫無例外地，都是發生在山區之外，而山裡居民能獲得的進步程度，又視當地的地理與經濟條件而定。此外，即便這些技術已被廣泛地引入山區，也無法改寫過去千百年來文化受孤立的影響。

山間溪流經常無法成為具適航性的水路，陡峭的地勢製造出急流與大大小小的瀑布，這意味著如巴爾幹半島的山地居民，在運輸與通訊上往往會遭遇重重困難[59]。然而，陸路交通也很可能受阻，尤其是那些就連汽車也爬不上去的陡峭地形，這讓許多地方只能憑著雙腳來移動。傑出的歷史學家費爾南．布勞岱爾就指出，「摩洛哥一直到一八八一年，都還不知道汽車為何物。」[60]如同另一位學者對摩洛哥里夫山脈居民的描述：「里夫人都是出色的步行者，而他們非得如此不可。」[61]

儘管這些模式很普遍，但也存在例外。像是喜馬拉雅與安地斯山脈的某些區域，就擁有水源充足與肥沃的土壤[62]。阿爾卑斯山擁有許多山間通道[63]，且寬敞到足以容納大量商業交通，在古時候甚至能讓漢尼拔 (Hannibal Barca) 軍隊裡的大象通過。

對於孤立且人口稀少的山間聚落而言，開闢道路的人均成本實在過於高昂，更別提供水系統、污水系統或供電系統此類基礎設施。一直到一八六〇年代，義大利亞平寧山脈中的一百二十三個聚落中，有九十一個還沒有任何道路[64]。即便進入二十世紀，希臘的班都斯山仍有某些地方，靠騾子與雙腳會比坐車更容易抵達，還有一個村落一直到一九五六年才取得電力。[65]

如同二十世紀晚期一份針對地中海鄰近山區的研究指出：「直到今日，也僅有幾條道路能通過班都斯山脈，且多為近代修建。絕大多數的道路依舊未經鋪砌。」[66]即便進入了二十一世紀，世界各地山區的基礎建設仍經常不足[67]。然而，現代交通運輸與通訊科技打破了許多山間聚落的與世隔絕[68]，儘管此情況在不同地區間也各有不同。舉例來說，瑞士的人均道路英里數是衣索比亞的二十多倍。[69]

傑出的美國學者愛德華．C．班菲爾德 (Edward C. Banfield) 在那本描述其於一九五四年至一九五五年居住在義大利山間村落的經典作品《落後社會的道德基礎》(*The Moral Basis of a Backward Society*)，就提到整座鎮上只有一具電話。在那個化名「蒙特格拉諾」(Montegrano) 的聚落裡，共有三千四百位居民，還有可供租借的五輛車，但沒有任何人擁有自己的車。絕大多數的居民是貧窮的農夫和勞工。三分之一的男性與三分之二的女性不會讀寫，部分農民去過最遠的地方，不超過下一座距離僅四英里遠的村落[70]。當他們移動時，鮮少會使用手推車（比汽車更為簡陋）來運輸自己攜帶的物品。如同班菲爾德教授的描述：

> 蒙特格拉諾的農夫移動時，總是徒步牽著一匹身體兩側固定著大籃子的驢子……移動的距離也因此受限於鄰近的城鎮。許多人從未去過除了這些鎮以外的地方，部分婦女

甚至沒有離開過蒙特格拉諾。[71]

除了基礎建設與科技的進步，低處平原盛行的文化也遲遲沒能進入山區。儘管伊斯蘭教在數世紀間，一直是中東與北非最盛行的宗教，亞美尼亞與阿比西尼亞（又稱衣索比亞帝國）的山區裡，卻依舊盛行著另一種宗教與文化。即便摩洛哥里夫山區的人們終於接受了伊斯蘭教，但已晚於里夫山下的人們好幾世紀。[72]

語言也同樣以緩慢的速度，從低處傳播向高處。在蘇格蘭低地人講著英語時，蓋爾語(Gaelic)卻在蘇格蘭高地持續存在了好一陣子。在希臘班都斯山腳下的人們都已經說著希臘語的數世紀後，山裡的人們還說著弗拉赫語（Vlach）[73]。語言差異加劇了山區被隔絕的狀態，尤其當外部世界已經聽不懂山裡所使用的語言或方言時。在新幾內亞超過一千種的語言裡，有七成發源自山區，儘管山地面積僅占該島嶼的三分之一[74]。在與世隔絕的山間聚落裡，經常可發現多種語言與方言。[75]

法律與秩序則是另一項難以在山區被建立與維持的社會基礎建設。即便那些名義上受某一國家或帝國統治的山區，也並非總是或全部能被有效地治理。包括鄂圖曼帝國下的蒙特內哥羅、摩洛哥蘇丹統治下的里夫山脈，以及蒙兀兒統治者手中的印度高地[76]。蘇格蘭高地與殖民地時期的斯里蘭卡高地，各自在鄰近的低地被征服且融入另一個文化後，仍能維持獨立長達數年。在過去的數百年中，山裡的人們去掠奪生活更為富庶的低地，這類情形在世界各地經常出現。[77]

長久以來，山區裡的貧困情況遠超越其他地區所謂的貧困。如同班菲爾德教授這樣描述他於一九五四年至一九五五年間所居住的義大利山地聚落：

> 蒙特格拉諾多數人處於極端貧困狀態。許多人除了麵包以外，沒有能溫飽的食物，但即便是麵包，也經常不足。就連當地的富人，放在美國的標準下也屬於貧民。這樣的一個城鎮，支持不了一份報紙，或任何一種足以登上報紙版面的活動。[78]

這樣的貧困情況，在義大利山地村落中並不罕見。二十世紀一名身在希臘的牛津學者曾說：「我曾遇過一名希臘人，從小在山地部落裡長大，一直到十二歲時才第一次見到橄欖（或魚和橘子）。」[79]

在過去，地中海沿岸國家的山區裡，農民經常吃不到肉，就連奶酪也只有少數幾個位置較好的村落能取得[80]。對農民而言，麵包就是最常見的一日三餐。在更早的時候，婦女必須替家人縫製衣服，擁有牲口的山地居民會在天氣寒冷的時候，將牲口帶進家裡。如同深具里程碑意義的西方文明史所描述的：「只有最繁榮的地方，才有可以將人類與動物分隔開來的木頭隔板。」[81]一名在一五七四年穿越保加利亞山區的旅行者，表示自己情願睡在室外的大樹下，也不願意待在山地農民的小屋裡，那個人與動物同吃同睡，有著「髒亂到令人無法忍受的惡臭」。[82]

當然，這些廣泛的概述並不適用在每一個山地聚落上。但此種模式在世界各地的山地與高地間，實在太過常見，尤其是在過去幾個世紀裡。一份二十世紀的研究發現，喜馬拉雅山上的一個村落裡，有兩成的新生兒活不過一歲[83]。即便在富裕的美國，以二十世紀初生活在北卡羅萊納州的農夫們為抽樣對象，仍可發現生活在海岸平原的農夫其收入為山地農夫的三至五倍。[84]

肯塔基州的一個阿帕拉契山脈郡，在一九八〇年代被稱為「窮人郡」，且一直到二〇一〇年為止，該地仍為美國最窮的郡之一[85]。該郡的成年男性預期壽命，比維吉尼亞州費爾法克斯郡的成年男性短了十多年。而肯塔基州該郡的成年女性預期壽命在過去二十年中，甚至略為下降。附帶一提，該郡的人口有九八．五%為白人。[86]

即便到了二十一世紀早期，多數山裡的人們依舊維持著自給自足的農業[87]。山中生活的負面經濟效應，也帶來了負面的影響。世界各地的山地聚落因為求生不易，許多小孩必須在年紀很小的時候就開始工作，此情況在過去尤其嚴重。這讓兒童受教時間被剝奪[88]，導致孩子更難接觸到來自外面廣闊世界的第二手知識。地中海沿岸山區的居民，一直到十九世紀甚至是二十世紀初，仍有許多為文盲。[89]

很少有平地人會移居到山裡定居，在過去尤其如此。而山裡的人在搬到低海拔的地區後，經常像置身於另一個世界，除了適應困難外，也經常不被他人所接受，除非是作為季節性的寄居者。這樣的模式持續了好幾世紀。中世紀時，杜布羅夫尼克的亞得里德港「與內地人們貿易並維持良好的關係」（所謂的內地人為來自山上的弗拉赫牧羊人），「但內地人不被允許在共和國的領土內過冬，也不能停留在城市裡[90]」。對山裡居民抱持此種負面態度的情況，並不只發生在中世紀的歐洲。十九世紀的法國與摩洛哥、現在的尼泊爾、印度和泰國，依舊對山裡的人抱持相似的負面態度。[91]

二十世紀的美國，從媒體對大量山地居民移往都市的反應——以《芝加哥論壇報》(*Chicago Tribune*) 為例，不難觀察到大眾對山地居民抱持著同樣的抗拒心態，如同一份研究山地移民的學術論文所提到的：

這些「鄉巴佬」(hillbillies) 被描述成低端人口，「有著最低生活標準與道德約束……喝醉酒的時候更是胡攪蠻纏，且幾乎沒有清醒的時候」。之後，全國性刊物如《時代》雜誌 (*Time*)、《展望》(*Look*) 和《哈潑時尚》(*Harper's*) 也陸續跟進，出現了〈鄉巴佬入侵芝加哥〉(The Hillbillies Invade Chicago) 這樣的標題。該文章的副標題也洩露了種族態度：「該城市最棘手的族群融合問題，已經和黑人無關……這牽涉到一群白人新教徒，以及一群來自南方的早期美國移民——那群經常過分驕傲、貧窮、原始，且喜歡用刀來解決問題的人。」這個訊息很清楚且刻意——這些人「比有色人種更糟糕」。[92]

與黑人相提並論並不僅止於此。一份針對藍嶺山脈小村莊裡的白人兒童所進行的研究發現，這些白人兒童的智商分數不僅比全國黑人小孩的平均智商要低，其智商模式也與黑人兒童很相似——像是在抽象問題上表現最差，以及早年時期智商分數與美國平均分數相近，卻隨著成長而逐漸拉開距離。[93]

另一份針對一九三〇年東田納西學校裡的山地兒童所做的研究，也發現了相似的情況。這些孩子在其中一項測驗中所得到的智商中位數為八十二，另一項為七十八。在表現較好的測驗中，他們六歲時的智商中位數為九十五，十六歲時卻下降到七十四。十年後，在東田納西的社會、經濟與教育都獲得改善後，同一間學校所測得的智商中位數上升到八十七．六。[94]

在那些於二十世紀早期到肯塔基州伯里亞學院接受高等教育的年輕山地居民中，僅有半數回到家鄉，且通常是因為沒能畢業[95]。較有能力或有抱負的年輕人會從山上搬下來，而較沒能力或沒抱負的人則留在原地或搬進更深的山裡，這樣的趨勢也體現在山裡那似是而非的諺語中：「奶油往下流，脫脂牛奶浮在最上層。」[96]西班牙也有一句相似的加泰隆尼亞諺語：「全力往下走，就是不要向上走。」[97]無論是在美國、印度或世界各地，年輕人搬離山中聚落的情況皆相當普遍。[98]

西班牙、尼泊爾、南美洲或南非山區等地，長久以來經常出現季節性遷移[99]。為了支援留在山裡的家人，季節性或長期移居外地的人匯錢回家，就變得非常重要[100]。在長期移居的行列之中，包括許多成為各國軍隊傭兵的山地男性[101]，如歐洲的瑞士及蘇格蘭高地人，還有亞洲的廓爾喀人 (Curkhas) 及山地土著 (Montagnards)。在法蘭西斯科．佛朗哥將軍 (General Francisco Franco) 那支贏得西班牙內戰、並讓西班牙於一九三〇年代成為法西斯主義國家的軍隊裡，就有來自北非的里夫人。數世紀以來，推測約莫有將近一百萬名瑞士士兵，喪命在其他國家的戰爭之中。[102]

儘管高山對居住其中的人們，帶來諸多負面影響，但對山腳下的居民而言，卻經常是一種恩惠。當挾帶水氣的鋒面與坡地相逢，風被迫沿著山坡向上爬，而寒冷的溫度削弱了風挾帶水氣的能力，從而導致降雨或降雪。山地迎風坡降雨量為背風坡——亦即所謂的「雨影區」(rain shadow) 雨量的數倍，是極為常見的情況。雨水順著山坡往下流，匯集成涓涓細流，再集結成小溪，小溪再創造出大河。因此，從大面積山地裡聚集而成的雨水，透過河流的形式，被運送到山底下為人們所使用。世界上所有大河的源頭，都在山裡。[103]

那些以雪的形式儲存在山中的水源，不會一次性奔流下山，而是靜靜等待氣溫變得暖和之時，再逐漸流入山底。這意味著河流並不是單單依賴即時降雨來維持流動，旱季裡，來自山區的雪水能繼續維持河流的水量。

如同許多事物，我們總要到匱乏之時，才明白該事物存在的重要性。儘管熱帶非洲有吉力馬札羅山，但其缺乏可與亞洲、歐洲或西半球相比的主要山脈。因此，當撒哈拉以南非洲進入旱季時，缺乏山區融化的雪水，讓河流與小溪徹底乾涸，無法繼續供水。

與此同時，西班牙的內華達山脈和土耳其的托魯斯山脈，能為山腳下的農田提供充足的灌溉水源[104]——即便是在地中海夏季降雨不足、陽光蒸發的水量比雨量還要多的時候。[105]

土壤與氣候

在人類悠久的歷史中，很難想到另一個影響力比農業更為深遠的革命。經歷了漫長的演化過程，人類才終於不再是依賴採集自然產物、捕魚、或放牧圈養的動物，而是種植自己想要的食物。幾乎所有如今被我們視為文明的產物，都是起於農業發展，亦即都市開始成形之時。

農業究竟是如何開始的？答案就跟眾多謎題一樣，已消失在時間的迷霧中。但我們確實知道農業是如何傳入西方世界的——數千年以前，從中東向西傳播，且顯然發源於底格里斯河與幼發拉底河之間的地帶，亦即今日的伊拉克。這是一個在當時知識水準下，不僅能讓農業存在，更能讓其興盛起來的地理位置。

第一批農夫不太可能從一開始，就知道作物的生長會耗盡土壤中的養分，因此倘若希望土壤能生產出同等質量的作物，就必須進行施肥。但這項知識對於在底格里斯河與幼發拉底河之間的農夫而言，根本不重要。因為每年的洪水都會為土壤帶來新的養分，如同尼羅河沿岸的土壤與洪水般，孕育埃及偉大的古文明。

在亞洲，農業始於印度次大陸上的印度河河谷，也就是今日的巴基斯坦。儘管氣候乾燥，來自喜馬拉雅山脈間的融雪，創造了足以滋養土壤以進行耕作的洪水。此地也同樣發展出幾座最古老的城市，以及某些最古老的文明。中國的農業與文明起源，也差不多是如此：

農業似乎開始於中國北邊的黃河河套區域……事實上，此一中國早期文明的中心，在某些方面與其他古文明的發源地很相似——埃及的尼羅河沖積平原、美索不達米亞的底格里斯河與幼發拉底河沖積平原，以及現為巴基斯坦的印度河沖積平原。106

早期農民在一塊土地上耕作數年後，會發現作物的收成一年不如一年（因為土壤中的養分被消耗殆盡），人們賴以維生的食物產量受到威脅，而不得不搬到新地方。有些人會移動到新的土地上，並等待大自然自己恢復土壤的肥沃度，有些人則會在離開前，燒掉土地上的植被，從而創造出新的養分，讓土壤靠著吸收這些養分來逐漸恢復沃度。但早在人類明白事情的因果之前，底格里斯河與幼發拉底河流域、以及尼羅河流域，每年氾濫的洪水能確保當地土壤的肥沃度。至於多數的其他地方，就沒有這種意外的好運了。

我們再一次看見了重大的地理不平等，對不同人口帶來極為不同的影響。直到今日，土壤的肥沃度依舊不平等。如同之前所提，肥沃土壤在全世界的分布既不平均，也絕非隨機。

這些異常肥沃的土壤，大面積地分布在廣闊的歐亞大陸上，從東歐一路延伸至中國的東北邊。

放眼西半球，這些肥沃的土壤則大量集中在美國上中西部與各平原州，並延伸至加拿大的部分地區。至於南美洲的溫帶地區，則可以在烏拉圭與阿根廷的南邊找到此類土壤[107]。但在熱帶地區，卻幾乎找不到此種製造或維持土壤肥沃度的自然過程，因此土壤的肥沃度鮮少能與前者相提並論。

熱帶非洲每一英畝的作物產量，僅中國或美國作物產量的一小部分[108]。撒哈拉以南非洲土壤的眾多缺點之一，包括了表土層淺薄，讓負責吸收養分與水分的作物根部，只有一點點空間能深入土壤[109]。此外，非洲的乾燥土壤也不利於施肥作業。在缺乏充足水分的情況下使用肥料，只會抑制而不是幫助作物生長。

即便在非洲中部有某些濕潤的大地，這些土地也不像溫帶地區那樣被經常耕種，因為有危險的熱帶疾病如瘧疾、河盲症❸(river blindness)[110]。再一次地，正是因為不同地理特徵的**交互作用**——此處為氣候、土壤與疾病，讓針對單一地理特徵進行比較的結果極為不同，就

❸編按：一種因為寄生蟲引發的疾病，也是全球第二大的失明原因。

像世界各區域的濕地情況。

而降雨模式的差異也會與土壤進行交互作用，導致世界上某些地方的農業比其他地方更成功。撒哈拉以南非洲的降雨模式——長久的乾旱後，是激烈的暴雨，對作物的種植極為不利，部分原因在於當暴雨沖走表土之前，大地已經被烤得又乾又硬。這個模式與西歐、美國東部及西部的氣候與土壤交互作用，形成鮮明的對比，後者全年降雨或多或少較為平均，且雨水是落在肥沃的土壤地帶。

我們曾在第一章提到，緯度與海洋暖流的交互作用，讓倫敦的冬季氣溫比美國那些地理位置更靠南數百英里的都市，還要溫暖。而其他地方的地理因素之間的交互作用，也會讓氣溫比單純受緯度或其他因素的影響，來得更不一樣。亞洲、非洲、北美洲或南美洲的史上最高溫，全都出現在熱帶地區以外[111]。即便熱帶地區的日照更為猛烈，但溫帶地區的夏日日照時間比熱帶地區更長[112]，因此有更長的升溫時間。所以，溫帶地區的都市如歐洲的雅典與塞維亞、美國的拉斯維加斯與鳳凰城，其史上最高溫紀錄比許多位處熱帶的城市還要高，包括某些就位在赤道正上方的城市，如亞洲的新加坡、南美洲厄瓜多的首都基多等。[113]

雲，則是另一項會與緯度交互作用的因素，因為雲會遮蔽日照，將陽光反射回外太空。因此，非洲沿地中海海岸的都市，在萬里無雲的夏季所創下的最高溫，往往比熱帶非洲那些甚至更靠近赤道的城市還要高，前者如位處溫帶的阿爾及爾、的黎波里和亞歷山大港，後者則如奈羅比和自由市[114]。高度同樣會影響氣溫，位處南美洲安地斯山脈熱帶緯度的庫斯科，其氣溫比溫帶地區的都市如巴黎或紐約還要低。[115]

鄰近區域也會因為冷暖空氣被山脈遮擋，導致其氣溫受到影響。以歐洲東南邊為例，塞拉耶佛的冬季氣溫與相距不過一百英里遠的達爾馬提亞海岸冬季氣溫相比，低上五十度，因為巴爾幹的山脈阻擋了來自地中海的暖空氣，使其無法進入內陸[116]。在亞洲，喜馬拉雅山則讓溫暖的空氣無法進入中亞，並讓冷空氣無法抵達印度。[117]

雖然我們可以合理粗略地討論著熱帶氣候、溫帶氣候或極地氣候，但特定區域如某一都市的具體氣候，還必須考量區域內特定因素間的**交互作用**。放寬來看，想要理解經濟與社會成果，地理、文化、政治與其他因素間的交互作用，就是我們不可或缺的資訊。

許多人在企圖解釋為什麼溫帶地區國家在經濟方面，普遍而言比熱帶國家來得進步時，會用熱帶那使人疲乏的高溫或盛行的疾病（這些細菌承受不了溫帶地區的低溫）來切入。同時，我們也發現最肥沃的土壤，鮮少出現在熱帶。此外，許多從外地移居到熱帶地區的人們，經常能發展得比當地人更好。東南亞的少數華僑與西非的少數黎巴嫩人，就是顯著的例子。

定居在澳洲的英國人，或許是更了不起的例子，畢竟他們成為該國人口的中流砥柱，而澳洲有四成的面積位在熱帶。日本人、中國人與歐洲人的後代，是熱帶夏威夷人口的大宗，且這些後代的發展也相當不錯。

一般而言，我們或許會預期在某一特定地理環境下的本地人，在跟外地人相比時，能更好地把握住環境中的機會，也能更好地應對當地的不利條件。然而，證據呈現的事實卻完全相反。如同我們在其他背景下所觀察到的，地理環境不僅會透過該環境所帶來的直接經濟利益或障礙來影響人們，更會因為實現或阻礙知識、技術、經驗、習慣與價值觀等人力資本的發展，帶來間接影響。

倘若溫帶地區的地理環境能孕育出讓人們無論身處在何種氣候下，都能繁榮興盛的人力資本，那麼當來自溫帶地區的人們在熱帶地區發展得比那些本地人還要好時，也就不足為奇了。如同一位著名的地理學家所觀察到的，某些文化很有可能會在「永遠不可能成為其發源地」的地方，開枝散葉。[118]

到底是哪一種存在於溫帶地區的生命文化成果，是其他地區所無法孵育出來、且如此具有價值呢？

生活在溫帶地區與生活在熱帶地區所產生的社會差異，絕不單純只是應對不同平均溫度這麼簡單。溫帶地區存在著許多攸關性命的挑戰，數千年來，此地的人們必須在有限的春季與夏季時光裡，收穫到足以度過嚴寒冬日的食物。為了肉身的存活，人們無可避免地必須在春天剛來，大地剛化凍時，開始犁田或以各種方式進行播種。

這也意味著住在四季分明地區的人們，必須發展出對時間的急迫感，以及適應季節的紀律——這是一年四季都可以種植作物、或從大自然中採集自然產物的熱帶地區，所不需要的特質。

溫帶地區另一項無可避免的必要性，則是儲存足以過冬的食物。要做到此點，需要的不僅僅是儲備的紀律，還需要將容易腐敗的食物如牛奶與水果，轉換成易於保存的起司及果醬。而這一點，在熱帶地區也同樣不是迫切的需求。此外，熱帶食物如香蕉與鳳梨，也不如較冷區域的作物如小麥或馬鈴薯那樣，能在熱帶氣候下進行保存。

當代的經濟與科技條件讓我們再也無需去考量這些事物，導致我們自然而然地忽略了在過去數千年中，當人類無法大量且遠距離運送食物、更沒有冷凍櫃與冰箱時，可能會遇上的迫切生存危機。

許多證據指出，與其他熱帶地區的原住民相比，印加人創造出了極為複雜的文明。然而，孕育出印加文明的氣候，既不是典型的熱帶氣候，也不是典型的溫帶氣候。前印加文明的首都庫斯科，每個月的白晝平均最高溫為攝氏二十三度，且每個月的白晝平均最低溫為二十度。

儘管一年之中的每日最高溫變化極小，此地仍存在著雨季與旱季之分，每個月的平均降雨量從六月的五釐米到一月的一六三釐米不等。除此之外，冬季裡的夜間氣溫會下降至零度。[119]

即便此地幾乎全年皆可耕作，但一整年間的降雨量變化與晝夜溫度差異，讓人們必須在不同的季節裡，種植不同的作物。簡單來說，儘管孕育著印加帝國的氣候帶並非典型的熱帶或溫帶地區，但不同作物必須在不同季節進行耕種的情況[120]，確實與溫帶地區居民所必須面對的挑戰非常相似，亦即讓農耕季節更替的時間框架，來決定自己生活的紀律。

安地斯山脈的高海拔，消除了熱帶日照的炎熱，印加帝國唯一與熱帶地區有關的地方，僅剩地圖上的線條罷了。

動物

就各方面而言，西半球的地理特徵與西歐非常相似，尤其是美國那豐富的河流、港口及大片的平原，還有新英格蘭沿大西洋海岸的富饒漁場。然而，西半球的本土文化卻與西歐文化非常不同。

乍看之下，有人或許會認為這意味著地理位置對人們的經濟命運影響不大，或幾乎為零。然而，我們必須再次想到，對經濟與社會結果造成關鍵影響的，是眾多地理因素的**交互作用**。當歐洲人抵達此地時，西半球徹底缺乏的事物為馬、牛與其他重型役畜或可負重動物。

在發動機尚未出現的數千年裡，無論是就運輸、農耕或戰爭來看，馬在西歐都扮演了極為重要的角色。倘若沒有馬或牛，整個歐洲的經濟與社會發展將會呈現出截然不同的樣貌。反過來看，缺乏如歐洲那樣的重型役畜或可負重動物（其他地區的駱駝、水牛及大象等），也讓西半球的經濟與社會和歐洲相距甚遠。

這對經濟和文化造成的影響也進一步擴散：整個西半球不存在任何一輛輪式運載工具。儘管輪子經常被視作人類技術革新的一大里程碑，但輪子的價值在極大程度上，必須建立在是否有可拉動此類工具的重型役畜。馬雅人創造了輪子，但只使用在兒童的玩具上。因此，在發動機運輸問世以前的數千年間，真正的問題不在於是否有發明出輪子的智慧，而在於缺乏可拉動車子的動物時，輪子是否還具備經濟效益？

陸地上缺乏重型役畜或可負重的動物，還會影響水路運輸的經濟效益。在歐洲人抵達西半球的時候，北美洲或南美洲沒有任何一艘規模可與歐洲船隻相比擬的船，更遑論中國人於更早以前就發明出來的大型船艦。大型船隻的經濟可行性，取決於是否能在出航前，有效率地將足夠多的貨物裝載到船上（無論是透過最近的港口或內陸），以及抵達目的地後，能否將大量貨物有效率地運送至港口腹地。

徹底缺乏足夠執行此任務的役畜，自然侷限了在經濟上可行的船隻規模。在歐洲人抵達西半球前，該地的水路貿易，是以更小型的船隻如獨木舟來進行的。

這意味著與歐洲、亞洲或北非相比，北美洲與南美洲原住民的經濟與文化範圍都更狹小。反觀歐亞大陸，外來的貨物不僅可以透過陸地移動數千英里，更可以透過巨大的船艦，航行數千英里。

這些進口商品包括了許多發源於亞洲的東西——紙、印刷術、火藥粉、指南針、舵、馬鐙、義大利麵、起司，和被歐洲人稱之為阿拉伯數字的算數系統（儘管發明者為印度人，但歐洲人最早是在阿拉伯人身上看見數字）。這些源自於亞洲的事物，全都成為歐洲人文化範疇的一部分。許多起源自中東與北非的智慧，也流入歐洲，包括因為北非摩爾人入侵並征服西班牙，而傳入的建築與農耕技術。

當英國人在北美洲的海岸邊與易洛魁人（Iroquois）對峙時，這兩個種族可支配的心智與物質資源，絕不僅限於兩者各自發展出來的資源。首先，英國人之所以能穿越大西洋，依靠的是中國人發明的指南針，並運用印度人發展出來的算術系統來計算航道，再利用中國人發明的船舵控制方向，再運用羅馬人創造出來的文字，記錄到中國人所發明的紙上，最終，再依靠中國人發明的火藥，於戰鬥中取得勝利。

文化廣度確實重要，而不同地理位置下的文化範疇之所以出現如此巨大的懸殊，動物也占了一大原因。西半球原住民在文化上相對遭遇的障礙，其實並不特別。除此之外，類似的障礙也侷限了撒哈拉以南非洲人們的文化廣度，對澳洲原住民人口的文化範圍，也帶來了更為巨大的影響。

世界各地落後族群中最常見的障礙，就是孤立，無論是在山谷裡，或遺世獨立的孤島，還是被沙漠斬斷一切聯外道路的環境。動物的缺乏，更加深了處在相似環境下人們彼此間的距離——即使雙方的距離甚至不遠，兩者間的交流卻極為淡薄。

撒哈拉以南非洲的人們除了在與外界聯繫上遭遇困難，就連彼此間要進行交流也相當不易。缺乏具適航性的水路，還只是其中一道障礙。裂谷與叢林的存在，將原住民徹底阻斷開來。肆虐於熱帶非洲的采采蠅（Tsetse fly）會導致動物死亡，這讓當地缺乏可負重的動物，從而無情阻斷了當地的運輸與交流機會。非洲人慣於以頭頂著大量物品的習俗，就反映了這樣一個基於嚴峻的事實——缺乏充足的馬或駱駝等負重動物，無法有效率地運載更大量的物資。

分裂熱帶非洲人們的另一項文化因素，就是與人口規模完全不成比例的語言多樣性。儘管非洲人口僅比歐洲人多上五〇％，但語言種類卻比歐洲人多了九倍。非洲語言數量等同於亞洲語言數量的九〇%，但後者人數幾乎為其四倍[121]。語言多樣性不僅暗示了文化孤立與分散的特點，更加深了非洲人彼此間的距離，以及與外部的聯繫。

無論是在西半球或撒哈拉以南非洲，儘管孤立並非滴水不漏，但其文化廣度的大小確實無法與歐洲、亞洲或北非相提並論。而在歐洲人於十八世紀抵達之前，澳洲原住民人口的命運，則陷在另一個更為孤立、地理環境更為險峻的地方。

與撒哈拉以南非洲或西半球相比，尚未接觸到歐洲人的澳洲甚至更缺乏負重的動物。當英國人於十八世紀抵達此地時，澳洲不存在任何一類這樣的動物，情況就如同歐洲人於十五世紀抵達西半球時那樣，只不過至少安地斯附近還有可作為馱獸的駱馬[122]。儘管如此，駱馬並不如馬那樣高大，可讓人騎乘。牠們最大的優勢就是能在空氣稀薄的山裡——也就是牠們的發源地，進行活動。

澳洲還有另一項嚴重的地理性障礙。在現代運輸方式出現以前，這片廣闊的土地與南半球完全隔絕，遠離亞洲大陸，更遠離其他有人居住的土地。澳洲的土地相當貧瘠，內陸更有極大面積為沙漠。澳洲內陸的降雨量甚至比撒哈拉以南非洲的降雨量更不穩定，有數個月的乾旱與緊接而來的暴雨季。在澳洲大面積的內陸沙漠中，經常數年無雨，然後又出現夏季暴雨[123]。這對農業或自生植被而言，都不是有利的環境。

在那個可以更直接談論著不同人種不同成就的年代，一名研究全球地理的學者就曾這樣描述非洲的黑人：「整體而言，他們在經濟與文化的成就，比澳洲及美拉尼西亞的黑人要高。」[124]當歐洲人在十八世紀抵達澳洲時，他們發現當地居民缺乏鐵器，儘管撒哈拉以南非洲的原住民早在一千年之前就開始使用鐵器，也儘管澳洲有著好幾個堪稱全球最大的鐵礦。再一次，地理所扮演的角色，並不單純只是自然資源的直接提供者，更重要的是，其是否能促進或阻礙更大文化跨度的形成——讓人們能取得知識好將自然資源轉變成財富。

澳洲原住民同樣缺乏利用動物耕作、以及許多撒哈拉以南非洲居民所熟悉的農業知識，且與其他人相比，更不具備獲取或發展出此一知識的物理先決條件。但即便在基因決定論盛行的二十世紀初，也並不是所有人都將澳洲原住民的落後，歸咎為基因問題。

一份發表於一九一一年的地理研究指出，澳洲原住民缺乏其他人所熟悉的知識，原因「勢必歸咎在他們的島國性」，這也與加那利群島原住民的情況一樣[125]（某些人將這些原住民歸類為白種人[126]）。澳洲原住民最根本的問題，似乎在於澳洲的地理位置——典型的遲滯地帶[127]，尤其隔絕了內陸部落接觸「外部影響」，讓其維持了「最原始的習俗與信仰」。[128]

如同人類，孤立的效應在動物身上也清晰可見。在英國人於十八世紀抵達澳洲時，當地沒有任何一種生物，與最近的大陸——亞洲相同[129]。在世界各地普遍可見的動物，如熊、猴子、有蹄動物和各式各樣的貓科動物（從家貓到獅子、老虎），澳洲全都沒有[130]，當然還有已經提過的牛、綿羊和山羊。

同樣地，生長在澳洲的原生物種如袋鼠和無尾熊，在其他地方也不可見。澳洲大部分的樹為桉樹家族，而這也是當地特有種。有許多種植物、鳥、淡水魚也同樣為澳洲獨有。在極大程度上，澳洲生物學在數千年間，一直處在封閉的狀態中。

這座孤島大陸獨有的動植物狀態，讓人們對島上被孤立的人類，浮現些許想像。透過對原住民基因的研究，此一結論獲得強化。研究指出，不同於其他種族，島上原住民一直到近代之前，很少或甚至不存在種族融合的情況[131]。多項證據指出，孤立的島嶼帶來孤立的人類。加那利群島也出現了相似的長期孤立情況，當地有數百種特有的植物[132]，島民的落後也與澳洲原住民相似，儘管兩者在種族上截然不同，位置上更相距數千英里遠。

如同西半球，歐洲人抵達澳洲後，除了引進歐洲動物，更為重要的是，他們帶來了歐洲的知識，這些知識來自於更廣大的地理區域，締造出一個遠比澳洲當地人可觸及到的、更為廣闊的文化範疇。

歐洲人大多避開遼闊的內陸沙漠，在沿海周圍定居下來，並聚集在都市之中，來自其他地區的先進農業和來自歐洲的家畜，都為都市提供了食物。那些光靠狩獵採集的原住民，是不可能像這樣形成都市的。

而澳洲土壤貧瘠的事實，則因為豐富的自然資源獲得了彌補，除了鐵礦外，還有鈦礦，澳洲甚至成為該礦產的主要出口國[133]。但被歐洲人視為自然資源的事物，在澳洲原住民眼中卻非如此，因為他們沒能接觸到於廣闊歐亞大陸，包括中東與北非，所發展出來的文化體其數世紀間所培育出的科學知識。

疾病

早在歐洲人發現西半球存在的數千年以前，他們就知道非洲的存在。然而，在十九世紀晚期歐洲人開始「瓜分非洲」、並讓殖民帝國勢力延伸至整個非洲大陸的數百年前，歐洲帝國就已經在西半球建立。疾病與世界上不同地區的不同命運，有著極大關連。在歐洲人征服西半球期間，當時多數人類都不瞭解的微生物，站在了歐洲人那一方。但在後來，這些微生物轉而站在了熱帶非洲人的那一方。

相較之下，比西半球原住民更龐大的歐洲文化廣度，也意味著更為龐大的疾病史。亞洲的地方性疾病，隨著在歐亞大陸上橫跨數千英里的商品貿易以及海上貿易，屢次進入歐洲。

此種經由跨國貿易傳入歐洲的亞洲疾病，席捲歐洲，時不時地消滅了大量歐洲人口，十四世紀鼠疫爆發期間，歐洲消失了三分之一至一半的人口[134]。但那些亞洲致命性疾病的倖存者，發展出對這些疾病的生物抗性，此外還具備了對歐洲疾病的生物抗性。

當歐洲人與原住民在西半球相遇時——無論是在和平或戰爭狀態下，彼此都還不瞭解的微生物，卻擊垮了原住民。相較之下，歐洲人在西半球的疾病面前，就沒有那麼脆弱。

當歐洲疾病在當地扎根以後，這些疾病迅速蔓延至整個社群，甚至傳染了那些從未直接接觸過歐洲人的人。當皮薩羅 (Francisco Pizarro) 的軍隊步步逼近印加的首都時，該首都內從未見過歐洲人的百姓們，正因為歐洲的疾病接連喪命[135]。一名作為傳道士而深入西半球原住民生活的善良西班牙牧師，感嘆自己造成的死亡，或許比最殘暴的征服者還要多[136]。西半球部分區域的特定部落有一半、甚至更多的人口，因為那些他們不具任何抗體的歐洲疾病而被徹底殲滅，這絕非罕見的事例。

但在撒哈拉以南非洲，熱帶疾病對外來者而言，卻極為致命，曾有那麼一段時間，白人男性在熱帶非洲的平均壽命甚至少於一年。一直等到醫療技術足以應付那些致命的熱帶疾病——無論是進行治療或透過公共衛生措施來預防，歐洲人這才可能在撒哈拉以南非洲建立帝國。征服的過程是如此平順，也顯示了熱帶非洲原住民的防禦力，不如那些肉眼瞧不見的微生物可怕，後者甚至讓歐洲人不得不駐紮在港邊長達數世紀。再一次地，特定環境並不能產生固定結果，而是環境和變化的人類知識間的交互作用而定（而這裡指的是醫療知識）。

在非洲，熱帶北邊與南邊的遭遇非常不一樣。十七世紀中葉，歐洲人最先定居在今日的南非——該地絕大多數面積位在南半球的溫帶氣候內。古羅馬人則將位處北半球溫帶氣候內的北非納入自己的帝國。地中海沿岸的歐洲人與北非人身上，並沒有任何決定性的疾病屏障，因此征服者的角色在歷史上的不同時期變動不定。北非的摩爾人在歐洲的中世紀時期，入侵並征服了西班牙，持續統治此地長達數世紀，並於統治期間留下了自己有形與無形的文化遺產。數世紀後，拿破崙說：「非洲始於庇里牛斯山。」那處橫亙在西班牙與法國間的山脈。

對熱帶非洲人而言，疾病對動物的致命性影響，使動物無法成為役畜，加劇了人與人之間的隔絕，更斷絕了這些動物作為農耕使用的可能。

位置

即便不去考量其本身所具備的特殊性質，位置仍舊是一個非常重要的地理因素。古希臘人因為鄰近農耕技術發達的中東，讓他們有機會能為西方與世界文明做出歷史性的知識貢獻。

位在中國可輕易渡水抵達的日本諸島，意味著能接觸到在數世紀之中，一直站在人類知識發展最前線的文明。舉例來說，日本因而學習了漢字，讓自己的語言變成可書寫的語言。這表示日本人有機會能識字，與其他不鄰近先進文明的亞洲或世界地區相比，日本文化得以領先數世紀。小型且孤立的社群，往往也不像規模較大、分布更為廣闊的社會那樣，需要因為大量的商業行為及多種互動發生在距離過遠、單憑口頭無法交流的情況下，而出現發展文字的動機。

沿海地帶的人口勝過內陸地區，或平原人口贏過山區的一大優勢，就是基於「位置」這樣一個簡單的事實，且這個優勢放之四海皆同。在歐洲人大量移往美國的時代，來自俄國或奧地利的波蘭人（波蘭本身被此兩帝國併吞），絕大多數是未受專業訓練的勞工，但那些相對少數、具有編織、縫紉或製造櫥櫃等專長的波蘭移民，絕大多數來自普魯士[137]，因鄰近德國文化，讓他們有機會習得此類技術。

在歐洲殖民統治時期，那些鄰近西方機構如學校的被征服者，往往比其他同胞具備更多的位置優勢。以殖民地錫蘭為例，英國傳教士在該島較有利的區域創辦了學校，與此同時，美國傳教士卻被派到該島上較不受歡迎的北邊，泰米爾（Tamil）少數族群集中的地區。但由於美國傳教士的學校更注重科學與數學，讓泰米爾人在這些領域中的表現更為熟練，也因此在取得需受此類訓練的職業上，得到更出色的成果。一份研究指出，泰米爾少數民族在大學入學考試中，大部分科目成績都為A。[138]

在奈及利亞，伊博族（Ibos）生活在該國較為貧瘠的南方，更曾經被迫為奴，但他們抓住了西方傳教士學校所賦予的機會；與此同時，北邊的穆斯林卻拒絕基督教傳教士所創辦的學校。在那些開放給非洲人的專業、行政與商業崗位上，伊博族的表現遠比奈及利亞北邊的人更好，並稱霸這些行業，就連在奈及利亞的北邊，也同樣如此。

美國的位置受兩大洋隔絕，使其遠離了歐洲與亞洲肆虐的戰火，讓美國人能在相對和平的情況下，憑藉歐洲所發展出來的文化，找到自己的生活方式，同時還不用像自己的歐洲祖先或同時代人那樣，飽受戰爭的摧殘。相反地，地中海島嶼如西西里或馬爾他，位在帝國與競爭國家之間的途徑，幾世紀以來，這些爭鬥在這些島嶼上，只留下了被破壞、被征服的痕跡，以及在文化及基因上皆受改變的人口。

儘管英國與地中海諸多島嶼相比，與鄰近大陸的距離更近，但其位置不在帝國交火處上。此外，與地中海平靜的水象相比，英吉利海峽波濤洶湧的浪潮對出征的入侵者而言，無疑是一大障礙。

當然，沒有什麼是絕對的保護。畢竟英國在古時候曾被羅馬人入侵並攻克，又在一千年後被諾曼人拿下。但在一〇六六年諾曼第征服英格蘭後，英國終於成為一個統一的進步國家，並在此後將近一千年的期間裡，未受任何人侵擾。英吉利海峽在這段時間裡的貢獻，就是讓英國不需要像其他歐洲大陸國家那樣，在政治上受大量軍力的威脅，也因此省下了大筆維持常備軍所需要耗費的金錢。

位置很重要，這裡說的不僅僅是英國的整體，就其內部各地來看，也同樣為真。歐洲大陸國家領先英國長達數世紀，而英國因為鄰近這些歐洲鄰居，得以隨時接觸其貿易與技術。其中，又以最貼近歐洲海岸的英格蘭獲利最多。而這些利益也在些許延遲後，繼續擴散到不列顛群島的其他地方——蘇格蘭、威爾斯和愛爾蘭，如同英格蘭開始超越其大陸鄰居，並帶領世界邁向工業革命。

正如同其他地理特徵，位置也並非平等。全體種族、國家與文明的命運，將因他們能否在對的時間處在對的地點上、或在錯的時間處在錯的地點上而定。此外，何謂對的地點或錯的地點，在數世紀間也不斷改變著。

第三章

文化因素

綜觀經濟發展史，我們深知文化幾乎決定了一切；少數族裔經營的企業正是深刻的實例——東亞與東南亞的華人、東非的印度人、西非的黎巴嫩人，以及遍布全歐的猶太人與喀爾文教徒等。而所謂的文化，反映出特定人口的內在價值觀與態度，這往往令學者大感驚奇。

大衛・藍迪斯[1]

地理因素有其影響力，但絕非不可逆轉。地理對收入與財富的影響，多半與特定環境下不同族群所擁有的文化規模有關。如果我們用特定區域內擁有的高密度天然資源，好比盛產石油的沙烏地阿拉伯或蘊含金礦的南非，來說明高人均收入狀況，將會得到一個偏離現實的結果。如同二〇一四年《經濟學人》雜誌如此評論奈及利亞：「該地擁有高儲油量，但在其他方面則相當匱乏。」[2]

如果缺乏將自然資源開發為真實財富的文化先決條件，那麼純天然資源本身將毫無價值可言。今日我們所使用的天然資源，在人類穴居時期絕對更為豐盛，但是史前時代的人類不具備將上述資源進行轉化與利用的文化力量。

倘若缺乏應有的文化條件，當物質資本耗盡時，我們將難以作業、維護、修復，甚至找尋替代方案，那麼物質資本也將毫無價值。相反地，以二戰時期的西歐為例，當物質資本遭遇大規模的破壞，往往可以在接下來的幾年內使經濟復甦；而此復甦成果被歸功於美國所提供的馬歇爾計畫 (Marshall Plan) 補助。但是當上述國家試圖將金融與物質資本轉移至第三世界，並展開長達數十年的挹注時，結果卻是不斷失敗，難以與西歐的例子相比。

兩者的差異在於，二戰之前西歐用以創造物質資本的文化先決條件——人力資本，仍舊存續到了戰後時代，並得以再度創造物質資本。但西歐歷經數世紀所發展出來的獨特人力資本，並沒有以相同的規模存在於第三世界，更不可能在一夕之間、或數十年間誕生，畢竟該地的社會有著截然不同的文化。

第三世界國家在災難過後，並不是被要求重建他們自己的社會，而是被要求創造出和西方世界一樣的經濟體，卻忽略了正是他們缺乏的特定文化，導向成功的經濟復甦。

文化與環境

當我們企圖解釋不同國家、種族與文明，在經濟及其他層面上的差異時，有些人會認為這些差異源自於內在基因所導致的心智潛能落差[3]，也有人認為差異來自於人們所身處的環境。此兩派論點似乎認為，造成差異的起因只可能有兩個源頭：遺傳或環境。但事實上，這些名詞經常被輕率地定義，好讓任何不符合遺傳的因素能輕鬆推到環境頭上。但這是否意味著，對於拒絕基因決定論的人來說，美國社會的特有環境因素決定了特定群體的集體地位，而美國社會也將因為實際情況受到讚揚或批評？

許多來自世界各地的證據卻顯示，事實並非如此。絕大多數的群體都擁有獨一無二的文化，而當他們遷移時，這些族群仍舊保留了原有文化，即便他們決定落腳的社會有著截然不同的文化。舉例來說，數世紀以來，德國人一直保有極為獨特的技術與生活方式，無論他們定居的地方是在德國、澳洲、巴西、俄羅斯或美國。文化不僅包含了習俗、價值觀與態度，也涵蓋了足以影響其經濟條件的技術與能力，而這正是經濟學家所稱的人力資本。

德國人所擁有的特殊技術，包含打造鋼琴。美國殖民時期的第一臺鋼琴，正是出自德國人之手，而他們在澳洲、法國、俄羅斯與英國也是製造鋼琴的先驅[4]。二十一世紀上半葉，全球負責設計相機鏡頭的光學公司皆來自德國，包括蔡司 (Zeiss)、施耐德 (Schneider) 與福倫達 (Voigtländer)，而美國領先的光學公司則由兩位德國人所建立，他們正是博士倫 (Bausch and Lomb)。

數千年來，德國人也同樣馳騁疆場。不僅羅馬軍團中有德國將軍，沙皇俄國[5]與南美洲也有德國將軍[6]。一七七六年的美國獨立戰爭中有德國將軍，一戰與二戰時期美軍在歐陸展開軍事行動時，也分別由德裔將軍潘興 (Pershing) 與艾森豪 (Eisenhower) 所指揮。二戰期間，美國軍隊的其他高級德裔指揮官，包括了指揮太平洋艦隊的切斯特．尼米茲 (Chester Nimitz) 海軍上將，以及卡爾．斯帕茨 (Carl Spaatz) 將軍，其部署的轟炸機軍隊將德國大部分地區夷為平地。

中世紀時，條頓騎士團 (Teutonic Knights) 征服了普魯士，而普魯士則在接下來的幾個世紀間，成為德軍實力的核心地帶。在兩次世界大戰中，德國軍隊對敵方部隊所造成的傷亡，遠超過德國人自己承受的傷亡數。[7]

同樣地，德國人的社會模式不僅存在於德國，就連在其他文化環境截然不同的國家內也能見到。德國的文化模式強調教育，幼兒園的制度起源於德國，研究型大學也萌芽於德國，並受到美國的仿效。十九世紀的德國是最早實施免費義務教育的歐洲國家之一，人均教師比例超過許多其他歐洲國家，而且國民所得中用於教育的比例也更多。[8]

此種對教育的重視，也成為海外德國人文化的一部分，即便到多數人口對教育並沒有如此重視的文化體制下，也不曾改變。舉例來說，十九世紀絕大多數生活在俄羅斯的德國人都識字，而當時絕大多數的俄羅斯人為文盲[9]。另外，在十九世紀到巴西進行拓荒的德國農業社區裡，也能在首波被清空的森林空地上，找到學校的蹤影[10]。相較之下，多數土生土長的巴西人，一直到二十世紀初仍為文盲[11]。在一九〇〇年的奧地利帝國裡，十歲以上的德國男性文盲率為五%，而該帝國內波蘭男性為文盲的比率是四五%、塞爾維亞／克羅埃西亞男性為六七%、羅馬尼亞男性則為七一%。[12]

當羅馬尼亞於十九世紀成立切爾諾夫策大學（Czernowitz University）時，當時的德國學生多於羅馬尼亞學生，而且大部分的教授都是德國人[13]。在愛沙尼亞一所由俄羅斯帝國沙皇於一八〇二年所建立的大學裡，近乎整個十九世紀中，絕大多數的學生與教職員工都是德國人[14]。至於毗鄰拉脫維亞的首都里加市，大部分的教育都是以德語進行，儘管德國人不超過該市人口的四分之一。[15]

德國人並非唯一會保留特定文化並遷徙至其他社會的族群，其他國家的移民也是如此，因此其他社會的一般環境，不是影響這些群體經濟或收入的控制因素。而我們如何定義「環境」，也相當關鍵，且絕不僅僅是語義學上的偏好。如果我們將環境簡單定義為周圍情況，那麼我們將無法解釋為什麼不同文化族群會在相同的環境裡，擁有差異懸殊的收入、財富以及其他成果。

為解釋同一社會下，不同族群在收入與財富上所出現的根本性差異，我們可以將環境定義為一個團體的外部遭遇，文化則是該團體的內部發展。相反地，倘若我們選擇將環境定義為所有非遺傳因素的集合，那麼一特定社會下不同族群間的各種文化，就會被囊括在該社會的環境中。然而，我們不能在不同的環境概念中來回擺盪，尤其當我們期望能獲得一致或合理的結論時。

除了德國人之外，還有許多族群都擁有屬於自己的文化，他們將這些文化帶到世界各地的不同環境中；包括東南亞各國與西半球的華人[16]；西非、澳洲、北美和南美的黎巴嫩人[17]；歐洲、中東、西半球與澳洲的猶太人[18]；以及遍布世界各地的印度人。[19]

考量到移民族群無論遷徙到哪裡，都必須經歷文化差異，因此沒有理由期望他們擁有相同的收入或財富——無論是與彼此相比，還是與他們移入國家的當地人口相比。在實證數據上，也不曾顯示任何此類平等；其關鍵就在於文化差異，而非抵達移民國之時所擁有的初始財力，也因此，儘管許多移民人口一開始遠比現有人口來得貧窮，但最終卻能達到比現有人口更為富有的水準。

東南亞國家以及美國華人的歷史，就是移民的典型例子。當他們初來乍到時，所擁有的資產僅限於身上的衣物，但他們有勤奮工作的決心，因此得到良好的發展。在過去的數世紀間，來自中國的貧困移民往往沒有受過任何教育，且對他們所去國家的語言或習俗所知甚少。

移民華人所定居的東南亞國家的法律或慣例，很少賦予他們與殖民統治種族或本地居民同等的權利。例如，在殖民地馬來西亞，英國人為馬來人的孩子提供學校，但華人卻必須自己籌辦學校[20]。在十九世紀的美國，華人移民史更如同悲劇的縮影，他們所遭受的待遇遠比移居至東南亞的華人來得惡劣[21]。在秘魯小島上，中國契約工的任務是將鳥糞剷進麻袋，以作為肥料出口，他們在炙熱與悶臭的環境下工作。而島上守衛的主要目標不是防止契約工逃亡，而是確保他們不會自殺。[22]

十九世紀其他國家的華人也面臨絕境，導致了華人移民的高自殺率。有些自殺案件發生在中國沿海的葡萄牙屬地澳門[23]，許多中國人被誘騙或設局關入圍欄，以半奴工的契約形式被賣到世界各地，其中有數十萬人被運往西半球。儘管絕大多數是年輕力壯的男性，但多數送往古巴的勞工，在八年合約結束之前，往往死於殘酷的勞動環境[24]。十九世紀的古巴，曾有那麼一年，華人的自殺案件超過百件[25]，更有上千人勞動致死。

儘管十九世紀美國的中國移民並非來自澳門的契約工，但是美國的工作情況更惡劣，導致二十世紀中葉以前，舊金山華人的自殺率是全國平均自殺率的三倍[26]。

經過無數時間與世代交替後，美國的華裔族群排除障礙，變得富有，當然，所謂的障礙絕不僅限於外在環境。十九世紀移入美國的中國移民，不但相當貧窮，更缺乏教育訓練，而他們必須克服此一難關，最終也確實如願。但一直到二十一世紀初期，對數十萬名來自中國福建的合法或非法移民來說，貧窮仍是首要克服的難題。

來自福建的華人族群和歷史上其他時間、其他地點的移民一樣，並非隨意地定居在美國任一角落，他們多半會群聚在自己的社區裡，也就是紐約的布魯克林區。美國的福建移民被描述為極端貧窮，「他們必須四個人擠一間單人房，每天只吃米飯，並在路上撿拾飲料罐。」他們「擠在像宿舍一樣的地方，每天進行長時間的勞動：當服務生、洗碗、清潔客房，並把自己那些講著中文的孩子，送到城市裡的菁英公立學校與大學」。[27]

有個玩笑曾說這些福建人第一個學會的英文單字，就是「哈佛」，第二個字則是「史岱文森」(Stuyvesant)——那所競爭極為激烈的紐約貴族公立高中。雖然大多數被該市菁英公立高中錄取的學生，來自中產階級或高收入家庭，但也有相當比例是來自福建人群聚的低收入社區。福建父母經常讓他們的孩子補習，以確保他們能夠取得好成績，進入菁英公立高中，將此地作為進入優秀大學與更好生活的起點。[28]

猶太人也是依循相似模式、取得成功的典型例子。其中，又以美國猶太裔移民最具代表性。大多數猶太人在十九世紀末從東歐大規模移入美國，成為最貧窮的移民族群，定居在極其擁擠、骯髒和惡劣的紐約下東城公寓。猶太男性往往成為街頭小販，而女性和小孩則在家中的「加工廠」裡工作，家中的縫紉機日夜作響，進行著以件計價的服飾工作。[29]

儘管猶太人有著崇尚學問的悠久傳統，十九世紀和二十世紀更是世界級猶太知識分子數量激增的時期，但東歐猶太人最初之所以能在美國社會崛起，憑藉的並不是教育。儘管二十世紀初抵達美國的大多數猶太人都精通某種語言，但這並不意味著他們通曉英語。根據詳盡的猶太移民研究指出，他們所精通的意第緒語（Yiddish）或希伯來語，往往「足夠讓他們參與猶太文化活動」，但這兩種語言「並非可改善其在美國境內經濟狀況的語言工具」。[30]

一九一一年的研究表明，就年齡來看，有三分之二的波蘭猶太裔子女落後於他們應該就讀的年級水準[31]。第一次世界大戰期間，許多擁有波蘭和俄羅斯血統的美國士兵（其中絕大部分為猶太人），因為在美國陸軍的心理測驗中得分實在太低，以至於心理測驗先驅卡爾．布里格姆（Carl Brigham）（學術能力性向測驗的創始人）表示，陸軍測驗結果「顛覆了普遍認為猶太人非常聰明的印象」。[32]

數年後，當在美猶太人能更嫻熟地使用英語時，他們的心理測驗分數開始高於全國平均[33]，布里格姆因而改變了自己原先的結論。最終他表示在一戰時期接受測驗的猶太軍人，許多都是來自於非英語系國家。他以「毫無根據」來描述自己原本的判斷。[34]

儘管猶太人最初在美國商業界小規模或大規模地發跡情形與教育無關，但之後的猶太移民往往會敦促下一代，設法取得更好的教育成就，並讓他們得以取得醫師、律師等專業工作。

但我也必須提醒一點，無論是在醫學界還是在法律界，機會之門都沒有獨獨為猶太人而開。猶太醫師與律師可以在猶太或非猶太的社區裡執行私人開業，但是許多醫院與領先的律師事務所，都將猶太人拒之門外。學術界裡，各學院和大學所錄取的猶太學生數量都有配額限制，一直到第二次世界大戰之前，猶太教授都十分罕見。然而，數年後，當這些發展障礙逐漸被排除，擁有專業資格的猶太人開始迫不及待地湧入各大機構，甚至有極高比例的人成為機構的主導者。

黎巴嫩移民也與猶太人有著極其相似的發展史。如同來自東歐並落腳於美國的猶太人，早期移民至澳洲、巴西、墨西哥與西非的黎巴嫩人，其教育水準普遍低落，而他們最初獲得的經濟成果來自於商業，通常從最底層的街頭小販做起。

二十世紀初移居巴西的黎巴嫩移民，其文盲率為二九%[35]。此時期移居墨西哥的多數黎巴嫩移民，甚至連小學文憑都沒有。因此，這些移居墨西哥的黎巴嫩移民往往會把來自家鄉的信件揣在身上數個月，直到他們能找到人為其讀信，並代為回覆[36]。早期移往澳洲的黎巴嫩移民皆為文盲[37]。而最初移往西非的黎巴嫩人，多數也不識字。[38]

在非洲國家獅子山共和國裡，克里奧爾人（Creoles）很看不起黎巴嫩移民，因為他們沒有受過教育而且貧窮。但是黎巴嫩移民很快就扭轉局勢，取得商業成功，克里奧爾人的蔑視也立刻轉化成怨恨與仇視。[39]

與世界其他國家／地區的移民一樣，黎巴嫩人既不是從其祖國的任意地點移出，也不會在他們移居的國家／地區內隨機定居。一戰後抵達獅子山共和國的早期黎巴嫩移民，並不是來自貝魯特這類大城市，而是農民與低階層工人駐居的村莊[40]。簡單來講，他們來自黎巴嫩境內非常特定的地理區域，並在獅子山共和國的特定地點定居——什葉派穆斯林、東正教基督徒、來自黎巴嫩不同區域的馬龍派基督徒，往往會聚集在不同的區域裡[41]。人們的行為經常如地貌一樣多變，儘管知識分子與其他人會認為這樣非隨機的結果看上去很奇怪。

無論是在西非、北美、南美還是澳洲，黎巴嫩移民一開始的工作通常都是小販[42]，有時他們會追隨猶太小販的腳步，就像在巴西那樣[43]，而成功的小販往往會轉移至其他行業，好比經營小商店，而其他初來乍到的黎巴嫩或其他族群的新移民，則會接替他們成為小販。無論是猶太裔經營的梅西百貨 (Macy's)、布魯明黛百貨 (Bloomingdale's)、李維．史特勞斯牛仔褲 (Levi Strauss)，或是黎巴嫩移民開創的服裝品牌海格 (Hagger) 和法拉 (Farah)，一切都是從小販生意開始做起。如同其他脫貧致富的族群一樣，持續多年的毅力，正是成功的關鍵。

在美國，黎巴嫩的大規模移民始於十九世紀末，大多數的早期移民，包括婦女及兒童，一開始都是從流動小販做起，且黎巴嫩小販的網絡幾乎遍布全美[44]。當黎巴嫩小販有了開店資金後，他們會開一間由家族經營的商店，每日營業十六至十八小時；小孩負責上架商品、送貨，太太則負責家務或是與丈夫輪流顧店。而他們的家，通常就在商店的旁邊或樓上。[45]

獅子山共和國的黎巴嫩人[46]、東南亞的華人、美國的猶太人，展現了極為相似的模式。著名經濟學家彌爾頓．傅利曼(Milton Friedman)在自家商店落腳的社區內長大，他觀察在此時期移居美國的移民都有著類似的經營模式[47]。黎巴嫩小孩很早就會參與家庭經營的生意，並被要求符合大人的期望：

> 學齡兒童不是在學校，就是在父母的身邊：等待顧客、找零、整理貨架或學習在經濟匱乏的狀況下，經營獨立小商店所必須擁有的精明。他們被父母灌輸工作與節儉的道德觀、家庭團結感與自我犧牲，這些全都是家人的期待。[48]

在許多不同的國家內，黎巴嫩人一代又一代地往上爬。早期黎巴嫩人多半從事商業，無論他們的落腳處是在阿根廷[49]、澳洲[50]、獅子山共和國[51]、加勒比海諸島[52]或美國[53]。但當黎巴嫩人在商業上取得成功時，他們會為孩子提供更多的教育資源，包括大學與學院教育。在黎巴嫩人所定居的數個國家中，都能發現同樣的現象[54]，且接受良好教育的黎巴嫩新移民數量，也開始上升。

就如同華僑與猶太人，對黎巴嫩人而言，重點不在於初代移民的教育程度是高或低，而在於他們來自一個高度重視教育的文化背景；因此，當他們在經濟上有所收穫時，他們會為下一代安排接受高等教育的機會，從商業領域拓展至醫學、法學與科學，這就是黎巴嫩人的移民史。

當然，在海外華人、猶太人與黎巴嫩人身上可觀察到的向上流動 (upward mobility)，自然不是唯一的模式。在卡斯楚 (Fidel Castro) 掌控古巴並實行社會主義之前，許多身懷專業技能或從商的古巴人，紛紛逃往美國，並聚集在佛羅里達州一帶。當時的古巴難民幾乎沒有機會將實體財富隨身帶往美國，又因為在古巴獲得的教育與專業證照，在美國幾乎毫無用武之地，致使他們無法重操舊業，讓這些難民發現自己的經濟處境瞬間墜落至社會底層。一篇報導如此描述：「他們擠在擁擠的公寓裡，成為洗碗工、清潔工與摘番茄的工人。」[55]

> 對絕大多數的人來說，他們的成功來自於艱苦的勞動、持續貶低自尊，並為下一代作出犧牲。從前的經理高層開始為人泊車，法官洗著碗盤，醫生派送報紙。從來沒有工

作過的婦女，則開始當起裁縫、旅館服務生，或在邁阿密河畔的蝦廠內當起分揀工。那裡的工作環境讓人感到痛苦萬分，導致該處被稱為「西伯利亞」。如同一位移民所說：「我下定決心，就算必須同時接兩份工作，也絕對要讓我的孩子成為中產階級——於是我就這樣幹了十四年。」[56]

那些在一九五九年逃難至美國的古巴人，他們或許處於美國社會的最底層，但到了一九九〇年，他們的下一代平均年收入卻有五萬美金，幾乎是美國白人平均收入的兩倍。在古巴難民抵達美國的四十年後，古巴裔美國人的企業總收益，已經超過全古巴的國民總收入[57]。同樣地，直至一九九四年，五千七百萬名海外華僑所創造出來的財富，也超越了全中國十億人口的財富總額。[58]

然而，這些全都讓我們回到了最原本的疑問：我們所說的「環境」究竟是什麼？如果我們指的只是周遭環境，那我們很難理解為什麼和紐約福建人住在同樣環境、經濟水準甚至更好的族群，沒能締造出同樣傲人的頂尖公立學校錄取率；我們也無法解釋為什麼美國白人，無法擁有和古巴裔美國人同樣的高平均收入。

相反地，倘若我們認為「環境」包含文化價值觀，也就是讓福建人為了下一代做出極致犧牲，以及讓美國的古巴難民為了提升家庭社經地位，願意付出驚人的努力，我們就可以更清楚地理解眼前的情況，因為並非所有族群都擁有同樣的文化動機。不過，雖然這能讓我們更容易理解這些非凡族群的成功，倘若我們認為其他族群也能複製其成功模式，結果將會令我們氣餒。

文化傳播

綜觀外來者企圖改變他者文化的歷史，會發現這些舉動往往以失敗告終。數世紀以來，歐洲基督教會企圖改變猶太人、迫使其放棄信仰就是最好的例子。沙皇的「俄羅斯化」計畫，也只是徒然挑起更多怨恨，而沒能獲得成果。然而，特定的群體、種族、國家和文化確實能在基於自身的利益下、透過自己的選擇與節奏，借用他者的文化特質，實現大規模的文化傳播。

西方文明——包含了曾為羅馬帝國領土、並從帝國沿襲下來許多文明特質的區域，是自願性地以阿拉伯數字來取代羅馬數字，而不是受到阿拉伯人或發明此數字的印度人遊說而行動。這單純因為就數學運算的角度來看，阿拉伯數字不僅不同（如同多元文化主義者可能會說的），還更優秀。倘若用羅馬數字來交代哥倫布航行西半球的年份，我們必須寫下「MCCCCXCII」，這串文字的繁冗便顯而易見。除此之外，還有更多地方會讓數學家忍不住抗議。

此處的論點在於，大規模的文化借用 (cultural borrowing) 往往出自於實用因素。我們也能發現數世紀以來，許多亞洲文化特色已經散播至歐洲。而歐洲不同地區間，也發生了類似的文化傳播過程。幾百年來，從西歐傳播到東歐的文化革新包括硬幣、城堡、弩、人行道、印刷機、動力織布機、疫苗接種、鐵路和汽車[59]。但是，當外來者企圖以強迫的方式去改變他者的文化時，卻往往無疾而終；或者，當外來者希望延續他者的特定文化特質，甚至以美術館珍藏的方式來保存其物件時，反而會產生嚴重的傷害，尤其是對經濟或其他方面較為落後的群體而言。

並非所有群體、種族、國家或文化，都樂於吸收他人的文化革新。族群間的眾多文化差異，也包含了接受度的差異。然而，在某些情況下，當某些族群或國家的進步因為地理或其他障礙而停滯不前時，可藉由吸收其他地方更為幸運者的進步來克服瓶頸，利用並改善這些新知，以獲得經濟和其他方面的利益。

日本就是一個典型的例子，不像其他開創出歷史性變革的幸運國家那樣具備地理優勢。

相較之下，古代中國擁有優秀的天然良港、廣闊且具適航性的運河網絡，還有北部地區那肥沃無比的土壤。反觀日本，由於國土面積較小，流域面積也較小且陡峭，導致大多數的河流流速都過於湍急而難以航行[60]。日本絕大多數的面積為山地，僅有一小部分的土地足以進行農業耕作[61]。而日本最廣大的平原，長度僅有一百二十英里[62]。除此之外，日本還缺乏天然資源。

理解了上述日本地形所存在的缺憾後，就不難理解當中國於各方面都處於世界最前端的日子裡，日本為何會在經濟層面上，落後中國數個世紀。日本少數具備的地理優勢之一，就是臨海區域多，因此可以透過沿海區域與世界進行交流。此外，全國陸地總面積的絕大部分都鄰近海域，也讓日本任一地區離海的距離，都不超過七十英里。[63]

這意味著在將近數千年的時間裡，日本可以接觸到更先進的中國文化。更重要的是，日本對中國文化的接受度相當高。日本除了接受中國的書寫系統，並創造出自身文字外，也接受了中國的哲學思想，還有諸如棉花種植、再透過紡紗織成衣物等日常概念。[64]

然而，在將近兩百多年的時間裡，日本政府切斷了一切與外界的交流。自一六三八年至一八六八年，日本人禁止移民，違者以死刑論處。而在鎖國令宣布當下仍滯留海外的日本人，則禁止歸國。根據東亞資深史學家的說法，「十七世紀初曾在技術與制度上與歐洲人並駕齊驅，甚至在某些領域上領先歐洲人的日本，如今卻大幅落後[65]」。孤立讓日本付出了代價，也讓世界上其他地方的人們付出代價。

日本這道阻絕外面世界的壁壘，在一八五三年，馬修．佩里 (Matthew Perry) 上校率領美國軍艦闖入日本之際，驟然崩塌。佩里能夠安然無恙地駛入日本海域，也點出了當時的日本確實軟弱且落後。佩里贈送日本人一列火車作為禮物，而日本國民的反應則進一步揭露了日本當時的落後：

> 起初，日本人在安全距離外恐懼地注視著火車，當引擎開始轉動後，他們發出驚呼，倒吸了一口氣。
>
> 緊接著，他們開始仔細檢查火車，撫摸它，騎在它身上，然後一整天都處在此種狀態裡。[66]

在佩里上校出使後的幾年裡，日本人對西方文化的接受程度趨於極端，甚至可謂奉承。美國在日本受到特別讚揚，更被稱之為「人間天堂」[67]。端看日本人對美國的溢美之詞，不難想見當時日本人對西方世界與其人民所抱持的豔羨和崇拜。❶

我們可以藉由一項指標，來觀察十九世紀日本的經濟水平。一八八六年，日本人均購買力為英國的十四分之一，而一八九八年則攀升到六分之一[68]。在下個世紀裡，日本與經濟上

---

❶二十世紀初，隨著狂熱的民族主義興起，日本人的態度後來出現了逆轉。那些早在親美時期赴美的日本移民，儘管在戰前受到歧視、在戰時被拘禁，但在二戰期間，基本上仍忠於美國。後來民族主義與反西方國家風潮興起，這時期前往巴西的日本移民，在戰爭期間始終忠於日本，拒絕相信日本投降的消息。儘管皆受盡歧視和拘禁，日裔美國人始終忠於美國；在巴西的日本人卻忠於日本，即使在巴西受到的待遇比在美國的日本人好，更沒有遭遇拘禁。這再次說明「環境」必須包含起源於該群體的文化。請見若槻泰雄（Yasuo Wakatsuki），〈日本在美移民，一八六六至一九二四：專文〉，《美國歷史展望》（*Perspectives in American History*），第十二卷，一九七九，第四六五至四六六頁；威廉・彼得森（William Petersen），《日裔美國人：壓迫與成功》（*Japanese Americans: Oppression and Success*），紐約：蘭登書屋，一九七一，第八六至八七頁；詹姆士・勞倫斯・蒂諾爾（James Lawrence Tigner），〈臣道聯盟：日本國族主義在巴西〉（*Shindo Renmei: Japanese Nationalism in Brazil*），《西班牙裔美國人歷史評論》（*Hispanic American Historical Review*），一九六一年十一月，第五一五至五三二頁；藤井幸夫（Yukio Fujii）與林恩・史密斯（T. Lynn Smith），《巴西日本移民的文化適應》（*The Acculturation of the Japanese Immigrants in Brazil*），蓋恩斯維爾：佛羅里達大學出版社，一九五九，第四九至五一頁。

領先的西方國家齊頭並進，其作法是引進西方技術，並聘請專家於大學教授該技術，日本學生則到西方大學學習。雖然日本受教育兒童的數量在一八八六年時，少於總數的一半，但到了一九〇五年，該比率已經攀升至九五%，且持續上升中。[69]

進入二十世紀初，日本已然進步到不再需要外國專家的程度，後者也紛紛移出日本境內。[70]在二十世紀上半葉，日本出產了許多工業產品，儘管當時生產的產品大部分都是質量拙劣的廉價西方仿製品。然而，到了二十世紀下半葉，無論是在相機、汽車與電器產業等各方面，日本竟成為技術與品質方面的先驅。

日本在攝影領域的突破尤其引人注目。雖然第一臺尼康相機(Nikon)是仿製德國的康能相機(Contax)，第一臺佳能相機(Canon)則是模仿德國知名的萊卡相機(Leica)。但是隨著時間的推移，日本的尼康相機與佳能相機成為該領域的領導者，其銷售規模早已超越一開始的仿效對象。而日本所生產的高速列車也讓美國工廠黯然失色。

儘管英國和日本在許多文化上，存在著巨大差異，但兩者最相近的地方，就在於他們都屬於島國；且數世紀以來，都持續落後於鄰近的大陸區域——亦即西歐大陸和中國。英國和日本在文化革新上非常相似，兩國都願意吸收其他國家的優勢，並進一步發展、革新，最終超越原本領先的國家。

在英國，蘇格蘭人同樣從英格蘭人身上吸收許多養分，一開始是語言，最終在工程和醫學科學方面都超越了英格蘭人[71]。從十八世紀末到十九世紀上半葉，英國各領域的主要知識分子中，有很大比例的蘇格蘭人。其中包括哲學領域的大衛．休謨 (David Hume)、經濟學領域的亞當．史密斯 (Adam Smith)、化學領域的約瑟夫．布萊克 (Joseph Black)、工程學領域的詹姆斯．瓦特 (James Watt)、文學領域的羅伯特．伯恩斯 (Robert Burns) 和沃爾特．斯科特爵士 (Sir Walter Scott)、經濟學和政治領域的詹姆斯．穆勒 (James Mill) 和約翰．斯圖爾特．穆勒 (John Stuart Mill)，以及享譽國際，無論宮殿設計或書籍裝幀都擅長的羅伯特．亞當 (Robert Adam)[72]。正如一位著名的歷史學家所言：「在所有知識領域分支裡，從貧乏而無知的人群中誕生了最原創與成功的思想家。」[73]

中世紀時期，整個歐洲從中東與北非的伊斯蘭世界，學到了大量知識，尤其是在數學、哲學，還有農業與建築方面。軍事技術同樣如此，當時的伊斯蘭國家擁有較為先進的軍事技術。鄂圖曼帝國入侵並統治絕大部分的西南歐洲，而北非摩爾人則入侵並征服了西班牙。如同著名英國雜誌《經濟學人》在二〇一四年的文章中所寫：

> 一千年前，巴格達、大馬士革和開羅等大城市紛紛領先西方城市。伊斯蘭教等於創

新的同義詞。所有的阿拉伯哈里發國都是充滿活力的超級大國，擅長學習、態度寬容且樂於貿易。然而，今日的阿拉伯人卻陷入悲慘的處境。[74]

任何對一千年前伊斯蘭世界文化與科技水準抱持懷疑者，只需要觀察摩爾人征服西班牙時，在哥多華所建造的偉大清真寺，就可瞭解其技術之深邃通達。至於寬容，當信奉基督教的西班牙於一四九二年解放，並驅趕最後一批摩爾人時，也大規模地驅趕了猶太人，後者多半逃往伊斯蘭教世界，而非信奉基督教的歐洲，因為當時歐洲文化的包容度遠低於信奉伊斯蘭教的北非區域與鄂圖曼帝國。當時的世界顯然與當今截然不同。此差異也反映在對其他文化的接受度上。

最終，無論是在軍事、技術與科學方面，西方世界都開始領先中東與北非國家。但是目前的伊斯蘭國家對較為進步的西方國家的接受度，已遠不如當時仿效中東與北非的歐洲。

今日阿拉伯世界的文化接受度之低落，可從一關鍵數字來察覺；在超過二十個國家、約三億人口之中[75]，其所擁有的翻譯書籍數量僅為希臘的五分之一，儘管後者人口只有一千一百萬人。聯合國一項五年計畫研究顯示，每百萬名阿拉伯人所對應的翻譯書籍數量低於一本，而在匈牙利，每百萬人口所對應的翻譯書籍數量為五百一十九本，西班牙則為九百二十本[76]。

換句話說，西班牙每年所翻譯的書籍數量，遠勝過阿拉伯在一千年內所翻譯的書籍數量。[77]

文化隔離的影響與地理隔離的影響非常相似，會讓個人、團體、國家或整個文明更難跟上他人的進步。中國拒絕在眾多領域與其他國家學習的態度，也導致其失去作為世界領先者的契機。

十五世紀初，中國政府嚴格限制一切對外聯繫，並摧毀了一艘中國海軍曾用以進行探索航程的軍艦，該軍艦不但比哥倫布的船艦更雄偉，其橫越路徑也遠超過哥倫布。當時的中國政府不但禁止類似航行，更禁止建造能從事海上探險的船艦，並銷毀早期至「蠻夷之地」的航行紀錄。一位二十一世紀的美國科學家如此評論中國當時所採取的重大決定：

在此決定之前，中國擁有一支比任何歐洲船艦都更大、技術更強的遠洋船隊。中國在科學知識上與歐洲大致持平，在印刷、航海和火箭技術方面更是遙遙領先。就因為此一決策，中國在科學技術方面嚴重落後，直到六百年後才迎頭趕上。[78]

十八世紀，當英國國王喬治三世餽贈禮物給中國皇帝時，其中包括了各種顯示西方科技進步的設備時，中國皇帝卻回應中國什麼都不缺。他說：「我們從不過分重視獵奇或精巧的物品，我們也不再需要你們國家的製造品。」[79]他以相當明顯且排斥的態度去面對其他進步的文化。更悲劇的是，如此一來，當兩文明的技術差距越來越顯著時，中國就更難迎擊西方的殖民主義。

由於沒有任何文明可以在所有領域上保持領先，因此，自我孤立導致其對外部文化革新接受程度偏低的情況，近似於地理封閉所帶來的損害。

世界各國文化孤立的另一項主要因素是語言。有人說：「知識是以語言作為傳播的載具。」[80]但每種語言所涵蓋的知識分量與廣度，自然不同。由於西歐被羅馬征服，因此習得拉丁字母系統，所以西歐比東歐更早將語言化作文字。而長達數世紀的文字系統領先則意味著，即便東歐發展出文字系統，依舊無法在短時間內像西歐那樣，用文字承載同樣廣度、深度與類別的知識。

舉例來說，儘管愛沙尼亞人在十九世紀擁有了文字系統，但在該世紀上半葉，其所書寫的內容大部分限於宗教主題。並且愛沙尼亞將德語作為工作語言，不論個人是否擁有德國人的血統[81]。這樣的情況並非只出現在愛沙尼亞。雖然波希米亞極早就擁有廣泛的捷克語文學作品，但在十九世紀初，捷克語作品已相形衰退，對比當時布拉格所盛行的德語報紙，初萌芽的捷克報刊可謂寥若晨星[82]。捷克小學以母語授課，但在一八四八年，沒有任何波希米亞高中以捷克語授課。因此要想進入高中讀書，必須通曉德語才行。[83]

對絕大多數的東歐人來說，接受科學或各種職業教育，就意味著接受德語教育。此外，由於東歐的高級專門職業往往是由德國人掌控，這代表要擁有菁英型職業就必須全面接受德國文化，以便與菁英同儕合宜地互動。

許多新一代的捷克和拉脫維亞知識分子，非常反對為了取得專業進步，而被迫改變自身的語言和文化。對於德國人來說，這樣的障礙自然不存在。沒有人會聲稱這樣的情況是「公平」的。但更關鍵的問題在於，這樣的不公平是源自於當時的時代與地點，抑或是被強加在東歐非德國人身上？

當然，人們確實可以用德國統治哈布斯堡王朝 (Habsburg Empire) 的歷史，來控訴德國人以不公平的方式對待其他種族，但相同的情況也發生在由羅馬尼亞人所統治的羅馬尼亞，以及俄羅斯人所統治的拉脫維亞、愛沙尼亞，與部分俄羅斯帝國的領土。

真正實際的問題在於，包括波羅的海與巴爾幹半島在內的東歐各地，其本地居民的發展機會在少數德國族群勢力下，是變得更多還是更少？就經濟觀點來看，很明顯地，由於德國文化教育機構對非德裔族群廣開大門，也因此上述機構提供的人力資本，是本土語教育機構無法提供的。

同樣地，東歐統治者允許東歐境內的德國農民在其所居住的鄉村內，按照德國法律生活，從而使生活在這些村莊裡的德國人與非德國人，比東歐其他地區的人民享有更大的自由[84]。此外，擁有比本地居民更高技術的德國人使全體社會經濟受益，並為該區域人民提供更多的產品與工作機會。事實上，東歐統治者願意提供誘因吸引德國農民前來的主要考量，就是基於他們的專業技術與生產力。

然而，從政治角度來看，東歐德國人被許多東歐人民視為支配商業和專業技能的外來菁英，而他們的文化被本地人視為屏障，而不是能藉此獲得進步與革新的契機，即使當時本地人的文化根本不可能提供相等的條件。舉例來說，拉脫維亞的知識分子就如此形容拉脫維亞人民：「長期受到壓迫，且生活地位低下的民族。」[85]

綜觀全球歷史，德國人在東歐的處境絕非單一特例。對於遍布在泰國、越南、菲律賓、馬來西亞與印尼等東南亞國家的華人少數族群而言，也存在著相同的經濟優勢與社會憤恨[86]。鮮少有本地人願意學習海外華人長時間勤奮工作的文化（至少，絕對不比本地人對華人在教育、工業與商業上所占有的優勢而出現的憎恨來得多）。

其他國家也出現了類似的模式——外來少數族群或同一國家內、不同種族與文化的族群在教育機構或經濟表現上，超越其他本地主流族群。這包含了在不同時間、不同地點下的多個例子，好比鄂圖曼帝國的亞美尼亞人、奈及利亞的伊博人、斯里蘭卡的泰米爾人、東非的印度與巴基斯坦人、秘魯的日本人、斐濟的印度人、東歐的猶太人與西非的黎巴嫩人等。

而上述國家出於政治動機，往往會將表現突出於社會多數的優秀少數族群妖魔化，控訴少數族群「掌控」了整個產業，儘管很多時候正是這些少數者創造了那些原本根本不存在的產業。然而，此種因政治動機而凸顯族群差異，從而挑起憎恨的政治動員行動（在部分國家中甚至掀起了可怕的內戰，斯里蘭卡與奈及利亞就是最好的例子），降低了人們向更成功文化學習人力資本的接受度。

相反地，政治往往助長了對擁有更成功文化族群的不滿，並讓人們認為應依據人口統計去「公平分配」工作與收入。正如印度一位民族領袖所表達的：「難道我們沒有資格擁有工作嗎？」[87]一名奈及利亞的民族代表更如此譴責：「這是技術的獨裁。」[88]

認為經濟利益應當透過人口統計「公平分配」給全民的觀點，似乎將「分配財富」與「財富如何被創造」此兩點拆開來看。但驅逐具生產力的少數群體後對國民經濟帶來的損害，則表明了情況不該如此。好比一九七〇年代，烏干達的亞洲人遭到驅逐[89]；二戰後，捷克斯洛伐克的德國人遭到驅逐[90]；十七世紀西班牙的摩里斯科人遭到驅逐[91]；中世紀時法國與眾多德國城市內的猶太人，亦遭到驅逐。[92]

當政府採取敵對政策，或遭受暴民公然行使暴力，必然促使具生產力的少數民族逃離，如一六八五年從法國逃亡的胡格諾教派 (Huguenots) [93]，或十九世紀晚期從東歐脫逃的猶太人。[94]

對生產力更高的少數民族抱持敵意，似乎很不合理，因為他們提高了國家的生活水準，又為多數人口族群提供文化榜樣與機會，讓後者得以獲得更先進文化的人力資本，好提升自己。但是，若從落後族群領導者的自身利益來看，讓其所領導的族群對更先進的族群抱持怨恨，並將他們未能更充分分享有經濟利益的原因歸咎於進步族群，似乎是極為合理的作法。

從另外一個角度來看，如果落後族群的個體成員獲得了更先進族群的技能與文化，他們可能會被吸收到進步族群中，或者感覺不再需要原生族群的領導者。無論更先進族群文化對落後族群在經濟上的任何層面能產生什麼益處，吸收此文化對落後族群的領導者而言，都是明顯的威脅，他們將本土文化的侵蝕視為對自身角色的侵蝕，而作為領導者，這也意味著他們的支持者正在逐漸流失。事實上，許多在不同時間和地點的落後群體領導者，和身在其內的知識分子，都對文化侵蝕與最終的滅絕表現出恐懼。[95]

一位十八世紀的捷克學者擔心，倘若有越來越多的捷克同胞使用德語，這可能意味著捷克的下一代「將變成德國人」，甚至在五十年內，波希米亞城市中使用德語的人口，將超越使用捷克語的人口。[96]

這樣的恐懼並非全然毫無根據。日後歷史學者如此形容該時期：「在布拉格，捷克語主要流通於低下階級。」儘管「捷克語距離徹底消失還有一段相當的距離」，但是捷克語「退回到農地、馬廄和廚房；因為它是僕人和下屬的語言」。在那段歷史裡，「捷克語並非國家的榮耀徽章，而是無知的烙印[97]」。在此時期下的布拉格，擔當僕役者的多半是捷克人，頂多偶爾有德國護士或家庭女教師。多數的德國家庭擁有僕人，但捷克家庭則無。[98]

放眼地球的另一端，二十世紀的斯里蘭卡社會裡，僧伽羅 (Sinhalese) 佛教徒占多數，並講著僧伽羅語，而泰米爾印度教少數民族則講泰米爾語，人們對此同樣表達了擔憂，認為隨著時間的推移，較成功的少數民族會在文化上吸收較不成功的多數民族。僧伽羅語的領導者就曾在一九五六年警告佛教僧侶：「如果我們不做點什麼，將再也沒有佛教，也不會有僧伽羅人。」[99]

一九七〇年代的加拿大魁北克省，情況則大致與此相似，當地講法語的主流族群依法嚴格限制許多機構（包括私營企業）使用英語。該政策的總擘劃者、文化發展部長卡米爾．勞林 (Camille Laurin) 宣稱：「法語必須成為所有魁北克人的共同語言。」如同其他地方一樣，這是因為「講法語的魁北克人必須關注自己的文化存續，以及他們在加拿大的劣勢經濟與政治地位[100]」。此外，包含斐濟、巴基斯坦、馬來西亞、菲律賓和緬甸，也都對類似原因所造成的文化滅絕表現出恐懼。[101]

無論是在十九世紀的波希米亞，還是二十世紀的魁北克[102]，我們都難以解釋立法限制少數族群使用其非主流語言背後的狹隘與偏頗心態，但我們似乎可以理解落後族群領導者或知識分子，為防止其文化遭到掌控所採取的作為。這些團體的領導者與知識分子極力避免其團體成員受到進步團體的同化(assimilation)或吸收。在今日的美國，那些想要學習主流社會說出一口標準英語的年輕黑人，往往也代表全面接受主流社會的教育與其他文化，並因此被譏笑為「假白人」(acting white)，這樣的指控可能是揶揄、排斥，最終也可能演變成黑人族群間的公然暴力與騷擾。[103]

總之，在許多時間及地點下，落後群體對他者文化的接受，仍然充滿障礙。然而，十八世紀的蘇格蘭人和十九世紀的日本人，對他者文化的熱情擁抱，實屬相當罕見的例外。就歷史長河的角度來看，蘇格蘭與日本在極短的時間內驚人地崛起，成為世界的先驅，也是一個例外。

就更小的規模來看，在歐洲殖民主義時期下，許多非西方國家內的特定族群，確實掌握了西方教育機構所帶來的教育機會。如同蘇格蘭人和日本人一樣，這些群體通常來自地理條件較差的地區，像是土壤較貧瘠，使得當地人無法支持不斷成長的人口。在不同時間、地點，都有類似的族群存在，像是北奈及利亞的伊博人和斯里蘭卡北部的泰米爾人，在印尼、阿爾及利亞與菲律賓，也出現相似的發展[104]。憑藉西方教育和其他西方文化的優勢，伊博人和泰米爾人向該國內的其他地區擴展勢力，無論是在商業、官僚體系或其他專業上，表現都優於其他族群，更為全體人口帶來利益。但也正是因為這樣的成功，激起了怨恨。

文化與進步

經濟進步既取決於地理等有形物理因素，也攸關人力資本等無形文化因素，後者包括「信任圈」(the radius of trust) 內的個人或團體進行經濟或社會協作。對工作與成功的態度，亦屬於無形因素，並與地理特徵、物質資本等有形因素相結合，共同創造出經濟上的成果。有形因素或許會留下較深刻的印象，但是其經濟效益不見得大於文化概念中所包含的無形因素。

文化差異的其中一種表現，是不同個體與團體互相信任與合作的能力。不同的團體、種族、國家和文明，經常創造出不同的信任圈，而這些差異對國與國之間或一國之內的收入與財富差距，有著重大影響。

信任與誠信

雖然信任包含許多互惠互利的合作形式，但沒有「可信度」的信任，將導致災難。一個社會的誠實程度會限制該社會的信任圈，而其所產生的經濟影響亦可能超越該社會的諸多有形優勢。

舉例來說，即便蘇聯不是地球上自然資源最豐富的國家，也是地球上自然資源數一數二豐富的國家之一。蘇聯是少數幾個擁有豐富石油的工業國家，也是石油的主要出口國；並擁有出了名的肥沃土壤和世界上最大的平原。[105]

此外，蘇聯更擁有世界上最大的鐵礦石儲量、世界上五分之一的林地、世界第二大的錳礦藏[106]，以及占全球總含量三分之一的天然氣[107]，同時還持續為世界上領先的鎳生產國[108]。蘇聯幾乎在所有自然資源方面都可以做到自給自足，並出口了大量的黃金與鑽石。一直到一九七八年，全世界有將近一半的工業用鑽石來自蘇聯。[109]

然而，根據蘇聯兩位經濟學家的研究，儘管在自然資源和受良好教育人口比例等方面占有優勢，但蘇聯經濟的效率卻遠低於德國、日本或美國[110]。俄羅斯人民的生活水準明顯低於西歐、美國或日本——儘管日本是自然資源最匱乏的國家之一。

為什麼天然資源如此豐厚的國家，生活水準竟然低於其他自然資源匱乏的國家？蘇聯就像是針對地理決定論所設計出來的完美反駁。文化與政治因素抵銷了蘇聯的自然資源優勢。早在十九世紀，當該區域還被稱為俄羅斯帝國時，約翰．斯圖爾特．穆勒針對造成其經濟發展阻礙的文化限制，表示了看法：

> 俄羅斯公務人員普遍貪污受賄，這必然大規模地拖累了俄羅斯帝國原本擁有的蓬勃經濟改善能力：因為公職人員的薪酬將取決於他們能否成功地讓自己造成他人的不便，好為自己製造出收賄的機會。[111]

一個經濟體所負擔的貪腐成本，不僅包含了賄賂的支付、遭盜竊的資金或財物。真正的成本在於「未能完成」的事務——未開啟的商業活動、未進行的投資、未發放的貸款。因為在極為腐敗的經濟體下，進行上述經濟活動的投資報酬率，必須遠高於非腐敗經濟體中個人努力的成果被吞噬的風險，不然人們不會去做。

十九世紀末沙皇政府為促使俄羅斯經濟現代化，邀請西方企業在俄羅斯開展業務，上述公司僱用了俄羅斯工人，最終也聘僱了俄羅斯管理者，但他們明確表示**不會**僱用俄籍會計師。

會計師還不是唯一的問題。二十世紀一位法國觀察者就曾表示：「俄羅斯人毫無節制的浪費（好聽一點的說法），簡直主宰了整個行政體系。」[112]當時，俄羅斯人總是描述德國人「誠實而守時[113]」，這足以顯示俄羅斯人與德國人的文化差異。文化差異的起源與形成過程恐怕已不可考，但文化差異顯然會對經濟造成巨大的影響。

即便在史達林施行獨裁統治、酷好嚴刑峻法的蘇聯時代下，俄羅斯仍普遍存在著貪腐現象。雖然懲罰包含了在勞改營內監禁數年以上，但俄羅斯經濟體內依舊存在著所謂的「中介人」(tolkachi)，其主要功能是負責替蘇聯企業執行非法的經濟活動，以符合莫斯科中央計畫執行者所訂定的目標；因為單靠政府管制的經濟體正式允許的經濟活動，根本無法達成任何事。[114]

沙皇時代普遍存在的貪腐現象，也蔓延至蘇聯時期的俄羅斯，就連在蘇聯解體後的俄羅斯仍舊存在。據推測，俄羅斯石油公司的股票售價約為美國同等級石油公司股票售價的百分之一，因為市場判斷「俄羅斯石油公司會遭內部人士系統性地掠奪[115]」。據俄羅斯報紙報導，莫斯科知名高等學院的入學賄賂金額約一萬美金至一萬五千美金之間，而俄羅斯學生與家長每年估計要花費近兩億美金進行賄賂。[116]

俄羅斯的行賄文化並非獨一無二，只是其豐富的自然資源和低生活水準提供了一個鮮明的例子，說明有形因素的優勢如何被不利的無形因素所造成的障礙抵消。無處不在的腐敗，使得開發自然資源所需要的投資風險太大，以至於本地或外國投資者都不願冒險。

然而，在其他情況下，信任圈則可以讓特定群體發跡，這不僅在繁榮的國家裡為真，就連在法律制度破敗且貪腐的第三世界國家內，也同樣如此。印度馬爾瓦里人 (Marwaris) 或東南亞華人的次群體成員，能夠相互進行金融交易，且無需合同或訴諸其他社會法律或政治機構。這對官方法律系統過度顢頇無能或腐敗的社會來說，是相當大的社會優勢，能讓信任圈內的成員擁有較高的經濟決策效率，同時還能排除較多的風險。

在較進步的經濟體內，特定族群內的高度信任，也能創造優勢。舉例來說，紐約市的哈西德派 (Hasidic) 猶太人能透過非正式的方式締結關係，以口頭協議互相出售昂貴的珠寶，隨後再分享收益[117]；印度的馬爾瓦里人也以同樣方式進行國際貿易事務[118]，東南亞的華人社群也有同樣的模式[119]。此外，西非與西半球的黎巴嫩移民次群體中，也有類似的發展。[120]

雖然整體社會很難形成如同馬爾瓦里人、哈西德派猶太人、海外華人或黎巴嫩人次群體間，如此強烈的信任感，但某些社會確實可以締結出足夠強的誠信與正直，讓有用的經濟活動可以在不浪費大量成本的狀況下發生，這在無法相互信任的社會裡，不可能存在。從信用卡系統到徵稅，都仰賴多數社會成員的可信度，以免法律資源被大量耗費，執法力量僅會被用來處理少數缺乏誠信的一小部分人口。

雖然許多理論學家更傾向於抽象地討論人，但是每個不同的個體間都存在著巨大的不同，而除了個體與個體間的差異，族群與族群間、社會與社會間的差異同樣不容忽視。許多關於誠信度的測驗，也證實了歧異確實存在。

二〇一三年，一項實驗將裝有現金與身分證的錢包刻意遺留在全球不同城市的公共場所；在赫爾辛基，被歸還的十二個錢包內有十一個仍留有現金，里斯本則只有一個，且唯一被歸還的那個錢包還是來自荷蘭旅客之手；在葡萄牙的城市裡，沒有任何一個錢包被歸還。在里約熱內盧則有四個錢包被歸還[121]。更久之前，在《讀者文摘》(*Reader's Digest*)所進行的錢包實驗裡，在美國約有六七％的錢包被原封不動的歸還，斯德哥爾摩有七〇％，挪威的奧斯陸與丹麥的奧登斯則為一〇〇％；在中國，有三〇％的錢包被歸還，在墨西哥則有二一％。[122]

在另一項為期五年的研究計畫中，也發現了不同國家間的差異。聯合國外交官們因為擁有外交豁免權，所以即便不繳納停車費用也可免於追究。在該五年研究計畫期間，紐約市的二十四名聯合國埃及外交官累積了數千張停車單未繳，而擁有同樣外交官數量的加拿大則沒有任何一張未繳納的紐約市停車單。擁有三十一名外交官的英國沒有累積任何停車單未繳，擁有四十七名外交官的日本同樣為零。[123]

越來越多系統性的國際貪腐研究發現，大多數被評為最腐敗的國家都是最貧窮的國家，縱使它們擁有豐富的自然資源[124]。誠信並非只是道德問題，誠信的存在與否，往往也影響著經濟因素。如同其他影響收入與財富的因素一樣，不同國家或一國之內的誠信因素，往往並非隨機或平均地發生。

人力資本

人力資本很重要，不僅可幫助一個國家從物質資本的毀滅性損失中恢復過來（好比戰後），更是承平時代經濟進步的主要原因。事實上，我們與山頂洞人之間最大的差異，就是人力資本。

有些人傾向認為人力資本等同於教育。毫無疑問地，教育是人力資本的一種。雖然受教育年限通常被粗略地視為人力資本的代表，但許多人力資本的獲取管道發生在教育機構外，且許多教育培養出來的技能並不符合市場所需。此外，許多教育甚至會帶來不好的人力資本，亦即對經濟產生負面影響的態度、預期與厭惡。且依其內容而定，教育某些時候會讓人產生對於在私營企業工作的負面觀感，或是抗拒任何非「有意義的工作」，而所謂「意義」則像是期望工作必須能發自內心地令人愉悅或感到充實。

創造工業革命者，大多沒有接受過太多的正規教育。事實上，工業革命的推動者多數是擁有實務技術與經驗的工作者，而非鑽研科學或系統工程學的專家。早在正規科學與工程教育開始普及以前，工業革命就已醞釀多時。即便後來的工業先驅如湯瑪斯．愛迪生 (Thomas Edison)、亨利．福特 (Henry Ford)，也只有接受過極少的正規教育，萊特兄弟 (Wright Brothers) 甚至根本沒有完成中學學業，而數位時代的比爾．蓋茲 (Bill Gates) 與麥克爾．戴爾 (Michael Dell)，都是大學肄業生。總之，正規教育絕非人力資本的同義詞。

正因為人力資本不是僅以教育的形式存在，因此教育的普及確實有可能不會伴隨著人力資本的普及。二十一世紀的俄羅斯被形容為「一個擁有高水準教育但低程度人力資本的社會[125]」。其中一項較具經濟意義的指標則是，儘管在全球擁有大學學歷的人口之中，俄羅斯人占了六%，但在全球新專利擁有者與申請者中，卻僅有不到〇．二%為俄羅斯人。在一九九五年到二〇〇八年之間，德國產生的專利數量約為俄羅斯的六十倍，日本幾乎是俄羅斯的二百倍，美國則約為五百倍。即使如新加坡這樣的城邦小國，其生產的專利數量也超過俄羅斯。[126]

但這也不是意味著教育就不重要。只是教育作為人力資本形式之一的重要性與普遍性，需受到更多的檢視，而非照單全收。正如同其他事物一樣，教育在個體、族群和國家之間，永遠不存在著平等。即便都是受過大學教育的人，來自不同社會與不同文化，不平等的情況也極為普遍且差異甚大。

教育的文化價值

儘管識字程度能相當地影響個人、族群與國家的命運，但不同文化重視教育的程度並不能用識字程度來反映。不同文化下的族群會追求不同程度與類型的教育，他們對高等教育的追求也極為不同。若僅以受教年限作為衡量標準，去比較不同社會族群受教育的程度，將會忽略教育的其他面向；因此，當來自不同社會、種族或族群中的個人，儘管以受教年限來衡量的話，具備了「相同」的教育程度，卻獲得不同的報酬時，就有可能被錯誤地歸咎於「歧視」。

很多時候，一個社會裡的文化少數群體能比周遭的文化多數族群，接受品質較好且時間較長的教育，這包含了研讀在智識上更具挑戰性的專業，或在教育體系中取得更高的個人成就。在一九七二年的斯里蘭卡大學入學測驗中，成績為A的大多是少數民族泰米爾人，而非人口眾多的僧伽羅人[127]。在鄂圖曼帝國時期，亞美尼亞學生的表現超越了來自社會多數族群的土耳其學生，他們的鄂圖曼土耳其文撰寫能力，甚至勝過土耳其學生。[128]

同一社會中，不同文化群體對教育專業的選擇，也存在著極大的差異。一九六〇年代的馬來西亞，仍以學歷作為大學申請的標準，當時入學的華人學生屬社會上的少數，而作為社會多數的馬來人入學比例，卻遠低於華人學生。此差異在數學、科學與技術專業科系上尤其明顯。一九六〇年代，華人學生在馬來西亞一共獲得了一四八八個理工學士學位，而馬來學生僅獲得六十九個；在工程學方面，華人學生獲得了四百零八個學士學位，馬來學生只獲得了四個學位。[129]

在十九世紀末及二十世紀初的德國，就統計數據來看，猶太學生在德國大學中的比例同樣過高[130]，而在其他時期與地點的東歐、阿根廷與澳洲，也出現同樣的現象[131]。在今日，紐約市三所高度競爭的公立菁英學校：史岱文森、布朗克斯科學高中 (Bronx Science) 與布魯克林技術高中 (Brooklyn Tech)，其亞裔學生與白人學生的比例大於二比一。而在紐約公立學校學生人口裡，亞裔學生僅占一四%。[132]

相較之下，經濟落後的多數族群，在教育的質和量上往往也趨於落後。當他們進入大學時，往往傾向專攻更簡單的科目，而不是數學、科學或工程等專業。但這麼做卻反過來讓他們的前途更渺茫，或面臨失業。十九世紀的捷克年輕人[133]，能在二十世紀的歐洲、亞洲或其他早已稀鬆平常使用「高等教育失業者」此一詞彙的國家內，找到許多知音。[134]

擁有學位，卻沒能獲得具備經濟意義的豐富技能，不僅會導致個人的失望與對社會的不滿，也可能對經濟產生負面影響，甚至成為潛在的危險，特別是當上述個人開始抨擊取得經濟成功的少數族群，並挑起社會上的種族對立時。

在兩次世界大戰期間的多個東歐國家，許多來自落後群體、剛接受教育的年輕學生，成為反猶太運動的主要成員[135]，他們取得了政治上的勢力，造成大學內對猶太學生的歧視甚至暴力行為。這些沮喪的年輕大學生不僅來自社會多數族群，許多人更是其家族中第一次接受高等教育的成員。這些憤慨的學生們將自己的落後歸咎於總是準備充足的少數族群，落後群體中的知識分子也同樣倡導著族群認同意識形態和族群認同政治。

這種模式當然不只存在於東歐。在許多區域和時代，文科學生和知識分子激起了對其他成功群體的敵意，有時甚至是暴力行動，無論是在印度[136]、匈牙利[137]、奈及利亞[138]、哈薩克斯坦[139]、羅馬尼亞[140]、斯里蘭卡[141]、加拿大[142]、或捷克斯洛伐克[143]皆然。在當代美國，許多學院和大學內會有特定系所致力於鼓吹對其他種族和族裔的不滿情緒，同時讚揚著自身的群體認同，此一狀況也透過校園內種族隔離的宿舍、甚至是種族隔離的畢業典禮，徹底體現。[144]

不管在任何地方或時代，無論是在歐洲、亞洲還是其他地方，落後族群的知識分子經常讚頌或捏造該族群的輝煌歷史，試圖吸引那些可能會被誘惑進入更大群體社會的成員。當歷史學家質疑美國著名書籍和電視連續劇《根源》(*Roots*) 的內容之準確性時，作者的回答竟是：「我只是想給我的人民一個賴以生存的神話。」[145]

此一方法絕非美國或黑人所獨有。一項針對種族群體的國際研究發現，「文化復興」(cultural revivals) 是一種「回應」(response)，用以反映「該族群意識到群體身分認同衰退的危機[146]」。丹尼爾．帕特克．伊尼漢 (Daniel Patrick Moynihan) 如此描述自己所屬的愛爾蘭裔美國人族群：「真正殘酷的事實在於，一九一六年的美國愛爾蘭民族主義跟愛爾蘭一點關係也沒有。它融混了美好的氛圍與痛苦的歷史，讓移民能藉此填補大片的文化空白。」[147] 即便歷史確實為真，沉迷於過去的榮耀也可能阻礙我們接受來自其他文化的當代進步革新，如同我們在中國與中東例子上所看到的景象。

無論是在今日的美國大學，還是在其他時代與地方的大學，追求準確的知識與追求意識形態上的滿足，恐怕會是兩條相斥的道路。兩次世界大戰期間的中東歐歷史，將當時的羅馬尼亞大學描述為「數量龐大、學術鬆散、政治偏激；孵育官僚、政治家和煽動者的場域[148]」。

數十年後，斯里蘭卡大學也創造了「大量鑽研人文與社會科學的畢業即失業者[149]」。

儘管有些人認為教育使人們更能容忍其他文化和族群，但是這些甫接受教育的群體，往往缺乏市場需要的技能，無論是在歐洲、亞洲還是非洲，而這也助長了群體的兩極分化。如同一位著名的非洲學者所說：「受過教育的奈及利亞人是最糟糕的部落主義兜售者。」[150]

十九世紀的捷克知識分子（包括大學生和學校教師），情況與此大致相同，他們提倡捷克文化民族主義[151]。要求布拉格的路標僅能以捷克語書寫（原本是德語和捷克語並行[152]）。在布達維斯（Budweis），文化民族主義者要求鎮立管弦樂隊必須演奏一定數量的捷克曲目。[153]

在其他時期也有著同樣對語言極端固執的例子。二十世紀的魁北克，不但立法規定路牌僅能使用法文，還禁止私人企業內部使用英語[154]。魁北克當局甚至試圖強迫飛行員在著陸或起飛時，用法語與空中交通管制員交流。直到一名外國飛行員抵制魁北克，並表明以不熟悉的語言溝通很可能造成空難時，有關當局才終於作罷。[155]

即便撇開種族問題不談，受教育年限的增加，實在無法等同於人力資本的增加。一切都取決於在學校、學院和大學的時間，是否真能有效創造具經濟意義的技能，或者學歷只是給予證書持有者超越其實際產能的權威感。

當然，這並不是說教育的唯一好處就是經濟利益，而是指除非獲得一定品質及程度的教育，否則很難創造出足以滿足預期的額外收入或財富，若缺乏此認知，便認定擁有較好教育就能獲得更高收入或財富的期望或主張，將如同空口說白話。

當來自落後種族、地區或其他群體的個人傾向選擇難度較低的課程，並成為各自家庭中進到學院或大學的第一代人時，他們不太可能可以提供比醫學、科學或科技等有明顯實質價值的服務。在許多貧窮的國家裡，特別是當「受教育的無業者」數量過於龐大時，他們不僅會產生失望，更會造成社會與政治上的危害。

許多時候，那些徒有學歷卻不具備有經濟價值技能的人，最終只能受僱於政府官僚機構，因為他們缺乏符合競爭性市場所需的技能；畢竟，市場上的雇主花的是自己的錢，而非納稅人的錢。有些時候，政府官僚機構必須創造工作機會，以吸引大量年輕人，否則他們可能會感到沮喪，並為政府官員帶來政治困擾，甚至對社會上的多數者造成危害。

特別是在貧窮國家，臃腫的官僚機構及其產生的繁文縟節，確實對擁有人力資本、並能真正促進經濟活絡與改善社會總體生活環境的人造成阻礙。

對工作與進步的態度

同一個社會的不同族群，對工作的態度顯然會不同，而不同社會對工作的態度亦然；很顯然地，這也會對財富的創造產生影響。

戰前美國南方白人的工作態度時常遭人詬病[156]。不僅來自北方或其他國家的旅人如此形容，就連忠心耿耿的南方人羅伯特．李將軍（General Robert E. Lee）也如此認同[157]。「很多白人，」根據著名的南方史學家形容：「傾向採取放任態度，把努力留到明天再說。」[158]

當德國移民在美洲砍伐樹木並開墾土地進行耕種時，他們會費力地將樹樁和樹根徹底拔除，以便在每一寸土地上進行耕種。而南方人卻經常選擇把樹砍倒，或乾脆把樹捆紮起來，任其腐朽。但無論如何，樹樁都還是留在地上，因此南方人會在它的周圍犁地。[159]

乳製品業也有類似的情形。一八六〇年時，全美有近四〇%的乳牛畜養於南方，但全國僅有二〇%的奶油與一%的起司產自於南方[160]。對於以德裔酪農為主的威斯康辛州能取得成功、南方乳製品業卻慘不忍睹的情況，一名學者如此解釋：「對威斯康辛州的酪農而言，他們總是密切留心工作，接受穩定而專業的工作排程，而這些全是南方文化尚且沒有的特質。」[161]這段話寫在一九三二年。而南方文化對工作的態度與習慣，則一直持續到二十世紀上半葉。

這種工作習慣上的差異在其他國家也很常見，例如一九四〇年代在馬來西亞被殖民時期割橡膠樹的勞工：

許多橡膠園會記錄每臺割膠機的日產量，並區別華人工人和印度工人的日產量。華人工人的產量通常為印度工人的兩倍，儘管兩者皆使用同樣簡單的工具：開膠刀、乳膠杯和乳膠桶。華人、印度人和馬來人的農工之間，也存在著相似、甚至更大的差距。[162]

有些群體逃避工作，不一定是出於懶惰，而是基於自身的原則。在過去，部分歐洲貴族或富裕階層的後代認為不應讓自己屈就於任何工作。但是都鐸王朝統治時期的英國人可不這麼想。

都鐸王朝的貴族不允許他的小兒子在莊園裡閒蕩，因為這代表家庭財富的浪費；而當時英格蘭本土的貴族們則往往過於傲慢，並拒絕工作。相較之下，都鐸王朝貴族的小兒子則在法界或商界賺錢。[163]

不僅對工作的態度會影響經濟收入，對進步的態度亦有影響。在現代工業社會中，進步或多或少被認為是理所當然的，但情況並非總是如此，即便已處於當代社會的國家亦然。正如一本關於西方文明崛起史的知名著作，在談到中世紀歐洲時是如此形容：「人們缺乏創新的理念，喜好按照習俗行事，共同耕作、也幾乎合作收割，而且近乎好幾個世代都沒有人想要改變。」[164]

不過，正如同在許多事物上那樣，英國人又成為一個例外。英國的富有地主並不滿足於被動接受租金，他們選擇積極推動農業改革。十九世紀晚期，英國已是農業改革的先驅，這使得英國的農業與東歐封建農奴制度或西歐大陸的小農大不相同[165]。此外，英國富裕又有教養的階層，也紛紛活躍於商業、工業、農業、文學、法律和政治領域。[166]

相比之下，二十世紀撒哈拉以南非洲的新獨立國家中，新受教育的年輕人往往蔑視農業研究，即便在農業作為國民主要經濟收入來源的國家內也是如此。在奈及利亞，超過四〇％的高級農業研究人員職位曾一度從缺[167]。在塞內加爾，直到一九七九年——亦即獨立後的近三十年以後，大學內才開始教授農業學，儘管該國的達克爾大學擁有近千名文科學生。[168]

在第三世界的部分地區，許多受過教育的人覺得當今多數工作都不適合自己，包括會使用到雙手的工作，即使身為工程師，他們也「不願與機器進行肢體接觸[169]」，寧可在辦公桌前工作。

如此普遍存在的態度，會是每個族群或國家的另一種文化障礙，尤其對當前仍處在經濟落後狀態的群體而言。有時，問題不僅僅是厭惡工作本身或厭惡某些工作，更在於缺乏進步的動力。這裡，我們要再次以戰前的美國南方作為例子：

南方農業技術變化緩慢，或者根本沒有變化。像犁這樣基礎的機器被緩慢地採用，且只發生在零星地方上；直到一八五六年，南卡羅萊納州的許多小農，仍在使用粗糙的殖民風格鋤頭。自一八二〇年到南北戰爭，軋棉機、軋棉廠或打包螺桿幾乎沒有出現任何改變。[170]

軋棉機是南北戰爭前影響南方經濟的一大重要因素，但發明者是北方人。就一般發明來看，一八五一年所頒發的美國專利之中，僅有八%是來自南部各州的居民，而這些州的白人人口約占全國白人人口的三分之一。即便農業是南方區域的主要經濟活動，在六十二項農具專利中，卻只有九項歸南部人所有。[171]

習慣和態度的差異，如同知識與技能的差異一樣，是人力資本的差異，此種差異會造成經濟結果的落差。南北戰爭時期，儘管南方實際上壟斷了棉花種植，但北方的紡織品產量卻是南方的十四倍；北方的鐵產量是南方的十五倍，商船噸位是南方的二十五倍，武器數量則是南方的三十二倍。[172]

即便南方擁有自然資源優勢，例如伯明翰的鐵礦石和煤炭礦藏，相比其他鋼鐵生產中心（如匹茲堡或印第安納州的加里）距離南方更近[173]，但南方在勞動力和管理方面的人力資本不足，阻礙了伯明翰鋼鐵業的發展[174]。南方林業的情況大致雷同，儘管自然資源豐富，但是人力資本的匱乏造成了阻礙[175]。同樣，當南方紡織業剛起步時，雖然地處世界領先的棉花種植區，「但是許多在南方生產的貨物，而必須送到新英格蘭進行染色、漂白和整理」。[176]

幸運的是，經過多年後，南方終於發生改變，尤其是進入二十世紀下半葉，部分原因在於其他地區的人口大量湧入。然而，要讓所有社會或特定社會內的所有群體創造如此的文化變革，並不容易。

當外來者企圖改變文化時，可能會招致反感與抵制。正如傑出的經濟史學家大衛．藍迪斯所說：「對文化的批評如同自我批判，很容易傷害到自我認同與自尊。」[177]除非落後群體自願接受文化改變，否則外來者很難撼動他們的文化。

第四章

社會因素

有許多社會因素能對國與國之間、或一國之內的經濟造成影響。這包含了人口的規模與組成，以及社會中的人力資本與社會流動。如同地理和文化因素，無論是在不同國家或一國之內，這些情況皆不盡相同。

人口

其中一種用於解釋不同國家間收入與財富不均現象的論述，就是某些國家「人口過剩」導致其陷於貧困。但除了數量外，還有其他關於人口的面向也會影響個人、團體或國家的經濟成果。這些面向包括年齡與流動性（無論是地理或社會的流動性）。

人口規模

數世紀以來，總是反覆出現對於人口數量將超過食物供給的擔憂。過去，這樣的憂慮只存在於個別家庭、地方社群或國家之間，但漸漸有許多人擔心全球人口數量將超過地球的負荷，亦即沒有足夠的糧食能支撐這樣的人口數。

在那些幾乎快要無法維持生計，連生存都有困難的窮困家庭裡，殺害新生兒的情況並不少見。由於女嬰被認為長得不夠壯也不夠快，無法生產維持自己性命所必須的食物，因此在那些食物嚴重不足，為了餵飽女嬰反而會危及其他親人存活的家庭中，女嬰被殺害的情況尤其常見。經濟進步的諸多優點之一，就是生產力達到一定程度後，不再需要面對此類令人絕望與痛苦的抉擇。

另一項因經濟進步取得一定程度生產力的好處，就是不再需要那麼多的人力，耗費如此多的時間與精力去進行種植或採集食物的工作，因為這些行為會導致人們沒有足夠的資源去發展進步文明所需要的人力資本。

較理想的地理環境，或許能讓身在其中的人們擁有更好的物質生活和更進步的文化。然而，這樣的結果絕非必然。生存壓力較低的地理環境，同樣也可能發展出較不專注與較無紀律的社會，因為人們能從大自然中獲得充足的食物，所以可以浸淫在更多的狂歡與慶典活動中。地理機會與地理影響並不等同地理決定論。

對於地球能否生產出足以供應全人類食物的擔憂，可追溯至比托馬斯・R・馬爾薩斯(Thomas R. Malthus)更早的時代，那本於一七九八年出版的名著《人口學原理》(*Essay on Population*)中，馬爾薩斯以毫無修飾且戲劇化的方式來闡述人口理論，使這個議題變得難以被忽視且具歷史意義。馬爾薩斯理論建立在兩點主張上：第一點，根據馬爾薩斯的看法，「未受限制的人口將以等比級數成長」，與此同時，維持生命的資源「卻以等差級數成長」。第二點主張則認為：「依據自然法則，食物是維持人類生命所必須，而此兩股不平等的勢力勢必得取得平衡。」[1]

換言之，倘若人類不加以約束自己的繁殖力，那麼飢荒、疾病與其他災難，也會將人口數量拉回至食物供給所能支撐的程度。在馬爾薩斯寫下這些話的數世紀間，關於人口可持續性的憂慮反覆出現，但其從未徹底消失。二〇一四年，一名《紐約時報》(*New York Times*) 的作家認為馬爾薩斯的人口論，是基於「一個非常明智的前提——地球的承載能力有限[2]」。但指出極限確實存在（無論是就哪一方面來看），並不等同於我們已經逼近那個極限。

提出限制確實存在，藉此暗示我們已經逼近那個極限，這是典型的**不當推論** (*non-sequitur*)，絕對稱不上明智。無數個宣稱我們的石油、煤礦、鐵礦或其他天然資源即將要「枯竭」的論述，已經反覆被證明是錯的，而這樣的論述早從十九世紀就開始浮現。當時還出現迫切的警告，宣告人類即將用光石油，但二十世紀末全球已知的石油儲存量，為該世紀中葉儲存量的十倍之多[3]。另外，儘管鋼鐵產量急劇增加，全球鐵礦的儲藏量仍增加了許多倍。其他天然資源的情況也差不多如此。但出於經濟考量，在特定時間內去尋找極少量的天然資源往往不值得，就算地底下確實有足夠好幾世紀使用的藏量。[4]

無論馬爾薩斯的理論看上去多麼有道理，卻總是經不起經驗證據的挑戰，就連馬爾薩斯在世時也同樣如此[5]。人口規模或密度與人均實質所得之間，並不存在一致的關聯性。貧困的撒哈拉以南非洲，其人口密度遠小於繁榮的日本[6]。確實有可能找到某些貧窮國家的人口密度比繁榮國家來得高，但人口密度與一國的富裕或貧困，並沒有始終如一的關係。觀察那些隨時間而發展出來的結果，也同樣不支持「人口過剩」導致貧困此一論點。如同二十世紀一位重要經濟發展學家所言：

在一八九〇年代至一九三〇年代間，馬來西亞那些人口稀少的村莊與漁村地帶，轉變成一個有著大都市、大規模農業與採礦業、以及大型貿易的國家。其人口從約莫一百五十萬，上升至六百萬上下；馬來人的數量則從一百萬，成長到約莫為兩百五十萬。與一八九〇年代的小規模人口相比，這個更為龐大的人口有著更高的生活水準和較長的壽命。自一九五〇年代以來，人口稠密的香港與新加坡出現劇烈的人口成長，實際收入與薪資也同樣大幅提升。自十八世紀中葉以來，西方世界的人口成長了四倍。據推測，人均實際收入則提高到五倍或甚至更多。[7]

儘管「人口過剩」理論提倡者認為，人口的增加可能會導致更多貧困，卻幾乎沒有人可以給出證據，指出某個國家在其人口僅為現在的一半時，擁有更高的生活水準。

不同時間與地點下所發生的飢荒，則被某些人視為馬爾薩斯理論的實證。但發生在人口稠密地區，如西歐或日本的飢荒停止了；與此同時，在人口稀疏的地方，如撒哈拉以南非洲，飢荒卻從未消停。飢荒屬於地方性現象，經常肇因於作物歉收、軍事衝突或其他會影響食物分配的災難。即便在全球整體食物尚算充足時，並非所有的地方性運輸系統，都能快速地運載大量食物進入飢荒區，避免人們餓死或因為飢餓導致脆弱的身體遭受疾病侵襲。

隨著現代運輸系統的發展與普及，飢荒減少了。然而，當這些地方因為政治原因而遭遇**政治孤立**，會變得更容易發生飢荒。二十世紀最具毀滅性的兩起飢荒，第一起發生在一九三〇年代，史達林所領導的蘇聯政權下，有數百萬人死亡，另一起則發生在數十年後，由毛澤東所領導的中國內，當時有數千萬人死亡。

這些極權主義的獨裁統治者，既不想向外界承認自己的國家發生了嚴重的飢荒，更不想向其他國家募集食物，因為這麼做會動搖他們在國際間所提倡的意識形態，甚至會侵蝕自己的政權。生活在這些專制政權下的人們，不被允許自由地和外界通訊。而人們是否能長久生產足夠的糧食，並不是問題所在。在蘇聯政權下，飢荒集中發生在烏克蘭——那個在飢荒爆發前，糧食產量極高的地區。而在飢荒結束後，該地又恢復如昔[8]。無論是蘇聯或中國，其人口數量皆沒有超越土地的負載能力，且此兩國如今都承載著更大量的人口數。二十一世紀的中國，據推測約莫有四分之一的人口處於過重。[9]

人口組成

不同社會間的人口年齡組成會有差異，而一個社會的不同種族與不同群體間，差異也存在。日本、德國與義大利的年齡中位數皆超過四十歲，而瓜地馬拉、奈及利亞與阿富汗的年齡中位數卻低於二十歲[10]。在美國，日裔美國人則比波多黎各裔美國人，多上二十歲[11]。倘若我們從十八歲開始計算一個成年人的工作經驗，這意味著四十歲的工作者其工作經驗為二十歲工作者的十倍以上。當獲取知識、技術與成長的機會是如此地不均等，又怎麼可能在不同國家或一國之內，帶來均等的經濟收入結果呢？

在那些因為疾病、貧窮或其他導致人類生命週期較短的國家裡，只有少數人能活到個人生產力正值高峰的年齡，但即便是這些人，他們的生產力高峰也很短暫。

在一個國家內，收入會隨年齡出現巨幅差異，財富更是如此。此外，這些年齡組別間的收入與財富不均，會隨著時間而拉大，因為年輕人的勞動價值在機械動力面前，顯得較不值錢，也因為更複雜的科技讓知識與分析技術變得更具價值。最終結果就是美國人口獲得最高收入的年齡提高。

回到一九五一年，多數美國人會在三十五歲至四十四歲間，站上自己人生收入的最高峰，而位於此年齡階層者，其收入比二十歲初頭者多上六〇%。到了一九七三年，同樣位於三十五歲至四十四歲年齡階層的人，其收入為年輕工作者的兩倍以上。二十年後，收入最高峰的年齡階層向上移動到四十五歲至五十四歲之間。位於此年齡段的人，其收入為二十歲初頭工作者的三倍之多。[12]

這些情況並不讓人訝異，因為隨著人們的年齡增長，人力資本也會成長——無論我們談論的是特定知識與技術，還是更擅長與人打交道或對工作負責。我們選擇稱之為「勞動」的，已經不再侷限於生產線上的體力耗費。許多工作者不僅需要付出勞動力，更要付出人力資本，且資深工作者與新進工作者間不斷拉大的薪資差距，意味著在科技與組織上都更為複雜的經濟體內，人力資本的需求也越來越高。

族群間的差異以及收入水平間的差異，也自然而然地導致截然不同的撫育方式。一項研究發現，在雙親皆為專業人員的美國家庭中，孩子平均每小時會聽到二千一百個詞彙；而在雙親皆為工人階級的家庭中，孩子平均每小時會聽到一千兩百個詞彙，而那些依賴福利金過日子的家庭，其孩子平均每小時會聽到六百個字[13]。這意味著隨著時間的積累，來自仰賴福利金度日家庭的十歲孩子，在家中聽到的詞彙甚至少於雙親皆為專業人士的三歲小孩。

一旦思考到這種經年累月下所導致的結果——貧困家庭的孩子從幼年就面臨不利的因素，只會讓人痛苦。不僅僅是因為聽到的詞彙數量少，他們的父母素質也有所不足。在二〇一三年生下孩子並擁有大學學歷的美國女性之中，僅有九％為未婚。但在那些高中輟學並於同一年生下孩子的女性之中，卻有六一％為未婚。[14]

我們逃離不了《經濟學人》雜誌指出的結論：「政府無法給予凱賓溪 (Cabin Creek) 孩子和貝塞斯達 (Bethesda) 孩子一樣的生活機會。」[15] 機會平等，亦即依照與他人同樣的標準進行評估與獎勵，絕不意味著讓這些在不同環境與不同養育方式下成長的孩子，能獲得平等的生活機會。

另一種論述則是「生命是不公平的」此一事實，並不等同於指責某一制度或社會是不公平的。**我們無法透過統計數據是從哪裡搜集而來的，去辨別不公平發生在何處**。倘若來自福利家庭的孩子，與父母皆為專業人士的孩子屬於不同種族，那麼當這些孩子長大成人後，從特定行業中所搜集而來的統計數據，或許會在某些人員從事較高職等、與某些人員從事較低職等的表現上，出現種族不不平等的情況，即便雇主在僱用或升遷上，確實使用同樣的態度去面對每一位職員。就算這些受僱者在出生時都擁有一模一樣的腦細胞，其中一組人的前景會隨著其不斷成長而提升，另一組人則會變得黯淡——且發生在此兩組人分別踏入受僱年齡以前。❶

地理流動性

個人或群體想要改變自身經濟水平的其中一種方法，就是從前景較差的地方，搬遷到前景較樂觀的地方。此種移動，包括了短距離的移動，如牧羊人帶著羊群從植被近乎被啃光的草原，移動到那些還有植被可供羊群攝取的草地。其他移動則可以是從一國移動到另一國、

---

❶造成差異的主因就出在數據來源處，此一隱含假設包含了極為強烈的譴責意味，認為無論是在低收入區商店或在發薪日貸款（payday loan）的利息上，「窮人都付出得更多」。在我的《基礎經濟學》（*Basic Economics*）第五版中，有針對此議題進行更詳盡的剖析，請見第六六至六九頁，以及第二八一至二八三頁。

一洲移動到另一洲，像是許多人從歐洲移民到美洲與澳洲，或許多人從印度移居到斐濟、馬來西亞或非洲。如同那些會影響人們經濟與進步程度的因素，移民絕非平均、更不是隨機的因素，而是那些反映著許多不均等、又創造出更多不均等的因素。

無論是就移民們所離開的國家，或就他們離開後選擇定居的國家來看，移民此一行為絕不是隨機的。一項針對南歐人於第二次世界大戰前移民到澳洲的研究發現，這些族群「並不是來自南歐各處，而是集中來自於相對較小、較受限制的區域」，且「絕大多數移民都住得很近[16]」。從西西里島埃特納火山區域來到澳洲的義大利移民中，有九成居住在昆士蘭州的北邊，與此同時，來自旁邊利帕里島的義大利移民，則定居到幾百英里外的南方，如雪梨或墨爾本。[17]

在美國，這樣的模式更直接體現在社區層面。在大量歐洲人移民到美國的時期，來自不同區域的義大利移民全都聚集到義大利街區的特定街道上，無論是在紐約、舊金山還是其他美國城市[18]。同一時期，布宜諾斯艾利斯或多倫多，也常常可以見到來自特定區域的義大利人群聚在一起的現象。[19]

而在其他移民中，也經常可以見到相似的模式。如同第三章所提到的，第一次世界大戰後，開始出現從黎巴嫩移往獅子山共和國的人潮，而這些黎巴嫩人絕大多數都是來自特定村莊，並在獅子山的特定區域落腳，與來自同一村落且有著同樣信仰的人為伍。移民到哥倫比亞的黎巴嫩人，也同樣來自中東的特定地區，並集中居住在哥倫比亞的特定區域內[20]。二十一世紀，來自中國福建的移民，則全部居住在布魯克林的特定區域裡。[21]

這是世界上長久以來常見的模式。肯塔基州的法蘭克福，是由來自德國法蘭克福的移民所建立[22]，而內布拉斯加州的格蘭德艾蘭 (Grand Island)，則是德國什勒斯維希－霍爾斯坦人 (Schleswig–Holsteiners) 最初的落腳地[23]。那些在十八世紀移居到俄國，又接著在十九世紀移民到美國的德國農民，並沒有落腳在德裔美國人的聚居地，也沒有融混到廣大的美國人之中。這些來自俄國的德國移民，定居在專屬於自己的社區裡，例如伏爾加 (Volga) 德國人與黑海德國人，他們彼此分開，也與其他德國人和美國人分開。[24]

此種特定國家移民群聚在特定國家內的非隨機現象，就像是一種鐵則，而不是例外。除此之外，即便在歐洲人大量移往美國的時代結束後，倘若希望在二十世紀下半葉見到北歐裔美國人與南歐裔美國人隨機散落在紐約大都會地區裡，就必須先將紐約市內超過半數的南歐裔美國人遷走才行。[25]

黑人與白人社區的差異用肉眼即可判別，不能因為黑人與白人社區間的差異明顯突出於其他差異，就認為黑白間的差異比較獨特。此外，即便在黑人社區內，不同人種也總是落腳在不同地方。一份以一九三〇年代芝加哥黑人社區為對象的研究發現，某些黑人社區的貸款拖欠率超過四〇％，但其他黑人社區的貸款拖欠率卻低於二％[26]。黑人社區內不同人種居住在不同區域的情況，同樣也能在哈林區或其他黑人社區內見到。[27]

整體而言，人們將自己區分成各種團體，無論是在同種族間或在不同種族間，或在世界各地的任一國家內。團體內或團體間出現此種非隨機居住模式是有原因的。就如同其他人類行為模式一樣，之所以不是隨機，是因為人類的行為並非出於隨機，而是「有目的性」的——而人們的目的、處境與價值觀皆不同。那些認為出現在各種情況下的非隨機結果很奇怪的人，經常忘記此點。

社會流動性

社會流動性經常被視作個人運氣的問題，就如同霍瑞修．愛爾傑（Horatio Alger）筆下那些有勇氣的小伙子們，克服逆境，最終崛起並獲得自己應得的回報❷。但社會流動性對國家的經濟命運而言，更為重要。換句話說，那些阻礙部分人民發揮才能、潛力與獲得成就的國家——無論是因為種族、宗教、性別、種姓或任何原因，只是毫無意義地剝奪讓自己變得更為強盛的資源。然而，這正是數千年來，世界各國在無數時間與地點下持續發生的事。

擁有較少或較不堅固藩籬的國家，往往能因為那些被扼殺或被迫害而逃離自身國家的人們的到來，獲得好處。為了逃離法國的宗教迫害而來到英國的胡格諾派（Huguenot），開創了倫敦的製錶業，並讓瑞士成為世界上最頂尖的製錶大國[28]。猶太科學家為了個人安危於一九三〇年代逃離歐洲，則是讓美國成為第一個擁核強權的關鍵原因[29]。在拉丁美洲如阿根廷、巴西與智利，移民與其後代子女扮演了推動國內現代工業發展的重要角色。[30]

就美國本地來看，那些出身卑微或甚至赤貧，卻一手打造或改革整個產業的美國人，包括了湯瑪斯．愛迪生、亨利．福特、萊特兄弟、安德魯．卡內基（Andrew Carnegie）、大衛．沙諾夫（David Sarnoff）等，他們為美國、甚至是全世界，帶來了重大影響。因此，當二十一世紀早期有人指出美國的社會流動性大幅下降，此一論述引起了極大的關注。此種擔憂經常被表達為「社會正義」的受挫，而社會流動性的下降，同時會影響全國的經濟命運。

❷編按：愛爾傑小說的風格大多一致，均描述一個貧窮的少年是如何通過其正直、努力、少許運氣以及堅持不懈最終取得成功。

如同許多飽含情感與政治衝擊的詞彙，「社會流動性」與「社會正義」皆未受到明確的定義。某個字典定義「流動」(mobile) 為「任何可移動的東西」。顯然一輛有著五百匹馬力引擎的車子也是流動的，即便其在特定時間或多數時間下，都是靜止不動。另一輛馬力僅為一半的車子，其移動性卻不會被認為更好，即便其在絕大多數時間下，都是作為計程車而經常移動著。流動性 (mobility) **事先**存在，而移動 (movement) 則存在於**事後**。

在思考社會流動性上也是如此，倘若我們將流動性視為移動的自由或選擇，那麼我們就與那些根據實際移動人數來衡量流動性的人，對流動性有不同的定義。而這些定義上的差異，絕不僅是語意上的偏好。它們所談論與暗示的內容並不一樣。

舉一個極端的例子：我們能在一個經濟基本上不存在任何向上流動障礙的社會中，找到特定一群實際上沒有向上移動的族群。相反地，在一個擁有眾多阻礙向上流動的社會裡，卻也可能找到特定一群克服或規避障礙、無論如何還是向上移動的族群。

總之，我們不能端看一個社會實際上出現多少向上移動的情況，來斷言其流動性——亦即向上爬的「機會」。這或多或少也取決於個人或團體的行為，而不是一個特定社會能提供多少機會如此單純的問題。這更像是一個關於特定情況下、事實為何的實證問題，我們不能讓這樣的問題在被操弄的文字定義下消失。個人選擇，以及個人為這些選擇的後果負責，是很重要的。所有事物都不是單單被社會所決定，無論有多少人情願這樣想。

倘若位在較低所得階層的土生土長美國人，無法像那些剛到美國時也處在同一低薪階層的移民——中國人與古巴人那樣，出現同樣多的向上流動，肯定會有人質疑：是否存在著阻止土生土長美國人向上流動、但移民卻較不受影響的外部障礙？但這樣的假設甚至無法通過合理性的挑戰。較現實的解釋或許是，低收入移民的態度與價值觀和低收入美國人的不同。

換言之，真正的問題應該是：當意味著機會的「流動性」對雙方而言皆為可得時，有沒有導致實際流動出現差異的外部障礙或內部文化。此一問題，有著更深遠的意涵。倘若美國人無法像過去那樣容易爬上去，與此同時，移民卻仍舊能一個接一個地大幅向上提升，那麼我們就必須從政治因素方面——如同下一章所述，去探討為什麼低收入美國人會出現這樣的倒退。

除此之外，我們必須去細想那些僅以經濟規模變大或縮小來評估社會流動性的研究。因為正是這些研究，導致許多人認為美國人正在失去意味著機會的社會流動性。

即便在以流動量來定義流動性的框架下，我們仍可以提出不同的問題。舉例來說，社會流動性或許可以用不同的方式來衡量，像是：(1)個人一生中的收入與財富成長了多少、(2)不同世代間的收入與財富成長了多少，以及(3)最新一代的相對社會地位與其父母的相差多少。

關於第一個問題，有數個研究指出個人的收入與財富在其一生中顯著成長許多[31]。舉例來說，在戶主為二十五歲的美國家庭之中，僅有一三%的收入躋身前二〇%，而戶主為六十歲者，有七三%位居此列[32]。這個結果並不令人驚訝，畢竟多數人都是從薪水較低的工作開始自己的職業生涯，再隨著時間，憑藉累積而來的經驗、技術與成熟度來往上爬。

當我們用某一世代的收入與其父母世代的收入相比，來定義社會流動性時，這將是一個在本質上完全不同的問題。幸運的是，近期出現了兩份由皮尤慈善基金會 (**Pew Charitable Trusts**) 所發表的社會流動性重要研究——《崛起或失敗：美國的經濟流動性》(*Getting Ahead or Losing Ground: Economic Mobility in America*, 2008)，以及該研究的更新版《追逐美國夢：世代間的經濟流動性》(*Pursuing the American Dream: Economic Mobility Across Generations*, 2012)，區分了各種類型的社會流動（儘管某些引用此研究的人並沒有做到此點）。皮尤研究的其中一項衡量指標，就是「個人的收入、所得或財富，與其父母在同年紀時相比，是更多或更少」。[33]

答案是：「絕大多數美國人所擁有的家庭收入，比自己父母輩還要高。」除此之外，「有五成的美國人與自己父母同年紀時相比，擁有的財富更多」。[34]

另一個皮尤研究所提出來的問題，則是關於「個人的收入、所得或財富階層與其父母在同年紀時相比」的結果[35]。換句話說，孩子在同世代間的收入相對位置，與父母同年紀時的收入相較於同世代者的位置來看，是更高還是更低？關於這個問題，該研究的答案是：「成長於財富階級最底層的孩子之中，有六六%的人長大後，仍舊維持在最低的兩階層內，而那些成長於財富階級最頂層的孩子之中，有六六%仍維持在最頂層的兩個階級內。」[36]

這是一項極為重要的發現，許多評論家因此認定美國的社會流動性如今已成為一種「神話」。然而，這些皮尤研究本身也提出警告，表示這些數據並未包括移民[37]，因為缺乏此類父母與子女世代的歷史數據。這個警告非常重要，因為在二〇〇八年皮尤所發表的最初研究就指出，其結果並不適用於移民家庭，因為對他們而言，「美國夢確實存在且美好」。[38]

即便一代又一代的本土美國人，他們的相對經濟地位幾乎沒什麼改變，只要低收入的移民能向上爬，此一現象就強烈點出美國社會仍繼續給予人們在經濟上向上流動的機會，只不過並非所有群體都能善用這些機會。

心智能力

關於不同種族的心智潛能，有大量、複雜且充滿不確定的文獻。但對於任何一位期望研究當前存在於個人與群體間的經濟不均現象的人而言，問題不在於研究對象出生時的智商高低，而在於隨著成長，他們的人力資本如何發展，是否能伴隨他們成年後的工作、升學、創業或科學研究。

無論是就種族或民族來看，或是就居住在大城市與孤立山地部落還是其他位置偏遠、發展不利的人來看，此種能力發展顯然有著極大的差距。這些絕非當代社會才有的新現象。如同之前所提，數千年前的希臘人，遠比英國人更為先進。在羅馬帝國時代，西塞羅（Cicero）警告自己的羅馬同胞，不要購買英國奴隸，因為他們實在太難管教了[39]。有鑑於該時代英國的文盲部落與羅馬那複雜又精緻的文化實在差距甚遠，很難想像情勢會有扭轉的一天。憑著數世紀後的歷史後見之明，如今我們可以確信人力資本的不均並非永恆——但不否認這在當時確實存在，且極為關鍵。

現在，隨著基因決定論的論述陰魂不散，仍有許多人不願意承認不同種族或民族間的心智能力確實存在巨大差異。那些凸顯出此類差異的測驗，被駁斥為具「文化偏見」的測驗，而顯現出此類差異的歷史證據，則被駁斥為「刻板印象」。僱用與升遷上的種族差異模式，被視為歧視的鐵證。那些拿出當前心智能力差距的經驗證據者，經常被指控為種族主義者。此種反應並不侷限於種族或民族「領袖」及「發言人」，也出現在要對種族或民族選區負責的政治人物。許多學術研究者也有相似的反應，就連最高法院的法官也不例外。

然而，此種逃避或詆毀經驗證據的舉動只是徒勞之舉，因為有更多經驗證據能擊敗基因決定論。舉例來說，不單單是白人個體或白人家庭，有一整個位在偏遠山區的美國白人社區，其平均智商近似、或低於全美黑人的平均智商[40]。第一次世界大戰期間的美國軍人智力測驗分數，也同樣顯示某些來自美國南方州的白人，其智商比來自某些北方州的黑人要低[41]。然而，即便這些證據動搖了基因決定論，卻不意味著心智測驗的差異就不具相關性，就如同英國人在羅馬帝國衰亡的數世紀後取得偉大的成就，也不能改寫羅馬時代的英國人在智商水平上確實不如羅馬人的歷史。

預測效度

衡量心智能力的測驗一直處在爭議的炮火中。儘管如此，我們必須區分心智測驗的**預測效度**，以及其是否能評估「真實」智力——無論後者如何被定義。顯然，目前沒有任何心智測驗能回溯測量「天生智力」，亦即在出生當下的心智潛能，這也正是先天智力引發爭議的地方。事實上，一份測驗的預測效度是一件與此不同且極為直觀的統計問題，著重在特定的測驗結果與個人在學校、工作或其他領域的表現。

儘管顯而易見，但在深具里程碑意義的「格力格控告美國杜克電力公司案」(Griggs v. Duke Power Co.) 中，美國最高法院裁決當某些測驗對少數族群會造成不同的影響，且「與評估工作能力無關」時，雇主就必須「證實」測驗的有效性。[42]

換句話說，根據最高法院的看法，該測驗與工作相關的「合理性」(plausibility) 必須有一套標準，由不具備相關專業與經驗的第三方來評判，而不能是該測驗得分與後續工作表現間所展現的客觀統計相關性。倘若一份智力測驗的分數與飛行員在後續飛行中的表現有關，就意味著這份測驗具預測效度，就算這份智力測驗中沒有任何一個問題與駕駛飛機有關。即便一份智力測驗無法評估「真實」智商（無論我們怎麼定義），但其評估的結果確實與飛行員的後續飛行表現相關，那麼就此一特定目的來看，該測驗確實具預測效度，無論其能否準確評估受試者與生俱來的心智潛能。

教育測驗

不僅入職測驗遭受攻擊，任何一份在不同種族或民族間，分數出現極大差異的測驗也是。

一些高度競爭的公立高中，如舊金山的洛威爾高中（Lowell High School）或紐約市三所菁英高中——史岱文森、布朗克斯科學高中和布魯克林技術高中，會利用測驗來決定誰可以就讀，這類行為也備受攻擊，尤其是那些來自無法像其他人一樣經常獲得入學許可的種族或民族。就連全國性大學入學考試也難逃更大規模的攻擊。

如同入職與晉升測驗，在入學考試上，不同族群間的差異也相當極端。曾有那麼一段時間，猶太學生成功通過史岱文森高中入學考的比例實在太高，導致批評者稱史岱文森是「猶太人的免費預備學校」和「特權者的小小象牙塔」。[43]

現在，同時稱霸史岱文森、布朗克斯科學高中與布魯克林技術高中的，主要是亞洲學生。在這三所需通過學術測驗來獲取入學許可的菁英高中裡，亞裔美國人學生不僅占多數，其與白人學生的比例更超過了二比一。[44]

針對入學學術測驗的批評，無論對象是高中或大學，著重在質疑教育的本質究竟為何，以及教育在更大範圍社會下應扮演的角色。優質高中與大學的最終價值，並不是由那些通過入學測驗的學生為他們的個人或群體帶來的利益來決定。這些機構最重要的價值，在於這些學生在未來從事高強度智能工作（無論是醫藥、科學或任何領域）為整體社會帶來的利益。

問題不在於這些學校的畢業生中，有多少人進入了哈佛大學，或者在好幾年裡，布魯克林技術高中的畢業生進入麻省理工學院的人數位居美國各校之冠這類的事實上[45]。此類高度競爭與知識菁英型高中的真正價值，在於其校友帶給其他人的利益遠多過自己。

史岱文森、布朗克斯科學高中與布魯克林技術高中的學生們，長年累積下來的獎座與獎項，只是證明了他們對整體社會的貢獻。這包括了眾多的西屋科學獎 (Westinghouse Science)、英特爾科學獎 (Intel Science)、普立茲獎 (Pulitzer Prizes) 和眾多諾貝爾獎 (Nobel Prize)。布朗克斯科學高中的畢業生，光是物理領域就出過七名諾貝爾獎得主，史岱文森和布魯克林技術高中的畢業生，也同樣獲得多座諾貝爾獎。

特定一名學生後來成為腦科醫師，這就個人發展而言，自然是非常了不起的，但更了不起的應該是有大量的人將因為這位醫師職業生涯中所進行的手術，讓自己的生命得以延續。以湯森．哈里斯高中 (Townsend Harris High School) 的其中一位畢業生——喬納斯．沙克 (Jonas Salk) 為例，其所發明的疫苗終結了脊髓灰質炎（又稱小兒麻痺症）的悲劇，為美國社會以及全世界，帶來難以估計的貢獻。

有鑑於對成就的嫉妒與仇視，一直是人生中最沉痛的現實，因此當其發生在教育背景下時，也就不足為奇。但這樣的嫉妒與仇視自然不是什麼值得鼓勵的事，因其最終只會對社會整體造成危害，因為社會的進步，主要就是建立在擁有高度人力資本的人取得的成就之上。

將史岱文森高中描述成「特權者的小小象牙塔」，或許用語機智，但機智可不等於智慧。狡猾地使用「特權」一字，是將成就稱作「特權」此一潮流的部分現象，而這股潮流漫延至教育領域之外，並在生活的其他面向製造出有害的混淆。特權存在於**事前**，在本質上與存在於**事後**的成就完全不同。那些憑藉著學術成就而得以進入傑出教育機構的學生，在本質上與那些基於「人口多樣性」或政治上的權宜之計而獲許入學者，完全不同。

無論紐約的菁英高中曾經充斥著猶太人，或此刻由亞裔學生所主宰，此種缺乏「人口多樣性」的情況似乎並未對它們未來的教育表現或畢業生的成就，帶來任何不利影響。這才是這些學校的目標，而不是營造一個符合時下主流意見的場景。

熱情擁護弱勢少數族群的人，鮮少會用同等的熱情去進行實證研究，調查少數族群是否真的因為某些倡議的成功而確實獲得益處。紐約其他教育系統擁護平等主義與人口多樣性，但沒有因此提高進入史岱文森、布朗克斯科學高中與布魯克林技術高中的美國黑人與西裔美國人比例。相反地，進入這三所學校的黑人與西裔美國人比例數年來還大幅下滑。[46]

回到一九三八年，史岱文森高中的黑人學生比例幾乎是該城市的黑人人口比例[47]。但在一九三八年後，此現象結束了。最劇烈的下滑出現在二十世紀的下半葉，當時黑人的社經地位遠高於一九三八年。自一九七九年起，史岱文森的黑人學生比例為一二．九%，但在一九九五年時，根據《紐約時報》的報導，史岱文森的黑人學生比例僅剩四．八%[48]。到了二〇一二年，《紐約時報》更指出史岱文森的黑人學生比例已下滑到一．二%。[49]

總而言之，在這三十三年中，錄取進入史岱文森的黑人學生比例，下滑到低於過去的十分之一。人們常用來解釋種族差異的因素——基因、種族主義、貧窮或「奴隸制度後遺症」(legacy of slavery)，皆不能解釋此種隨時間推移而發生的倒退。重回一九三八年，一個種族主義與貧窮問題比現在更為嚴重的時代，且當時的黑人更靠近奴隸制度。顯然，有某些事情正在發生。

此種令人沮喪且困惑的趨勢，對篤信基因或環境決定論的人而言（此處的環境指的是一般的社會經濟定義），皆是一大挑戰。沒有任何明顯或看似合理的遺傳原因，能解釋為什麼以前的黑人，更具備通過公立菁英高中智力測驗的能力。用社會經濟定義下的環境來解釋，則有更嚴重的問題，畢竟自一九三八年以後，黑人的社經地位無論是就絕對或相對意義而言，皆有顯著的提升。剩下的少數幾種可能解釋中，其中一個是黑人社群內的某些文化面向在這些年變糟了。

長久以來，黑人之中一直存在著不同文化。其中一種是舊式的南方文化，為南方白人製造出許多障礙[50]，第一次世界大戰的南方白人士兵在心智測驗中得到低分[51]，就是其中一例。

南北戰爭後，數千名來自北方的自願者前往南方，承擔起教育重獲自由奴隸後代的艱鉅任務，而他們秉持的一大前提，就是透過教育洗去深埋於黑人腦中的南方文化。此一前提在當時受到公開宣揚[52]，與我們現在認為應在教育中保留並宣揚黑人的文化，正好相反。

南北戰爭後去到南方的北方教育者中，有很大比例的人來自新英格蘭，試圖用與當地完全相反的新英格蘭文化，來取代既存於黑人間的南方文化。由於能取得的經濟資源有限，因此僅有相對少數的教育機構能做到，但就是這樣極少數的機構，塑造了大量黑人領袖與各領域的先驅。[53]

其中一所機構是美國首座黑人公立高中，成立於一八七〇年的華盛頓D．C．。一八九九年，在該城市針對四所學術型高中（三所白人學校，一所黑人學校）所進行的測驗中，黑人高中的得分高於其中兩所白人高中。[54]

這絕非史無前例的個案。儘管多年以來，黑人的平均智商一直落在八十五左右，這所學校，縱使名字不斷改變，包括自一九一六年以後被稱為鄧巴高中(Dunbar High School)，其學生平均智商從一九三八年至一九五五年間，都持續高於一百，只有一九四五年為九十九[55]。這可是沒有智力測驗的時代，許多智商低於一百、但憑著良好的在校成績也能錄取鄧巴高中[56]。這裡並不存在「多樣性」。在這座學校最風光的一八七〇至一九五五年裡，有整整八十五年，學生全部都是黑人。

在那個時代，該校的畢業生絕大多數都會繼續念大學，這在當時對白人或黑人高中的畢業生來說，都很罕見。部分畢業生在十九世紀晚期開始進入菁英大學，一九〇三年該校出現第一位進入哈佛就讀的畢業生。自一八九二至一九五四年間，阿默斯特學院 (Amherst) 錄取了該校三十四名畢業生。其中，有七四%順利從阿默斯特學院畢業，其中二八%成為斐陶斐榮譽學會 (Phi Beta Kappas) 成員[57]。不只是阿默斯特學院，在這些年間，這所學校的畢業生繼續在哈佛、耶魯、阿默斯特、威廉斯文理學院、康乃爾、達特茅斯學院等各所菁英機構內，成為斐陶斐榮譽學會的成員。[58]

至於他們的未來發展，許多領域的「黑人第一人」，也都是來自此學校。這包括了第一位從安納波利斯畢業的黑人[59]，他是美國軍隊中第一位成為軍官的黑人士兵[60]；還有第一位在美國大學獲取博士學位的黑人女性[61]、第一位黑人聯邦法官、第一位黑人將軍、第一位黑人內閣成員，還有諸多了不起的人物，像是查爾斯．德魯 (Charles Drew) 醫師，其對血漿的運用讓他贏得了國際間的讚譽[62]。第二次世界大戰期間，黑人軍官仍不常見，但鄧巴高中的畢業生出了許多上尉與中尉，還有近二十名少校，九位上校與中校，和一位准將。[63]

光是這些人全部來自黑人社區內的同一所公立高中，就已經非常了不起。與文化相關的議題在於，這所學校打從創校之初，就有著與貧民區截然不同的文化導向。該校的頭十位校長中，有七位接受新英格蘭的教育，其中四位獲得新英格蘭大學的學位，另外三位則畢業於奧柏林學院 (Oberlin College)，一所由新英格蘭人在俄亥俄州所創立的學校，企圖將新英格蘭文化深植在中西部。鄧巴高中分發了一份行為手冊給每位學生，闡明應有的言行舉止——不僅在校內，而是在全世界[64]。然而這些學生被教導的價值觀與行為，或許會被今日的批評家稱之為「假白人」。

鄧巴高中學生與眾不同的言行舉止，確實引起了當地黑人社群的關注。鄧巴高中在華盛頓黑人中，開始變得具有爭議，連已故的普立茲獎得主、《華盛頓郵報》(*Washington Post*) 專欄作家威廉·拉斯貝瑞 (William Raspberry) 都說道，只要簡單利用「鄧巴人」此一詞彙，就能輕易地將該市中任何一場中年黑人的社交聚會，變成劍拔弩張的鬥爭[65]。華盛頓黑人社群對鄧巴高中的憎惡，就如同對紐約菁英公立高中的怨恨，或世界上其他國家對表現傑出者的厭惡一樣。

以鄧巴高中為榮的畢業生與對該校抱持敵意者間的衝突相當劇烈，導致該校後來創建新建築，而被取代的舊建築該如何處理，一時之間鬧得沸沸揚揚，甚至演變成聯邦案件，最終遞交到美國巡迴上訴法院。當此議題首度在華盛頓市議會中提出時，一位議員表示：「本市中有人認為，這所學校象徵著黑人菁英主義，這種事永遠不該再次發生。我認為我們應該將它夷為平地。」[66]最後鄧巴校友敗訴，鄧巴高中的舊大樓也被拆除。這是二十世紀下半葉，美國各地的黑人貧民區文化取得諸多勝利的其中一例。而這些結果所帶來的影響，遠超越教育機構的範疇。

一九六〇年代開始，社會氛圍不斷變化，包括對黑人貧民區文化的讚揚，但此文化實質上是南部農民文化❸的分支[67]，許多人將之視為黑人甚至是非洲特有的文化，儘管有許多證據證明事實並非如此❹。此種黑人貧民區文化的影響是如此深遠，甚至讓許多中產階級的黑人青少年認為自己必須接受該文化的態度、價值觀與行為，好作為種族團結的標誌，或至少

❸編按：原文使用「redneck」一詞，原指因為長時間從事農活，導致頸部被曬傷而膚色發紅的南部農民，後來多用來影射一些思想保守、教育程度低的鄉下人。

❹舉例來說，所謂的黑人英語與非洲的語言並沒有任何關聯，卻與數世紀前，來自英國部分地區的南方白人所使用的口說英文，有著強烈的連結。例子請見大衛・哈克特・費舍爾(David Hackett Fischer)的《阿爾比恩的種子：美國文化的源與流》(*Albion's Seed: Four British Folkways in America*)，紐約：牛津大學出版社，一九八九，第二五六至二五八頁。

應該避免落入「假白人」的污名，以及伴隨此名號而來的社會後果——從嘲笑到排擠、威脅或公然的暴力。

傳奇籃球明星卡里姆．阿卜杜勒．賈霸（Kareem Abdul-Jabbar），描述了自己年輕時在此種文化下長大的情況：

> 我所有科目都拿A，卻因此被討厭；我講話文法正確，卻被稱為笨蛋。我必須學習新的語言，好對付被威脅的處境。我有良好的教養，也是個乖孩子，卻要為此隱藏自我。[68]

這不是特定個人或特定區域特有的情況。這種文化對全美黑人的影響力越來越強烈。在俄亥俄州謝克海茨（Shaker Heights）的富裕郊區，一項針對種族融混雜居的調查發現，該區的年輕黑人在課業上遠遠落後其他白人同學。背後的原因並不難理解。黑人學生在學業上付出的時間較少，將更多時間拿去看電視或從事其他活動[69]。這也不是單純的懶惰，而是非常真實地對「假白人」的厭惡。觀察這些黑人學生的研究者指出，這些「假白人」最常被批評的一點，就是「說話得體」[70]。換句話說，講標準的英語會被視為種族上的背叛。

「最讓我吃驚的是，」這位研究者說道：「這些來自醫師、律師家庭的孩子，想法跟父母完全不同；他們不知道自己的父母是如何成功的。」相反地，他們「視貧民區的饒舌歌手為自己的榜樣，他們只關注藝人[71]」。當學校不管學生是否已經學會該學的知識，就直接讓學生進入下一年級，可用來對抗目光短淺、不用功學習的年輕人的激勵方法，也大幅減少（有許多例子可見，他們失去過上體面生活的機會）。當被問到為什麼不認真看待學習時，許多謝克海茨的黑人學生表示，他們知道自己無論如何都可以順利進入下一個年級[72]。至於畢業後的生活會如何，顯然已經超出他們的規劃。

不只有學校老師和管理者會減少激勵，還有許多黑人領袖與發言人也是如此。就跟其他國家弱勢族群或民族的領袖與發言人一樣，在描述自身族群的問題時，他們幾乎將責任推到其他人身上，並把反對其他族群及其文化的行為描述為進步的方法。與此同時，許多知識分子與教育機構內的人，秉持著幫助黑人的精神，也接受了這樣的想法。馬丁．路德．金恩(Martin Luther King, Jr.)是其中一位反對此種作法的黑人領袖。他說：「我們不能永遠怪罪白人。有些事，是我們必須為自己做的。」[73]但這類觀點並未成為主流。

年輕黑人在教育上的退步，並非只體現在菁英學校中。我們已經太習慣貧民區學校總是遠遠落後其他學校，但情況其實並非總是如此，這也讓某些人感到驚訝。舉例來說，一九四一年，黑人社區哈林區一所國民小學的樣本班級，其測驗成績與紐約下東區工人階級社區一所白人小學的同年級樣本班級差不多。

該年四月，哈林區某些學校的六年級班級，在某些問題的表現些微超越下東區白人學校的六年級班級。但在另一些問題上，這些六年級白人班級的表現，又些微超越哈林區的白人學生。一九四七年五月，兩個鄰近街區的三年級生狀況也是如此。一九四一年十二月，哈林區的樣本班級中，所有的六年級班級表現都些微超越下東區所有樣本班級。一九五一年二月，下東區一所國中的某個班級，其表現些微超越哈林區一所男子國中與女子國中的平均。[74]

總而言之，在哈林區學校與下東區學校樣本班級的測驗分數間，不存在任何顯著差異。這些都只是很普通的工人階級社區學校，而黑人學校與白人學校之間，也不存在顯著的成績差異。

比起將責任歸咎到遺傳或環境，這些年發生的文化倒退現象，更能解釋如今黑人出現的教育退步（此處的環境定義為周圍的社經地位處境，與文化價值的內部改變有所區別）。同一時期，社會退步現象也表現在其他方面，包括過去多數黑人孩子都是在雙親家庭中長大，現在絕大部分則由單親撫養長大。

值得注意的是，儘管在許多黑人社區內，貧窮仍是常態，但自一九九四年以來，已婚黑人夫婦的貧困率一直都只有個位數[75]。換句話說，那些以行動來讓自己遠離黑人貧民區文化的人，在極大程度上，比其他黑人更容易脫貧。

文化很重要。黑人貧民區文化並不新，但在進入二十世紀下半葉之前，這樣的文化並未擴散至各地的黑人社群中並受到吹捧，而在這件事情上，黑人與白人知識分子扮演了主要的推手。

學院與大學

進入大學階段，平等主義和人口多樣性標準在入學政策與實踐上，取得了勝利，即便是菁英機構也不例外。問題在於，這樣的情況對黑人與西班牙裔學生在大學內及未來的發展上，造成了何種影響。平權政策可以確保校園內出現更多的弱勢族群學生，但這些政策並不能保證他們順利畢業，更別提順利取得那些頗具挑戰性的學科，如數學、科學與工程的學位。

儘管一九八〇年代進入加州大學柏克萊分校 (University of California at Berkeley) 的黑人學生數量不斷成長，但成功畢業的黑人學生人數卻下滑[76]。相反地，當加州大學體系在接下來的十年中，禁止入學政策採用平權主義後，該體系下的黑人學生人數出現微幅的減少，但畢業的黑人學生人數卻增加了，畢業的西裔學生人數也顯著增加[77]。現在，弱勢族群學生是憑自己的學術資格來取得加州大學的入學許可，而不是因為學校對人口代表性的追求，不合適地進入柏克萊分校或洛杉磯分校。

在平權主義被禁止後，黑人與西裔學生在四年內畢業的人數，成長了五五%；取得科學、科技、工程與數學學位的畢業生人數，成長了五一%；學科成績平均為三．五或更高的畢業生人數，成長了六三%。此一結果證實了長久以來，對學術平權行動抱批判態度者的論述：那些程度不及錄取門檻的學生，要不是無法像其他人那樣順利畢業，就是為了畢業而不得不避開科學、科技、工程與數學等具挑戰性的學科。

在前大學校長威廉．鮑文（William Bowen）和德瑞克．伯克（Derek Bok）合著的《河流的形狀》（*The Shape of the River*）中，指出平權行動是成功的。此書廣受讚譽，但其中存在嚴重的缺陷：

1. 儘管該研究旨在證明因為平權政策而被錄取的黑人學生，雖然他們的入學資格低於錄取標準，但入學後表現很好。可是其所統計的樣本是所有黑人學生——包括那些像其他人一樣正常通過標準而獲准入學者，還有成績低於標準但憑著平權政策而獲准入學者[78]。缺乏議題核心的數據（成績較差但被錄取者），讓這份研究就像是一部少了丹麥王子的《哈姆雷特》。

2.顯然鮑文和伯克成功地發現，樣本中的黑人學生「所進入的學校越競爭，其畢業率也越高」[79]，但他並沒有探討「不適配」此一假設。不適配假設指出，一特定教育機構內黑人與白人學生間的入學資格差異越大，未能畢業的種族差異也會越明顯。要驗證不適配假設，就要選定一個特定機構（如史蒂芬·瑟恩史特倫 (Stephan Thernstrom) 在《美國的黑與白》(*America in Black and White*) 所做的那樣），而不是像《河流的形狀》那樣將不同ＳＡＴ級別的機構混在一起進行驗證。兩份研究皆以綜合的ＳＡＴ分數作為評估入學資格的標準。《美國的黑與白》指出，以哈佛大學為例，黑人學生與其他學生的綜合ＳＡＴ分數相差九五分（一三〇五分和一四〇〇）；與此同時，萊斯大學 (Rice University) 的差距為二七一分。相應地，輟學率的種族差異在哈佛為二％，萊斯則為一五％[80]。在鮑文和伯克的研究中，萊斯被放在一組包括普林斯頓大學的集合中[81]，但後者在ＳＡＴ上的種族差異遠比前者小，相應的輟學率差異也較低，僅四個百分點，然而哈佛卻被排除在這個ＳＡＴ高分學校的集合之外。因此，對同一類別機構中存在的不適配假設並未得到驗證，焦點全放在不同集合的比較上。透過集合，可以展現統計奇蹟，但當我們進行個別機構的檢驗時，這些奇蹟並不一定經得起考驗。來自其他研究的個別機構數據，也展示了與《美國的黑與白》極為相似的結果，卻與《河流的形狀》非常不同。[82]

3. 當其他研究者試圖檢驗讓鮑文與伯克得出此一結論的原始數據時，卻遭到拒絕。[83] 鮑文和伯克的作品之所以獲得如此多讚譽，主因是其結論在許多領域內較受歡迎，而不是基於證據的品質或邏輯。他們的意見符合主流價值觀，而這顯然足以免除對他們的結論應符合事實的進一步要求。

先天潛能

後天的心智能力不僅更容易評估，也顯而易見地比先天潛能更為重要。確實，先天潛能的重要性主要在於，其對心智能力的發展會是一種來源或限制。無論是選擇水電工或外科醫師，我們最想瞭解的是此人在疏通水管或手術中的能力，而不會去在乎這份能力是先天而來，或是後天習得。

在基因決定論最盛行的二十世紀初，基因決定論者廣泛認定基因的潛能，會限制某些種族或民族在心智能力上的發展。因為某些族群被認定在智力上只適合從事「砍柴挑水」類的工作，因此基因決定論者支持優生學 (eugenics)——此一詞彙是由提倡「劣等種族逐漸滅絕」的法蘭西斯．高爾頓 (Francis Galton) 所創造。[84]

優生學運動橫越了大西洋。但更驚人的是，其跨越了意識形態的光譜，從保守派如溫斯頓．邱吉爾 (Winston Churchill) 和尼維爾．張伯倫 (Neville Chamberlain) 等，再到左派分子如約翰．梅納德．凱因斯 (John Maynard Keynes) 與英國的費邊 (Fabian) 社會主義❺者身上，美國內部也出現相似的風潮，從社會主義者傑克．倫敦 (Jack London) 到保守派代表人物H．L．孟肯 (Henry L. Mencken)。

那個時代的美國基因決定論者，在許多論著中試圖證明東歐與南歐人天生智力就不如北歐人[85]。那個時代有大量移往美洲的歐洲人口，開始從北邊轉移到東歐和南歐，因而引發了人們對智力低下或文化上難以融合的移民湧入美國的恐懼。而對於黑人「次人一等」的想法普遍深入人心，以至於關於此主題的文獻反而不多。

後來的經驗證據，則推翻了基因決定論在其最巔峰時期所得到的結論。如同本書前面所提到的，猶太人的智力測驗成績開始超越全國平均[86]，更讓智力測驗先驅卡爾．布里格姆撤

❺編按：主張通過漸進溫和的改良主義方式來走向社會主義，並強調通過教育的途徑讓權力回到知識菁英的手中。

銷自己先前的看法[87]。其他人則以來自南方州的白人士兵，在軍隊的智力測驗成績低於北方州的黑人士兵[88]的事實，去削弱廣被接受的種族基因決定論。

這些結果不僅動搖了關於黑人和白人智力測驗結果差異的基因理論論調，更推翻了北歐人天生智商優於南歐人的假設，因為定居美國南方的白人，主要就是來自英國、被認為應該更優秀的北歐人，而來自東歐與南歐的移民則主要定居在南方以外的區域。❻一項針對黑人士兵於一戰時期智力測驗表現的進一步檢驗，也引發了對該時期文化水準的討論，如同卡爾．布里格姆在重新檢驗其研究結論（在非英語環境下長大的白人移民成績）後，所引發的文化問題討論一樣。

當時參與軍隊智力測驗的黑人，識字程度相當低，這是一個需要考量的因素，然而卻只

❻南方白人智力測驗分數較低的事實，也確實符合多數定居在南方的移民者是來自位置孤立、尚未被納入該國主流文化的英國地區，早於蘇格蘭崛起、躋身成功之列，擺脫被歷史學家亨利・巴克爾 (Henry Buckle) 稱之為「貧窮且無知」之眾的日子。請見格雷迪・麥克海尼 (Grady McWhiney) 的《窮白人文化：舊日南方的凱爾特》(*Cracker Culture: Celtic Ways in the Old South*)，塔斯卡盧薩：阿拉巴馬大學出版社 (University of Alabama Press)，一九八八，第五六頁。

有少數評論者考慮到此點。參與軍隊智力測驗的黑人其識字程度較低，以及此一事實對結果的影響，表現在絕大多數的黑人士兵，比起那些較簡單的問題，更能回答那些對閱讀文字能力要求不高、但較困難的問題。

一次世界大戰中，黑人士兵在軍隊甲種測驗（Alpha test）中的許多部分，得分皆為零（因為答錯會倒扣）。先不去考慮某些問題所涉及到的智力程度，僅僅需要知道「對」和「錯」為反義，如同「晚上」和「白天」、「苦」和「甜」等其他同樣非常簡單，簡單到任何知道何謂「反義」的人，都不太可能答錯。

對不識字者進行的軍隊乙種測驗中，某些問題涉及到觀察照片中的一堆方塊，並回答出方塊的數量，其中包含了雖然看不到、但透過方塊堆的形狀能推測出其存在（且必須算進去）的方塊。然而，參加軍隊乙種測驗的不識字黑人士兵中，在此類對智力要求更高的問題上，得分為零的人數卻不到一半。這些問題並不需要理解「反義」所代表的意思或書面解釋，畢竟這些對當時在較差的南方學校內僅能獲得一丁點兒知識（無論是就品質或數量來看），造成讀寫能力都極差的黑人而言，仍然是很困難的題目。

有鑑於當時黑人所接受的教育品質與數量皆很差，嚴格來說，屬於識字的黑人，也不大可能擁有豐富的字彙量。因此，當發現那些文盲黑人在更具挑戰性的問題中，表現優於那些擁有些許讀寫能力而能回答簡單問題的人，也就不足為奇了。[89]

十年後，移居紐西蘭的美國教授詹姆斯．R．弗林 (James R. Flynn) 的研究發現，在十幾個國家中，智力測驗的分數在一或兩個世代內上升了一個標準差或以上[90]，這讓人們開始質疑「智力測驗分數能衡量某些基因天賦」的信念。

由於回答正確的題數不斷改變，因此為了維持平均智力為一百的定義，智力測驗反覆調整標準，掩飾了智力測驗的原始分數出現大幅提升的情況。上升的原始分數中，包括了美國黑人的原始分數，儘管其智商分數長久以來因為標準重新調整而總是維持在八十五分左右。倘若以一九四七年至一九四八年的標準來看，二〇〇二年的智力測驗，黑人的平均答對題數將使其平均智商上升到一〇四分，略高於過去全體美國人的表現。[91]

既存的智商差距是否、或在何種程度上是因為遺傳所導致，並非一個獲得解決的問題。然而，即便像身高普遍被認為主要是由遺傳所決定，仍不意味所有身高差距都是因為遺傳所導致，更不是說身高在某些情況下不會因為遺傳之外的因素，或隨著時間而改變。

舉例來說，英國人的平均身高曾一度超越法國人的平均身高——最早可追溯至十八世紀早期，並一直持續到二十世紀。然而，在一九六七年以後，法國人的平均身高變得和英國人的平均身高一樣[92]。就在英國人與法國人的身高差距消失之時，北韓人與南韓人的身高差距卻開始拉大（該國在二戰後分裂為南北[93]），因為北韓人在殘酷的獨裁統治之下，過著飢寒交迫的生活。至於荷蘭，年輕男性的平均身高則從十九世紀中葉的五尺四吋（一六二公分），一路上升到二十一世紀早期的六尺（一八二公分）。[94]

即便沒有這些經驗證據，盛行於二十世紀早期的基因決定論，仍因為其踩著的根基不過是人類千年歷史中的一小塊，而備受挑戰。該時代下，美國移民法經常反覆提起的議題，就是南歐移民的智商低於北歐移民，不僅僅在教育或各領域內的成就皆不如後者，這種劣等更是天生的、遺傳的、而且永遠的。[95]

在過去幾世紀間，北歐確實在許多方面都表現得比南歐強，無論是就經濟、科學與科技上來看。但在古時候，反而是南歐人大幅領先北歐人，而我們沒有找到任何證據指出歐洲這兩個地區的人，在基因上出現改變。與此同時，中國在數世紀間，失去了其對歐洲以及日本（該國後來也超越了中國）的絕對領先優勢，但同樣沒有任何證據指出這些種族的基因曾出現改變。

換個角度來看，我們能在特定的地理環境下，找到在經濟與社會模式上極為相似的人群，像是世界各地的山地村落。而這些人屬於不同的種族，且彼此間也沒有任何基因上的關聯。基因決定論者不僅需要解釋出現在這些族群間非基因決定的偶然相似性，還需要解釋那些總是處在落後狀態的族群——從過去的加那利群島到撒哈拉以南非洲各地及澳洲原住民，為什麼剛好都處在極為封閉的環境裡。

而平均智商等於或低於美國黑人的情況，不僅發生在個別美國白人身上，更發生在整個白人社群中。全國平均智商本身就包括了差距極大的個體與族群的分數，因此，將特定團體與全國平均相比，很容易得到一個事實上並不存在的特殊性。在大量歐洲人移往美國的時代，來自西班牙、義大利、希臘、葡萄牙與波蘭的移民者，其智力測驗分數等於或低於美國黑人[96]。在那些平均智力測驗分數不高於黑人的白人族群中，包括了美國的山地居民社群、英國居住在船屋上的人，和位在蘇格蘭旁、講蓋爾語的赫布里底群島 (Hebrides Islands) 居民。[97]

總而言之，儘管基因決定論者企圖用基因來解釋絕大多數社會模式下的成就差異，但這其實既不必要，更不充分。無論基因在醫療或其他科學背景下的有多麼重要，遺傳與環境對不同種族智力的相對影響，仍是一個未解之謎。

為了便於討論，假設我們先接受智力測驗是衡量智力的常見有效方法，但現存的黑人智商分數**得分上限**遠超過白人的平均值，即便整體白人的平均智商高於整體黑人。二十世紀早期由基因決定論者所提出的優生學議題，似乎是建立在一個隱晦的前提上——特定種族或民族的智力是有「極限」的，而不單純是在某個時期、某個地點下，其**平均**智商比較低。

即使是天賦潛能幾乎相同的族群，倘若環境因素導致各群體出現不一樣的生育率或生存率，仍有可能得到不一樣的**平均值**。換言之，即便智商分數的上下限沒有改變，環境仍可以改變統計數據上的平均值。舉例來說，有人認為，未能考慮到「現行福利政策」可能會提高底層黑人的生育率，或許是「我們社會對黑人的最大不公義」。根據數據，在那些沒能通過軍隊智力測驗的黑人之中，有四分之三「來自家裡有四個或四個以上孩子的家庭」。[98]

無論種族，父母為專業人士的美國家庭，鮮少會生四個或四個以上的小孩。較常見出現此現象者，是高中輟學的未婚媽媽。對她們而言，小孩是讓她們得以溫飽的「飯票」，別無選擇，畢竟她們已經浪費掉接受教育的機會。政府政策讓出生於未婚青少年中輟生家庭的黑人人口出現不自然地成長，無論對黑人或對整體社會而言，都沒有益處。

對基因決定論者的強烈反彈，導致一種社會哲學興起，但就跟基因決定論一樣缺乏證據支持。當代的多元文化主義者譴責任何指出「某些族群在某時某地獲得較高或較低成就」的描述，儘管古希臘人確實比英國人進步許多，而英國人在十九世紀又比希臘人進步。現在，凸顯某些族群比其他族群更擅長某些事物的測驗，會被駁斥為帶有偏見的測驗。顯然，根據這樣的觀點，某些族群絕對不可能在任一時間點或地方上，表現得比其他族群好或差，至少我們絕對不能公開承認。

對基因決定論的反應——或者該說是過度反應，對於那些落後的族群來說，可能造成傷害，讓他們無法像過去的弱勢團體那樣，將全部的注意力與精力放在能提升自己與前途的方法，非但沒有締造令人驚豔的成果，反而是將他們推入怨恨與責難他人的死胡同。

第五章

政治因素

文明史上最嚴重的政治失誤，或許就發生在一四三三年，當中國的皇帝決定停止探索海洋，摧毀可探索海洋的船隻並銷毀航行紀錄……這是一個忽視長期帝國利益，只在乎黨派之爭掌權者所做出來的決策。而這也是各類型政府——包括民主政體，都極易患上的病症。

弗里曼・戴森 (Freeman Dyson) 1

除了地理與文化此類長期性或一般性因素所帶來的影響，經濟與其他社會結果也很有可能受特定歷史節點下的個別事件所影響——或甚至被決定。中國皇帝在十五世紀決定鎖國，阻斷自己國家與外界的一切接觸，不過是眾多造成預料之外後果、改變整個文明歷史的致命政治決策之一。此類偶然事件打斷了地理或文化等一般性因素的影響，也斷絕了地理決定論或文化決定論的可能。

西班牙政府決定贊助哥倫布橫越大西洋，尋找前往印度的替代道路，顯然在極大程度上改變了整個西半球的命運以及歐洲的歷史。倘若日本政府沒有做出轟炸珍珠港此一致命的決策，就不會經歷二戰戰敗、被美國占領，並引發根本性且長久的社會與制度性變革，如今的日本可能會是一個極為不同的國家。

有些時候，改寫整段歷史的偶然事件並不是出於有意的決定，而是混亂戰場上，兩組實力相近、成功很有可能屬於任何一方、難以預測的關鍵戰役。例如一八一五年的滑鐵盧之役，勝利者威靈頓公爵 (Duke of Wellington) 稱這場戰役為「勢均力敵」(near run)。他擊敗拿破崙，也決定了許多歐洲國家後繼數個世代的命運。

倘若希特勒不是一個狂熱的反猶太主義者，且當時世界上許多重要的核子物理學家不是猶太人，那麼美國或許不會因為曼哈頓計畫 (Manhattan Project) 而成為第一個擁有核彈的國家。曼哈頓計畫是由那些為躲避歐洲致命危機而逃往美國的猶太物理學家所創建的計畫。

無論是地理、文化或任何一種影響，最終都會受權力所限制，無論是統治力量或軍事力量。羅馬帝國被野蠻人摧毀的事實，導致西歐的經濟、文化與技術水準倒退了數世紀。根據推測，西歐花了一千年才重拾羅馬時代所擁有的生活水準。[2]

影響經濟水平的政策因素，包括了政府作為機構的存在，與是否有效運作，還有特定政府所施行的特定政策。我們是如此理所當然地接納國家政府此一角色，以至於我們忘了古時候的村莊、宗族或部落是用了多久的時間，才終於在數千年間，逐漸凝聚成龐大的集團，最終才有像希臘、中國或法國這樣的政治實體在世界舞臺上登場。

就我們現在的角度來看，中國是在很久以前就形成國家，但跟絕大多數的文明一樣，這段過程僅是人類此一物種發展至今的一小部分。此外，無論是就時間點或完整性來看，每個國家的形成都不相同。我們必須考慮國家成形的過程，以及此一經歷了不同人、不同地點與不同時間下，有著不同步調與完整性的差異，帶來什麼不一樣的經濟及社會後果。

國家的出現

中國的出現早於英國或法國數世紀，而歐洲國家誕生的時間，又早於美國數世紀。此外，國家的形成並非不可逆轉。除了迦太基被羅馬人消滅此一歷史外，波蘭也是眾多被更大帝國併吞的國家之一，但也是少數幾個後來得以重建的國家——直到歐洲與中東的王朝帝國因為一戰而分崩離析。

數千年來，讓人們企圖擺脫狩獵採集的生活，並組成一個更大政治實體，其動機有政治層面，也有經濟層面。更大的政治實體意味著更大的權力，也更能保護社會或促進其利益，而更大的政治單位也能帶來經濟利益。部落或村莊鮮少能大規模地進行生產或買賣，以獲取更低的成本的或更多的收益；但大規模生產的企業與產業，能藉由專業化與規模經濟獲得這些好處，只要他們能找到足以吞掉這大量產能的市場。

城市或許能因為專業化而獲得一些好處。當產品有足夠規模的在地市場能夠消化，那麼專業化的工作者就能全心全意、全天候地投入在某個產品的製作或某個生產流程，例如編織或印刷。但一般而言，城市只是創建國家的中繼站，儘管至今仍有少數像新加坡及摩納哥這樣的城市國家。

縱使大型社會能帶來經濟與社會利益，卻不保證這樣的社會隨處可見。在某些時代與某些地方上，較小型團體自發性地集結成更大團體的速度，遠遠落後於同時代下的其他社會，導致那些生活在小型且脆弱社會中的人們，被更強大的社會征服或奴役。

至於為什麼不同社會集結成大型政治單位的速度不同，則有數種解釋，其中一種認為某些社會與其他社會有著更高頻率、更大範圍的交流與互動，這讓人民與統治者能在足夠長的時間內，瞭解其他社會並與他們合作，透過緩慢的嘗試與修正，縮小彼此的差異，逐步建立一個能帶來互惠關係、雙方也都願意去維護及拓展的連結。

然而，這樣的過程在地域破碎的地方可能非常緩慢，或根本不會發生，例如巴爾幹山脈以及零碎散布在汪洋中的小島，或是像撒哈拉以南非洲許多地區那樣，在通訊與交通方面嚴重受阻。處在此類孤立環境下的人們，經常要用更久的時間，才能創造出如同古代中國或羅馬帝國那樣規模的國家，或是像義大利或泰國那樣中等規模的國家。

就小型社會團體集結成更大型政治單位的過程來看，信任圈是影響其成形速度與規模的一大因素，就如同其在創造更大型經濟體之中也扮演了一定的角色。舉例來說，小型山地部落集結成大型政治單位的速度就異常緩慢。如同一份地理研究所指出的，「政治團結在山區裡的發展既艱難又緩慢」，因為有多種「不利於政治結合的力量」。[3]

這些力量包括零散分布於山中的人口，因為多樣化的語言和方言[4]，導致最簡單的交流都很難實現。無論定居地點是否存在著文化差異，宗族、部落、宗教差異與地理隔絕，都分化了山區人口，使山地社群彼此經常互不相見。貧困山地社群合作所帶來的經濟效益有限，也降低了雙方進行結合的誘因。在更富饒的地區，合作或結合帶來的報酬更高，尤其是擁有不同技能與資源的地區，能透過貿易使所有參與者受惠。

家族與部落仇恨的情況，在世界各地的山區皆相當普遍[5]，無論是在臺灣或阿富汗的山區裡，還是美國的阿帕拉契山脈間。山脈切割出來的破碎地形，讓山裡的人很難發展出更廣闊的信任圈，或更寬大的容忍圈。引用知名地理學家的形容，此種人口上的分裂導致了「極小的山地國家」或「發育不健全的共和國」。[6]

嚴格來說，確實存在著像阿富汗這樣大型的山地國家，但這些國家的統治機關也不一定能實際有效控制其名義上的全部領土。一百多年前，多山的阿富汗被描述成一個「不存在團結概念」的多部落地區，「讓阿富汗人很難發展出民族凝聚力[7]」。此後一百多年間發生的事，似乎也證實了這項描述。

有時，零碎山地人口的政治結盟，是由於受外部掠奪的威脅而形成的，偶爾能塑造出抵禦外侮的防禦聯盟。但此類暫時性的結盟，鮮少能發展成足以凝聚成國家的長久性聯盟。

瑞士則是一個極端罕見的例外，或許是因為瑞士的阿爾卑斯山脈間存在著許多山口[8]，讓此地的人們不像世界上其他地方的山區居民那樣遭受隔絕，且瑞士阿爾卑斯山脈的大型山谷，也意味著能容納更多人口，彼此之間以及與外部的聯繫也更緊密[9]。不像其他山區那樣缺乏可通航的水路，瑞士擁有日內瓦湖和琉森湖等可作為封閉水域的湖泊，與可能出現瀑布等地形的小溪或河流不同，在本質上更利於通航。

山地國家通常規模很小，但安地斯山脈的印加帝國則是另一個驚人的例外。印加帝國的面積廣達九〇．六萬平方公里，面積是瑞士的二十多倍，約莫等於法國加上德國的面積[10]。在山脈之間有著長而廣闊的低谷，而低矮的地勢也讓其適宜農耕[11]。這裡的地理條件與其他山區非常不同，其他的山脈往往將人們零碎地切割成小型聚落，河谷中的耕地更是小而有限，交流與運輸還要受難以克服的障礙所阻擋。

安地斯山脈不像其他山地那樣缺乏可通航的水路，以的的喀喀湖為例，其水道長度超越一百英里，深達九百多英尺，表面積超過三千平方英里[12]。生活在此一廣闊湖泊周圍的人們，能隨時透過易於航行的水路進行交流。的的喀喀湖被形容為「印加帝國的搖籃」[13]，其首都庫斯科則位在兩條河流之間。

安地斯山脈河谷間有大量的駱馬，讓印加人有了個頭雖小、但為數眾多的馱獸，這是整個西半球在歐洲人帶著其動物抵達此處前，唯一擁有的馱獸。在這樣的條件下，印加帝國崛起並向外拓展至南美洲西邊的其他地形，成為一個領土南北距離遠達四千公里的帝國。[14]

如同溫帶地區的人們在數千年中，總是必須於特定時節種植特定作物並加以保存，印加帝國的發源地也因為該地區特有的氣候，而面臨同樣的挑戰。遼闊而高海拔的熱帶山地，賦予該地獨一無二的環境，更讓印加人面臨一個與溫帶及熱帶地區都極為不同的氣候區。儘管印加帝國的首都庫斯科其日間平均最高溫的變化範圍僅為攝氏二十度至二十三度，其一年之中的降雨量仍會隨著四季出現顯著的變化。

此種季節性降雨，加上無法承受乾旱與嚴寒的作物類型（冬季入夜溫度可能降至零度），以及每年都不同的氣候狀況，創造出類似於溫帶地區人們在數千年中必須面臨的生存挑戰。為了應對這樣的挑戰，印加人在其遼闊的領土上創建了大型食物儲藏網絡，並發明了儲存某些易腐敗食物的方法[15]。這樣的地理環境讓印加人與溫帶地區的人們一樣，為求生存而發展出自律與人力資源。就任何氣候定義來看，印加帝國都不屬於熱帶。

特有的地理條件，讓瑞士與印加帝國擺脫了絕大多數山區所面臨的困境——貧困、落後且無法創造出大型、運作良好的政治單位。然而，除了高山之外，還有其他地形會阻隔人口，使其孤立而無法進行交流，阻礙民族國家的成形。其他地勢孤立且零碎的地區，如加那利群島和撒哈拉以南非洲的絕大多數地區，也同樣在文化上遭受切割，與其他居住在廣闊土地上的相似人口相比，其擁有的語言更為多樣，導致人與人的交流難以實現。

舉例來說，當西班牙人發現加那利群島時，島上的人不僅貧困、落後，不知道鐵或其他金屬的存在，某些島嶼所使用的語言對住在其他島嶼的住民來說，更是晦澀難懂[16]。而撒哈拉以南非洲的人們，儘管早在一千年以前就開始製造鐵器，卻同樣因為語言的多樣性而受阻。在撒哈拉以南非洲那些較不受地域限制的地方，其出現大型聚落的時間比其他熱帶非洲早。如同世界上的其他地方，那些位在撒哈拉以南非洲較大型且進步的人口，經常侵略那些較小較落後的鄰居，或將其變成奴隸。

中文的其中一個優勢，就是並非拼音文字，因此即便是使用不同語言或方言的人，依舊可以透過書寫的文字來交流。就政治的角度來看，這能將語言不通的人們凝聚成一個大國。

由於權力本質上是相對的，因此小型政治實體獨立存在的能力，需視短距離內其他既存政治實體的規模與力量而定。如同前述所提，政治結盟的障礙，讓小型社會經常成為被征服或被奴役的對象。儘管如今的美國普遍存在一種誤解，認為奴隸制度是基於種族，但就全世界數千年間曾出現的奴隸現象來看，其本質上是以近距離內脆弱且容易得手的對象為目標。

因此，歐洲人奴役其他歐洲人，如同亞洲人奴役其他亞洲人、非洲人奴役其他非洲人，波利尼西亞人奴役其他波利尼西亞人，西半球的原住民奴役其他西半球的原住民。「slave」（奴隸）這個字，本身就是從「Slavs」（斯拉夫人）演變而來，是那些早在非洲人被鐵鍊拴著運送至西半球的數個世紀以前，就被同是歐洲人的同伴所奴役的民族。[17]

歐洲人之所以挑中非洲人，並不是因為種族，而是當時世界各地開始興起握有軍隊與海軍的國家，這讓歐洲人能以較低的成本與風險去襲擊並捕獲奴隸的地方，變得越來越少。奴隸掠奪 (Slave–raiding) 的情況在非洲持續著，且主要是非洲人奴役非洲人，然後在西非將奴隸賣給白人，最後運往至西半球。隨著船隻航行的距離越來越遠，國家的財富也越來越雄厚，讓單趟運送大量奴隸的跨洋遠航行為，在經濟上變得可行，從而奠定了西半球奴隸主與奴隸兩者存在種族差異的主導模式。

儘管如此，這種模式並不限於歐洲人以其他非歐洲人為奴。也有許多相反的例子，更遑論在地球如此廣闊的土地上，還有許多並不是發生在白人與黑人間的奴役行為。

歐洲未受保護的沿海居民以及海上的歐洲水手們，長久以來遭受來自北非巴巴里海岸海盜們的奴隸掠奪。這些海盜在一五〇〇年至一八〇〇年間，至少讓一百萬名歐洲人淪為奴隸[18]。這個數字遠超過被運載到美國及其殖民地上、從而成為當地人口核心的非洲奴隸數量[19]。鄂圖曼帝國則向被自己征服的東南歐領地，徵召一定比例的年輕男童，這些男孩會被當作奴隸，皈依伊斯蘭教，在帝國內接受訓練並負擔一定的市民與軍事義務[20]。這並不是鄂圖曼帝國內唯一的白人奴隸。在其他奴隸中，來自高加索的索卡西亞（Circassian）女性在成為鄂圖曼帝國富裕男性寵妃的地位上，備受讚譽，而索卡西亞人也非常重視這樣的讚譽，許多母親會以此為目標來培養女兒。[21]

撒哈拉以南非洲取得政治凝聚力的速度緩慢，這讓許多地區存在著小而脆弱的社會，其人民往往受周圍地理條件更優越者的襲擊而淪為奴隸，且這些現象絕大多數都是發生在非洲人與非洲人之間，像是沿海地區的人們將較落後且較不團結的內陸人作為奴隸[22]。而那些被白人運往西半球的奴隸，主要都是從西非沿海居民那裡買來的[23]。至於東非，非洲人與阿拉伯人皆會襲擊此地更為脆弱的部落，並奴役他們。[24]

征服，是世界上那些規模較小、權力較弱的國家的另一種命運。無論是就古代或現代來看，帝國主義所帶來的其中一項後果，就是帝國往往能讓被征服地的人民，集結成一個比起讓他們自己來組織，絕對更為龐大的政治單位。舉例來說，羅馬帝國就將不列顛的獨立部落，集結成羅馬不列顛（Roman Britain），並由一個管轄面積幾乎涵蓋全島的政府來治理。四個世紀後，當羅馬人為了保衛在歐洲大陸遭受攻擊的帝國而從此地撤退時，不列顛再次分裂為多個部落勢力，經濟也大幅倒退。

而這樣的模式在一千多年後，當歐洲帝國位於非洲與亞洲的勢力在第二次世界大戰中崩塌時，又再次上演。以奈及利亞為例，在英國於十九世紀晚期開始統治此地，並稱其為奈及利亞以前，北邊的豪薩－富拉尼族（Hausa–Fulani）從未和伊博族、約魯巴族（Yorubas）或其他地方的部落，組成一個國家。

在英國於一九六〇年撤出後，獨立的奈及利亞屢屢出現部落間的暴力攻擊、可怕的內戰與一連串的軍事與反軍事政變，這些部落對立全都反映了——要不是因為外來帝國統治勢力而被迫湊合在一起，本地人絕不可能組成一個國家。而此種獨立後的兩極化與暴力現象，並非只發生在奈及利亞。如同唐納德．L．霍洛維茲（Donald L. Horowitz）在他那本關於國際事務的專著《族群衝突》（*Ethnic Groups in Conflict*）所描述的：「在許多前殖民國家內，獨立聯盟已經被種族暴動所消散。」[25]

就地理條件而言，奈及利亞已經是撒哈拉以南非洲之中，較為幸運的地區。受尼日河此一大河及其主要支流——貝努埃河的水路所灌概，還有得天獨厚的天然資源如鐵礦和大量的石油蘊藏量，此地的人們早在進入基督紀元的數世紀前就開始產鐵，並在英國人抵達此處前，發展出自己的都市與國家，雖然規模不及英國統治下的奈及利亞。在英國統治期間，部落衝突並未真正獲得解決，只是被壓制住而已。根據霍洛維茲教授的論文：

殖民者對部落種族產生最深遠且最重要的影響，就是將政體擴大。殖民地之所以被視作人為產物，並不是因為其邊界無視了種族分布，而是因為其規模往往比占領前的原有政體大上數倍。[26]

如同一千多年前的羅馬不列顛，奈及利亞也是征服者的人為產物，所有的繁榮與發展都在征服者撤出之際，陷入危境。儘管奈及利亞仍是一個完整的國家，卻也是世界上最貧窮、紛擾最多的國家之一。比起地理障礙或人民先天缺陷等因素，其更主要是受政治因素影響，從在美國的奈及利亞人能取得極大的成功此一事實，就能看出來：

二〇一〇年，美國共有二十六萬名奈及利亞人，僅占美國黑人人口比例〇・七％。

但在二〇一三年，哈佛商學院的一百二十位黑人學生之中，有二〇%至二五%為奈及利亞人。早從一九九九年開始，美國菁英大學的黑人學生中，奈及利亞學生所占的比例就異常突出，是奈及利亞人口占黑人人口比例的十倍。[27]

在美國的奈及利亞家庭中，有四分之一收入超過十萬美元[28]。在充分考慮到移民者或許與選擇留在家鄉的人不同，奈及利亞移民者在美國制度下能取得成功，而留在家鄉的人卻無法在家鄉的體制下得到同等程度的成功，此一情況就如同遠離家鄉的中國和印度海外移民表現較好。這點出了或許正是基於相似的原因，奈及利亞的政治體制與運作，成為阻礙其人民與地理環境潛能的最大障礙。

在亞洲，英屬印度則是一個規模更大的相似故事。住在印度次大陸上極端歧異的人種，只因征服者的方便，被全部集中在一起，而不是讓在地人隨著時間慢慢消弭彼此的差異，並自發性地集結成一個政治實體。一九四七年，英國撤出印度後，此地發生的大屠殺比奈及利亞還要嚴重。在英屬印度分裂為以印度教為主的印度和以穆斯林為主的巴基斯坦時，因發生在印度教教徒與穆斯林間的暴力而死去的人，據推測有將近一百萬名。

儘管這樣的分裂是以消除印度教教徒與穆斯林間的衝突為出發點，但印度與巴基斯坦日後仍因為內部不同族群的衝突不斷而飽受磨難，最終東巴基斯坦獨立出來並成立了孟加拉。海外的印度人就跟住在美國的中國人與奈及利亞人一樣，因為不受政治或其他因素壓制，也不受家鄉的匱乏與衝突所困，能在世界各地的舞臺上發光發熱。儘管貧窮在印度相當普遍，但根據美國普查局 (U.S. Bureau of the Census) 的統計，印度裔美國人的收入是所有族群之冠（宗教團體如摩門教或猶太教不在追蹤之列）。[29]

其他因為帝國瓦解而興起的多種族後殖民國家，也都出現了相似的內部動盪。無論這些國家是像印度、南斯拉夫或捷克斯洛伐克那樣，後續出現了內部分裂；或像奈及利亞、斯里蘭卡及菲律賓一樣維持統一，其內部衝突皆對經濟與社會造成傷害。

這些歷史模式再一次證明孤立對經濟與社會發展的強大負面影響，也展示了為什麼在運輸與通訊革命發生了兩個世紀後，依舊無法消除過去幾世紀、甚至是千年來的孤立所帶來的後遺症。那些過去處於孤立的地區，即使因運輸與通訊革新而終於追上了那些過去就享有廣泛文化交流的地方，也無法改寫既定的事實——那些享有更廣闊文化圈的人們早已和其他地方的人們變得熟悉且建立起合作關係，與此同時，孤立地區卻錯過了。

受隔絕的人們多半較貧窮且落後，也經常導致其接觸到運輸和通訊進步的時間較晚，規模也較小。舉例來說，改變人們生活的鐵路，要等到西歐於十九世紀上半葉大規模普及後，才終於進入東歐與巴爾幹地區。

直到一八六〇年，多瑙河與薩瓦河以南甚至不存在任何一英里的鐵路[30]。我們已經提過，一八五三年，對於還很貧窮且落後的日本人來說，鐵路完全是一個謎。過了四分之一個世紀後，塞爾維亞終於有了第一條鐵路[31]。與此同時，即便在美國工業化程度最低的南邊，亞特蘭大都有一個鐵路樞紐，這裡也是威廉·特庫姆賽·薛曼(William T. Sherman)將軍的軍隊在南北戰爭中，穿越喬治亞州時所選擇的摧毀目標。

帝國征服者所創造的多種族國家經常出現歷史悲劇，讓人懷疑這些經外來者之手所打造的國家，是否具備光明的未來。此外，也讓人忍不住懷疑，作為社會力量泉源的「種族多樣性」、此一永無止盡被複誦著的口號，是否真的是政府「最迫切的利益」(借美國最高法院的話[32])。鮮少有詞彙能像「多樣性」這般被頻繁而堅持地提起，且不需要提供或被要求給出任何證據，來證明其對經濟與社會福祉的影響。相反地，卻有大量證據證明多樣性帶來的害處。

倘若多樣性真的是一種優點，那麼擁有異常豐富種族、語言、種姓與各式各樣人口差異的印度，比起同質性異常高的日本社會，應該有著更大的優勢，但人口多樣性的提倡者幾乎拿不出證據證明此點，反面證據卻極多。在印度，就如同撒哈拉以南非洲的許多國家，甚至有半數人口不使用官方語言，而族群間的大規模暴力事件更層出不窮。

克服多種族社會經常面臨的問題，對一個國家來說自然是極為重要且值得讚揚的成就，但這和宣稱國家能因為多元種族而獲得益處，是非常不同的兩件事。多種族社會的政治分化情況，往往會引發許多麻煩的問題。尤其是在某些單一種族或民族遠比其他人更進步，且此一事實也被政治化的國家中。

政治極化

造成一國之內或各國之間收入與財富不均的原因有很多。然而，政治上最受歡迎的一種解釋，是把少數不幸者當作多數幸運者的犧牲品。慣常的解釋如地理、人口或文化等，都不及此論述更具政治吸引力（無論該論述事實上對因果關係有多少影響）。

看起來，任何一個社會不管是貧是富，總有地方（無論是哪裡）能找到更高的生產力並投入使用。但這也只是看起來。當某些群體在種族或社會上不同於其他人（尤其是在貧窮國家內），卻擁有高於其他人口的技能或經濟歷練時，就會面臨嚴重的問題。

從經濟角度來看，此一處境對具備更高生產力的人口而言，無疑為寶貴的機會，他們能提供必要的人力資本好讓整體經濟變得更具生產力，為絕大多數的人口帶來益處。此外，具備此類人力資本的人提供了一個機會，讓社會中的其他個體可以習得人力資本，無論是透過一起共事、對更具生產力團體的觀察，或在教育機構內學習這些技能等。知識是少數幾件可以被轉移、且進行轉移者並不會因此失去些什麼的事物。

然而，就政治角度來看，情況卻完全不同。如同第三章所述，當更具生產力的群體在市場經濟中自由競爭時，會帶來明顯的經濟成果差異，並引來較不成功者的怨恨。許多落後國家的政治領袖，皆敏銳地觀察到這一點。

一名馬來人領袖就曾直率地說：「無論馬來人能做什麼，華人都能做得更好且更便宜。」[33]這也為實施有利於馬來人的優惠政策提供了政治上的合理性，而這個舉動換句話說，就是在歧視馬來西亞的華人。這位政治領袖也觀察到：

少數馬來人（數量至今仍非常少）已經變得富裕，但他們靠的不是自己，而是因為政府的政策獲得絕大多數貧窮馬來人的支持。看起來，貧窮馬來人的努力，似乎讓他們之中的少數者坐收漁翁之利，而貧窮的馬來人什麼都沒有得到。但倘若這些少數者沒有變有錢，那些貧窮的馬來人也別想變有錢。能住在大房子裡的還是那些華人，並認為馬來人只配幫他們開車。由於這些稀少的馬來人富翁，讓貧窮的馬來人至少可以說他們的命運並不是只能為非馬來人服務。就此種依舊強烈的種族自我意識來看，馬來人財閥那不甚光明的存在，是非常必要的。[34]

此種反應所牽涉到的不僅僅是貧窮或嫉妒，而是「怨恨」。倘若問題只是出於嫉妒，將很難解釋馬來人對同為馬來人的有錢蘇丹所抱持的驕傲[35]。這些蘇丹比馬來西亞華人更叫人嫉妒。蘇丹還有可能變得更富有，但他們的財富並不是來自個人成就，而是靠繼承。但無論是在馬來西亞或世界各地，個人成就對他人自我意識的威脅，甚至比繼承還要嚴重。

另外，在美國，洛克斐勒家族 (Rockefeller) 的三位繼承人當選了三個不同州的州長，而兩位羅斯福家族遺產的繼承人，更當選美國總統。絕大多數以難民身分來到美國的亞洲移民，許多人在初來乍到時身無分文，英語更是破破爛爛，卻努力拼搏，從底層一路爬到小康，而他們的孩子課業優異，一路進入最優秀的大學，但卻是這些人，威脅到那些沒能善用機會的美國落後族群的自尊。

來到美國亞特蘭大的韓國移民，擔任倉庫管理員的工時每週平均六十三小時，其中還有五分之一的人，每週工作八十小時或更久[36]。在紐約，韓國蔬果商會在每天凌晨四點就到批發商那裡購買蔬菜和水果，這讓他們有機會選到品質最棒的蔬果，並省下其他蔬果商必須支付的運送費。[37]

來自這些亞洲家庭的孩子，在課業上也展現出同樣的工作態度，並因為自己優異的學業表現而引起他人的憎恨，如同世界各地那些高成就者，往往會引起該國其他落後族群的憎恨般。在紐約與費城的公立學校內，亞洲家庭的孩子長年被黑人同學毆打[38]，有關當局卻幾乎不聞不問，也不曾試圖阻止，媒體更沒有為此發表任何一篇憤慨的社論。但是當知識分子所偏愛的族群被批評時，這些媒體就會立刻高喊著「種族歧視」。

如同當前來到美國的亞洲移民，在過去不同時期移民到世界各地的猶太人、黎巴嫩人和日本人，一開始也沒有什麼錢，卻有著雄厚的人力資本，也藉此獲得成功，但也因此挑起了比他們早來到此地、卻沒能像他們那樣善用機會者的怨恨。在一國之內，也可能出現相同的社會現象，某些族群移居到國內另一地區並獲得成功，卻引來他人的憎恨。印度各地的馬爾瓦里人和孟加拉人、鄂圖曼帝國內的亞美尼亞人，還有奈及利亞的伊博族、斯里蘭卡的泰米爾人，皆為此類社會現象的例子。[39]

許多國家內，都能見到為了保護多數族群的自我意識，而不惜犧牲經濟或其他利益的政治優先考量，從而讓經濟體內擁有最好的技術與才能的人無法獲得施展。一九六〇年奈及利亞獨立後，北部豪薩－富拉尼族的政治優先考量，就是想辦法趕走來自南部的伊博族，後者在英國的統治下主宰了專業且講求技術的職業。儘管沒有能力相當的北奈及利亞人可取代伊博族的工作，伊博族還是被逐出了北奈及利亞，且這些驅逐經常伴隨著致命的暴力。而這些職位最後只能靠僱用歐洲專家來代替。[40]

同樣地，當羅馬尼亞於一戰後取得同盟國的領地時，這些領地上包括了某些以德國文化或匈牙利文化為主的大學。即便當時絕大多數的羅馬尼亞人是文盲，無法替補德國人或匈牙利人的職位，但羅馬尼亞政府還是將趕走德國人與匈牙利人作為政治優先考量[41]。一九七〇年代，烏干達將亞洲人驅逐出境的舉動，導致了烏干達經濟崩潰，因為幾乎沒有能力相符的烏干達人，足以取代那些來自印度次大陸、在商業領域中打滾數世代的人。[42]

這些並非偶發事件。來自倫敦政經學院 (London School of Economics) 專攻第三世界經濟的傑出發展經濟學者彼得．鮑爾 (Peter Bauer) 指出，這些國家普遍出現「迫害最具生產力的族群的行為，尤其當這些人是少數時更是如此，甚至可能會被驅逐」。[43]

無論這些更具生產力的少數者如何替一個貧苦的國家帶來益處，他們無與倫比的成就威脅了落後大眾的自尊，且經常挑起強烈的憎恨。在玻利維亞，一名有著原住民血統的恐怖分子在被問到為何要從事恐怖攻擊時，他回答：「這樣一來我的女兒就不必當你的女僕。」[44]

當捷克斯洛伐克在哈布斯堡君主國於一戰結束後瓦解而得以建國時，新捷克領導者的其中一項政策，就是優待捷克人，這意味著對德國人的不平等待遇，也讓捷克人與德國人在未來的三十年裡，經歷一連串重大悲劇。[45]

倘若貧窮或嫉妒是最根本的問題，那麼追求更具生產力的經濟，並將生產技巧傳授給沒有這些技巧的人，或許是最好的解決方式。但這些都無法消除身為較劣等者的難堪與憎恨。對那些心懷憎恨者來說，光是提高生活標準並不夠。站在憎恨者的角度來看，當務之急就是把那些優勢者拉下來。即便將那些幸運者殺死，也難消心頭之恨。他們必須承受肉體折磨與個人恥辱，好將他們拉低至與那些攻擊者同一水平——或甚至更低的層次上。這是相當常見的模式，無論這些暴力行為的受害者為菲律賓境內的華人、鄂圖曼帝國下的亞美尼亞人、納粹德國統治下的猶太人或盧安達下的圖西族等等。

菲律賓的華人也是較具生產力的那群人，他們在經濟上的成功也導致他們成為暴力攻擊的對象。如同一份國際研究所指出的：

> 在菲律賓，有數百萬名菲律賓人替華人工作；但幾乎沒有華人替菲律賓人工作。華人主宰了社會上每一個工商產業，全球市場更強化了華人的主導地位——當外籍投資者

想到菲律賓做生意時，他們幾乎只跟華人交易。除了少數腐敗的政客與某些西班牙混血的貴族家族，菲律賓的億萬富翁幾乎都華人後代。相較之下，幾乎所有低賤的工作都由菲律賓人來做，所有農夫、幫傭和擅自占地居住者，都是菲律賓人。[46]

該份研究也指出：「每年都有上百名華人被綁架，幾乎總是菲律賓人犯案。許多受害孩童會被殘忍地殺害，即便已經交出贖金。」[47]

一份鄂圖曼帝國的研究提及了發生在一八九四年土耳其暴徒大肆屠殺亞美尼亞人的悲劇，其行為包括「用刺刀殺死男性，強暴女性，將孩子砸向石頭[48]」。一九一五年，發生了一場亞美尼亞人的死亡遊行，有數千人斷送性命，許多婦女被剝光衣服，被迫以此種方式走進城裡。[49]

二十世紀晚期，盧安達發生胡圖族對數十萬名圖西族的大屠殺，其情況也近似如此。年幼的孩子經常在雙親面前被殺害，先是砍掉一條手臂，再接著砍斷另一條。一名聯合國官員報告：「他們會用砍刀在其脖子上劃一刀，慢慢放掉孩子的血，同時趁他們還活著時，用刀砍下其私處，丟到嚇壞的父母面前，後者最後會被迅速殺掉。」[50]

此種殘暴反映了無法透過提高人均GDP來消弭的恨意。埋藏在駭人報復行為背後的，不只是單純的嫉妒，而是憎惡——恨那些人的成功將難堪的處境強壓給他們，讓他們感到受傷。

此外，還有一項讓人疑惑且不安的事實是，那些對他人做出可怕暴行的人，過去數年、甚至是數世代以來，總是與受害者和平共存，直到後者最終成為他們宣洩的目標。《印度時報》(*The Times of India*) 就提到，在一九九二年至一九九三年間發生於孟買的跨種族暴力事件中，「正是結識已久的鄰居開始血腥的殺戮」。[51]

此種令人不安的現象引發了令人警惕的疑問：那些種族或民族間表面上關係的「緩和」，到底有多麼可靠？這些現象同時點出，或許只要出現些許催化劑，就可能喚醒這些駭人惡行背後的情緒，且所有人都無法預知催化劑何時生效，即便是在最平靜的情境下也可能發生。而這個催化劑可以是特定事件或是某位特別有技巧的煽動者。

當斯里蘭卡於一九四八年成功獨立時，國內與國外的觀察者都認為，其國內主要種族間都有著良好的關係、甚至稱得上「友好」[52]。在此之前的半個世紀，多數族群僧伽羅人與少數族群泰米爾人間，並未出現任何暴行。來自此兩族群的菁英們都受過良好教育，並和平共處在同一塊西化的飛地。

儘管如此，在斯里蘭卡於一九四八年擺脫英國統治並獨立不到十年，野心勃勃的政治家所羅門．班達拉奈克（Solomon Bandaranaike）為了贏得總理位置，企圖讓多數族群僧伽羅人對抗較為成功的少數泰米爾人，策動族群分化，並升級成暴力衝突，最終掀起長達二十五年的內戰，雙方皆犯下難以言喻的惡行。班達拉奈克就是那個催化劑。如同其他國家內許多扮演此一致命角色的人一樣，班達拉奈克本人絕非那些受苦的窮人。他出身優秀，善於為自己的政治企圖煽動他人情緒。❶

對第三世界國家政治的探討，經常表現得彷彿最根本的問題是這些國家非常貧窮，並缺乏提升生活標準所需要的技術與知識。根據協助第三世界進步的政策來看，給予金援、實體設備和擁有技術的專員，似乎就是答案。但許多貧窮國家其實擁有可推動經濟的人力資源，只是這些人力資本往往面臨著難以克服的政治障礙，更不用說為了避免少數者獲得異常突出的成績或回報，而減少讓少數者將技能自由施展於工作上的政治激勵措施。

❶班達拉奈克成為總理後，試圖放下自己挑起的極端主義。但他挑起的情緒無法被平息，反而落地生根。班達拉奈克在當選後修正了自己對泰米爾人的立場，結果被一名佛教極端分子刺殺，而族群分裂更近一步升級成毀滅性的內戰。

世界各國的發展極為不同，但無論是第三世界或經濟更好的國家，還是多數人具備更高技能或少數人具備更高技能的國家，那些企圖取得領導權或選票的政治家，為了贏得落後族群的支持，經常會提出以下四點：

1. 向他們保證，落後絕對不是他們的錯。
2. 向他們保證，他們的落後是因為他們嫉妒與怨恨的進步族群所導致。
3. 向他們保證，落後族群與他們的文化就跟其他人一樣優秀，不比其他人差。
4. 向他們保證，符合人口比例的經濟與社會利益的「公平份額」，是落後族群需要且應得的，有時輔以某種對過去不公義事件的補償，或給予「大地之子」原住民特殊獎勵。

市場上的經濟競爭能讓那些信念與現實不符者，在經濟上獲得懲罰，但選舉中的選票競爭，則是讓那些主張不同於主流的人，在政治上獲得懲罰。此外，種族或民族領袖也會不計代價孤立自己領導的族群，即便孤立就是導致世界各地許多族群陷入貧窮與落後的最主要原因。

在那些落後族群集中於特定區域的國家內，這些族群的領導者更有動機將他們從更進步的區域分裂出來，如同斯洛伐克從捷克斯洛伐克中獨立出來，以及東巴基斯坦從巴基斯坦中分裂並成立孟加拉那樣。儘管他們會因為不再隸屬於經濟體更進步的一部分而遭受經濟損失，他們的領導者卻能因為成為一國之主，而獲得更大的政治權力並從中獲益，也有充分動機在此一獨立國家內提倡民族自尊，無論這麼做會讓人民在經濟上更好還是更壞。人民或許也可能在心理上獲得益處，擺脫在經濟與社會上總是差人一截的難堪與恥辱。

在那些政治局勢不允許分裂的地方，落後族群的領導者則有充分動機鼓吹文化孤立，如同美國有些地區的法律或政策，規定必須用西班牙語教導西裔學生，即便他們的家長更希望孩子接受英語教育，好幫助孩子在美國的社會與經濟體制下發展。[53]

所有美國種族中，文化上最為孤立的，或許就是美國印第安人的後代，他們仍住在保留區內，享有極高法律自治權，人均收入卻低於黑人、西裔或其他沒有繼續留在保留區內的印第安人。自一九八〇年以後，住在保留區以外的美國印第安人（占美國印第安人大宗），其人均收入略高於西裔美國人；與此同時，住在保留區內的印第安人，其人均收入則大幅低於美國黑人與西裔美國人，甚至不到全美人口平均收入的一半[54]。然而，保留區內的美國印第安人領袖們，卻小心翼翼地捍衛自己的特權，並在保留區的印第安人之間，鼓吹延續那遺世獨立的文化。

種族或民族領袖自然有動機去譴責進步族群是導致他們落後的主因。進步族群對待落後族群的態度，並不總是恰當且得體，因此，落後族群的領袖總能找到許多地方可怪罪，而這些事甚至不需要是導致進步族群與落後族群在經濟、教育或任何方面出現落差的原因。

在特定情況下，某些進步族群確實是導致落後族群落後的主因。但我們不能因為一個族群在經濟或其他方面比較成功，就有這樣的**先驗** (a priori) 假設。即便在進步族群惡劣對待落後族群的地方（就像世界上絕大多數地方經常發生的），也依舊無法證明只要沒有進步族群的存在，落後族群在經濟上的發展就會更好。

古羅馬人對待被自己征服的古英國人非常惡劣。但這並不意味著羅馬人是導致英國人落後的原因。事實是，英國人在羅馬人抵達此地並征服他們以前，就是落後的，這才讓數量較少的羅馬軍隊能徹底壓制人數眾多的英國軍隊，無論是在戰爭當下，還是之後羅馬人的壓迫導致大規模英國人起義時。為了鎮壓反抗勢力，羅馬人屠殺了上千名英國人，領導起義的女王為了避免遭到羅馬人的報復，更自行了斷。但在現代，即便如溫斯頓·邱吉爾 (Winston Churchill) 這樣的大不列顛愛國主義者，也會說「倫敦歸功於羅馬[55]」，因為古時候的英國人還不具備創造出此等城市的能力。

在世界各地不同時期下所存在的奴隸，沒有人會認為他們總是能獲得公平的對待。因為有太多留存下來的證據指出事實就是如此。今日生活在美國的黑人與撒哈拉以南非洲黑人有共同的祖先，但前者的生活水準遠高於後者，並非偶然。這絕不能追本溯源地合理化奴隸制，就如同因為羅馬征服者留下的文化遺產而獲得優勢的西歐人後代，也不能回過頭來證明羅馬人殘酷鎮壓的行為是正當的。

同樣地，如今落後的個人或族群，也不能理所當然地將自己的落後，歸咎於祖先曾經遭遇不公義的對待，尤其當他們因為這些不公義而能於此刻享有意外的文化益處。「道德」譴責不等同於「因果推論」，儘管這兩者經常被結合成一個在政治上足以魅惑人心的議題。雖然在政治上，特別是意識形態上，傾向於結合道德與因果來解釋經濟差異，但世界各地許多山地人們之所以陷於貧困，並不是因為有人衝上山搶走他們的財富，而是因為自始至終，山地裡的人們製造出來的財富就比較少。西班牙人掠奪印加人的財富，則是一樁可怕的例外，就經驗來看並非常態。

關於過去，我們唯一能明確指出的就是——歷史不能改寫。當過去與現在的國際局勢都顯示，與同代人建立並維持好的關係是種挑戰時，某些人卻想像自己能承擔改寫歷史的艱鉅任務，不挑起活著的人之間的危險對立，糾正早已作古之人的錯，這著實令人難以置信。

福利國家

我們通常會關注社會福利在物質上對個人與族群帶來的影響。但其也可能影響一國整體的生產力，從而對大部分人的生活水準造成影響。此外，福利制度的影響也從經濟層面，延伸至社會行為層面，對受惠於社會福利的人以及和其互動的群體，帶來重大影響。這些影響並非完全來自福利本身，而是伴隨福利制度而生的社會價值觀，改變了許多人對世界的想法。

福利國家願景

在民主國家內，福利制度只可能在福利制度願景成形、並在政治上居於上風時，才可能出現。因此，在評估福利制度的效果時，我們也必須評估此一願景造成的效果，以及依此創立的特定機構與政策的效果。在福利制度願景的假設中，有兩點似乎相當關鍵：⑴有太多人深陷在一定程度的貧困之中，而一個繁榮的社會應該、也要可以緩解此困境；⑵許多深陷於貧困之中的人，與那些後來過得更好的人相比，根本沒有機會去過上好的生活。

即便在一個制度公平的社會內，以同樣的標準去評斷每一個人，並依據此準則給予獎勵或懲罰，一個出生在南布朗克斯 (South Bronx) 的人，也無法像生長在優美公園大道 (Park Avenue) 街區裡的人，在經濟上有一樣的成功機會（無論成功的定義為何），這就是事實。但若能給予生長在不同社會環境中的人，同樣取得成功的機會，那情況將非常不一樣。就此觀點來看，無論是過去或現在，幾乎所有社會都是不公平的。

鮮少有人能超越《紐約時報》記者紀思道 (Nicholas Kristof) 對福利制度願景清晰的描述：

美國成功人士普遍存在的一種錯覺，就是他們的成功源自於自己的努力與智慧。事實上，他們的成功來自於出生在美國中產階級家庭，一個願意愛他們，為他們朗讀故事，用少年棒球聯盟、借閱證與音樂課來灌溉他們人生的家庭。當他們還是受精卵時，他們就註定成功。[56]

每個人出生長大的社會環境自然是不平等的，就如同每個人、每個族群與每個國家所身處的地理環境、人口狀態與文化處境，都會帶來不一樣的經濟前景。所有的歷史記載都說明了這點，也難怪許多人期盼事情能有所不同，更期待能「做些什麼」來改變。但一切都取決於具體被執行的「做些什麼」內容為何。而福利制度就是其中一個選項。

作為對生命不公的回應，紀思道批判了那些「忘卻了自己的優勢，也忽視了他人劣勢」的人。他指控他們是「政界心胸狹隘的人，或說得好聽點，對他人的苦難無動於衷，這也解釋了部分對擴大醫療補助和長期失業救濟金，或提高最低薪資以符合通貨膨脹等政策出現的敵意[57]」。總而言之，紀思道對生命不公的回應，就是讓政府將資源從較富裕者身上，轉移至較不富裕者身上，但他卻沒有對此福利政策或其願景可能帶來的後果，提出任何警告，當然也沒有考慮這些結果會讓較不富裕者或整體社會在淨收益上更好還是更壞。

若天真地認為反對提高最低薪資的原因是因為缺乏對貧困者的同理心，這是對大量有關最低薪資法反彈聲浪的忽視。這些反彈包括越來越多因失業而在街頭遊蕩的年輕男性，這對任何社會而言，都不太可能是件好事。

美國在一九三八年，通過了聯邦最低薪資法——《公平勞動法》(Fair Labor Standards Act)，但之後十年間，因戰爭帶來劇烈的通膨，使物價與薪水大幅上升，導致該法律中明文規定的最低薪資，甚至低於沒有經驗與技術的勞工可獲得的實際薪水，因此到了一九四八年，多數地方的經濟情況就跟最低薪資法沒有頒布前一樣。該年的十六歲、十七歲黑人失業率不到一〇%。但在不斷提高最低薪資以確保其能跟上通膨腳步以後，同年齡的黑人失業率再也沒能低於二〇%。十年後的一九五八年，失業率則是攀升到二七%，一九七五年更高達四五%[58]。這是最基本的經濟原則之一：無論是農產品或勞動力，當價格被人為地拉抬至超過供需均衡的水準時，就會製造出供過於求的浪費，這一切當然與前述說的有沒有同理心無關。

儘管紀思道等人提出了一個常見的主張：「奴隸制與後奴隸制的壓迫，在黑人身上留下了破碎家庭此一後遺症[59]」，但事實是，在奴隸制度廢除後的一百年裡，於單親家庭中長大的黑人孩童比例，遠不及一九六〇年代福利制度開始大幅擴張後三十年的比例。然而，「奴隸制度後遺症」此一論述毫無顧忌地一再被重提，而「福利制度後遺症」卻為人所忽視。

一九六〇年，由單親媽媽撫養長大的黑人孩子占二二%。三十五年後，比例上升至五二%，四%則是由單親爸爸撫養，還有一一%的孩子不是由父母任一方所撫養，這些占了全部黑人孩子的六七%[60]。這一年，生於貧窮家庭且沒有父親參與其成長過程的黑人孩子，比例是八五%。[61]

需要福利制度的根本理由，就是貧窮。倘若文字具備任何特殊意義，也必須是由某人所定義。有了定義，貧窮就能「不多不少地」規範在此一定義下，無論這個詞彙是否還會讓人聯想到飢寒交迫、衣衫襤褸、居住環境擁擠等畫面。如今，如何定義貧窮，在美國基本上就是由華盛頓的政府統計官員說了算，而他們絕對不會以危及自己所屬福利制度的方式來定義貧窮。

舉例來說，二〇〇一年生活在美國官方貧窮線以下的人口，多數住在有中央空調與微波爐的地方。事實上，在二〇〇一年官方認定的貧窮家庭中看見此類物品的頻率，比在一九八〇年全美家庭中還要高。二〇〇一年的貧窮家庭中，絕大多數都有有線電視，且還有兩臺或以上的電視設備。到了二〇〇三年，在官方認定的貧窮家庭中，有近乎四分之三擁有至少一輛車，一四%的人擁有兩輛或更多[62]。相對於過去那些居住在過度擁擠住宅中的低收入者，美國如今生活在官方貧窮線以下的人口，其擁有的人均居住空間比歐洲人還大——這裡指的可不是貧窮的歐洲人，而是一般歐洲人[63]。如同一位長年研究拉丁裔美國人的學者所說：「美國的貧窮線等於墨西哥的中上階層。」[64]

這並不是說那些受美國官方認定的窮人，他們的生活完全沒問題。他們面臨著嚴重的、經常是災難性的社會問題，但這些鮮少是物質層面匱乏所致，更多是因為社會衰退所導致。在福利制度崛起、且未經批判的意識形態大為盛行的時代，這種社會衰退反映的是一種社會倒退。

進步與倒退

美國黑人普遍被認定為福利制度的受益者，在二十世紀時展現了大幅度的經濟成長，但多數成長是發生在一九六〇年代的「向貧窮宣戰」(war on poverty) 計畫「之前」，該計畫是美國福利制度開始擴張的開端。

對多數黑人而言，進步是從一八六三年的「解放奴隸宣言」(Emancipation Proclamation) 後開始。這樣的進步雖慢，卻很穩定。到了一九〇〇年，美國黑人多半能讀能寫，羅馬尼亞人要等到數十年後才達成此一能力，而印度人又要再等到半個世紀後。一九一〇年，有四分之一的黑人農民擁有或買下自己耕作的土地，而不再是承租人或佃農[65]。在赫伯特・古特曼 (Herbert Gutman) 重要的巨著《奴隸制度與自由之下的黑人家庭》(*The Black Family in Slavery and Freedom, 1750–1925*) 中指出，在一八八〇年至一九二五年間，「典型的非裔美國人家庭的社會地位較低，家庭內由雙親主導」。一九二五年，紐約的黑人家庭中，僅有三%是由年齡低於三十歲的女性所主導[66]。在福利制度大幅提升的年代，未婚少女媽媽在後續世代中變得極為普遍。

黑人之所以貧困（尤其是早期真正的貧困），原因並不難探究。一九三〇年以前，黑人成年人平均受教育程度僅六年[67]，且絕大多數在較差的南方學校內完成。在那個時代，應該屬於高中學齡的黑人孩子，僅有一九％實際去念高中[68]。直到一九二四年，在當地黑人社群的多年耕耘下，亞特蘭大才終於迎來了第一所專門為黑人孩子設立的永久性公立高中。[69]

一九四〇年，有八七％的美國黑人家庭生活在貧窮線之下。到了一九六〇年，隨著大量黑人遷出南方，受教育與都市工作經驗開始增加，此一比例也隨之下降到四七％。在《民權法案》與一九六〇年代的「向貧窮宣戰」社會福利計畫啟動**之前**，黑人貧窮率就已經下降四〇％。在接下來的二十年間（一九六〇年至一九八〇年），黑人貧窮率又再減少了一八％[70]，這當然非常了不起，但也可以發現下降幅度趨緩了，絕不像人們所宣稱的，是因為新民權法與福利政策帶來什麼嶄新的成果。

一九六五年，《選舉權法》(Voting Rights Act of 1965) 通過後，南方的黑人民選官員人數急遽增加。但一九六〇年代的《民權法案》則沒能為黑人的經濟進步，帶來同樣顯著的效果。在某些重要的社會面向上，倒退反而開始了。

在所有社會倒退現象中，最重要的或許就是雙親家庭的減少。此外，我們也在第四章提過，黑人教育成就在此時代下出現些許倒退，像是紐約史岱文森高中黑人學生的比例下滑至過去的十分之一。此外，犯罪與暴力，包括黑人貧民區暴動的數量也有所增加。而這一連串發生於美國各地的暴動事件，第一起出現在洛杉磯，就在《選舉權法》通過的幾天後。

此類暴動與當時盛行的政治及社會願景背道而馳，當時的所有黑人問題，都會自動地歸咎於白人不當對待黑人所致。但這樣的暴動在法律與實務上都更常見到種族歧視的南方，卻較為少見[71]。相較之下，最嚴重的一起暴動卻發生在底特律，有四十三人因此喪命，其中三十三名為黑人，而底特律是一個黑人失業率僅三．四%，且黑人的房屋擁有率甚至高於其他所有大都會的地區[72]。然而，這樣的事實並沒有削弱當時盛行的社會願景。

黑人政治家與社區激進分子激增，導致大量的「領導者」出現，倡導著那些在世界各國都可見的相似願景。民族領袖會向落後族群宣揚他們落後的問題，主要源自於其他團體的惡意行為。美國黑人得到的答案，原則上（儘管各地皆有不同）非常近似於十九世紀波希米亞的捷克人、二十世紀斯里蘭卡的僧伽羅人、紐西蘭的毛利人，以及各地其他族群得到的答案：群體團結以尋求集體的政治解決方案，並抗拒那些更為幸運者的文化。

與其他團體所使用的方法相比，此一方法幾乎沒有受到任何學界或媒體界的黑人領袖、黑人或白人知識分子的關注。世界各地同樣從貧窮爬到富裕的眾多族群，像是中國人、黎巴嫩人、猶太人和日本人，通常在其崛起過程中，並沒有獲得太多政治參與的機會，儘管該族群中的少數人後來可以負擔得起投身政治的奢侈。但即便這樣的事情發生了，其政治生涯也鮮少是建立在為其所屬的族群發言。

澳洲、巴西與美國的德國人，長久以來因其對政治的低度關注而廣為人知。他們將全部的注意力放在教育及各種能提升經濟條件的事物上。即便某些德裔美國人曾在政治圈大放異彩，如十八世紀的穆倫伯格家族 (Muhlenbergs)、十九世紀的卡爾・舒爾茨 (Carl Schurz) 和約翰・彼得・阿爾特吉爾德 (John Peter Altgeld)，以及二十世紀的赫伯特・胡佛 (Herbert Hoover) 和德懷特・艾森豪 (Dwight D. Eisenhower)，但他們並**不是**因為作為德裔美國社群的發言人，而是因為他們試圖解決全體美國人所面對的問題。在第一次世界大戰期間，巴西的德國人很少會特地去投票[73]。即便當德國人在十九世紀的波希米亞，因身為德國人而遭到政治攻擊，他們的第一反應也是採取捍衛世界主義的態度，一直到很後來才特別以德國人的身分進行反擊。[74]

同樣的情況也發生在東南亞與西半球的華人身上：在政治上冷漠，全神貫注於工作、教育與儲蓄。這種習慣雖然平庸，但卻有效，讓世界各地的猶太移民、日本移民及黎巴嫩移民從貧窮徹底脫身。這樣的習慣也讓奈及利亞的伊博族、斯里蘭卡的泰米爾人、鄂圖曼帝國的亞美尼亞人等一國內部的少數族群，發展得更好。

相反地，在美國政治圈極為成功的愛爾蘭人，並沒有像其他那些不熱衷於政治的族群那樣快速脫貧。愛爾蘭政治家在十九世紀中葉的美國都市裡，獲得了極高的影響力，更在數十年內，掌控了波士頓、紐約等各大城市的政治運作，此盛況也一直持續到二十世紀。此一發展讓少數愛爾蘭人獲得了財富、聲望與權力，但絕大多數的愛爾蘭人在經濟上仍落後於其他美國人，甚至是其他移民族群。

二十世紀初的紐約，有三九%的愛爾蘭人為無特殊技能的工人，是當時比例最高的族群。另外有二五%被分類為半技術性 (semi-skilled) 勞工[75]。與此同時，紐約的第一代愛爾蘭女性移民中，有七一%擔任家庭或私人幫傭，第二代的愛爾蘭女性則為二五%[76]。一九三〇年，每月房屋租金超過一百美元的愛爾蘭人比例，僅些微超過俄羅斯人（當時多為猶太人）的一半，又些微低於德國人的一半[77]。然而，愛爾蘭人移民美國的高峰時期早於猶太移民數十年，因此愛爾蘭人在美國社會崛起所花的時間更長。

落後的少數族群需團結起來，全力支持那位代表他們向大眾爭取利益的政治家，好迎頭趕上他人——無論這樣的論述聽上去多麼可靠、甚至鼓舞人心，卻沒有任何歷史記載因為政治而獲得成功的模式，反而是教育、工作技能和完整家庭等因素較為關鍵。

儘管某些人會用「奴隸制度後遺症」的論述，理所當然地解釋如今黑人社群存在的某些負面特質，卻鮮少有人試著去證明像是父親缺失的家庭、犯罪率或其他社會弊病，在哪個時期比較糟糕，是廢除奴隸制度的頭一百年，還一九六〇年代福利制度大獲全勝的初期。一九五〇年代，對象為非白人的兇殺致死率（該時期主要是黑人殺死其他黑人）顯著下滑，卻又於一九六〇年代急遽上升。一九五〇年代，每十萬起兇殺案中，有四五．五起發生在非白人男性身上，此數字於一九六〇年時，下降到三四．五，又接著在一九七〇年代上升至六〇．八。[78]

隨著雙親家庭開始崩解，其他倒退現象也隨之而來。包括福利依賴率[79]、失業率[80]、犯罪率的上升[81]，以及在全美數十個鄉村與城市中，針對白人與亞洲人進行的有組織暴力犯罪[82]。雖然黑人民權組織與黑人民眾長久以來都很反對種族歧視，但族群認同政策最終卻導致了一種情況，如二〇一三年一項公開民意調查中，許多黑人認為比起白人，同為黑人的同胞們更像是種族主義者。[83]

在二十世紀的上半葉，來自南方的黑人移民會因為無法說純正的英語，或因其言行舉止透露出較低的教育水準與教養，而遭到北方黑人譏笑。黑人報紙與黑人公民組織如「都市聯盟」(Urban League)，會試著讓那些教育程度與階層較低的黑人，適應更大社會的規範[84]，就如同愛爾蘭與猶太公民組織在移民時期那樣，各自努力讓自己的同胞們能更快適應更大社會的規範。[85]

然而，進入二十世紀下半葉，當宣揚所有文化皆為有意義且值得被宣揚的非批判性多元文化主義廣受推崇後，否定貧民區文化的黑人，如今卻被那些「假白人」黑人視為種族背叛。現在，許多受教程度更高且更適應其他文化的黑人（尤其是年輕黑人），覺得自己必須學習或假裝使用黑人貧民區文化常見的行為模式或規矩，以作為種族團結的象徵，或至少讓自己避免社交上的紛爭。總之，隨著貧民區文化因為更受低階層民眾的喜愛，而廣泛散播至社會的各層面後，文化適應的過程開始逆轉，引發了許多顯而易見的社會倒退現象。

在關於二十世紀上半葉黑人社區的電視紀錄片中，觀眾或許會看到一個明顯破舊許多的社區，街上沒有什麼車，但那也是一個街頭沒有塗鴉、窗戶外沒有防盜鐵條的社區。二十世紀上半葉，住在哈林區的居民或拜訪哈林區的白人，其遭遇危險的機率，並不像後來的哈林區或其他黑人社區那樣高。

舉例來說，在一九二〇年代，許多白人名人經常光臨哈林區的娛樂中心或私人派對直到凌晨，等到天色剛亮的時候，才遲遲回到自己位於下城區的住處。也有人會像經常拜訪哈林區的音樂評論家卡爾．范．韋克滕（Carl Van Vechten）那樣，在喝得醉醺醺的狀態下直接走到街頭，伸手招一輛計程車，讓對方帶自己回到位於西五十五街的公寓[86]。一九三〇年代早期，當彌爾頓．傅利曼還是哥倫比亞大學（Columbia University）的研究生時，他會和未來的妻子一起到哈林區的薩佛伊舞廳（Savoy Ballroom）跳舞，而且「不用害怕被搶劫或搭訕」，晚年的他如此回憶[87]。一位在一九四〇年代居住於哈林區、並到曼哈頓中城劇院表演的黑人女演員也表示：「凌晨一點，我會搭上第八大道的地鐵，在最北邊的地方下車。我完全不用害怕。」[88]這在今日的哈林區或全美任何一個黑人區都是不可能的事。

公共住宅則是一個極為特殊的環境，黑人之間的社會倒退現象經常在此出現。骯髒、犯罪猖獗、暴力事件頻傳，住滿了依賴社會福利過日的單親家庭，這就是二十世紀下半葉全美隨處可見的常態，但在二十世紀上半葉卻不常見。事實上，這兩個時期都存在著種族隔離。儘管如此，早期的情況卻與後來的極為不同，後期採取對公寓申請者不加以評判便許可入住的政策。如同《紐約時報》所報導的，回首紐約早期的公共住宅項目可以發現：

這些項目中沒有閒置、惡臭的電梯，沒有被幫派控制住、用於毒品交易的樓梯間。在一九四〇、五〇、六〇年代，也是該城市絕大多數公共住宅被建立的時代，在那些精心維護的走道、公寓與空地上，可以感受到一股榮譽感與社區意識。[89]

出現改變的不只是實質的環境。連早期居住在公共住宅的人，其生活方式也大不相同：

下雨的星期六裡，孩子們會從沒有上鎖的社區大門，自由穿梭在棟與棟之間，好一起欣賞電視上的勞萊與哈臺 (Laurel and Hardy)，以及霍帕隆·卡西迪 (Hopalong Cassidy)。[90]

那個時代，並非人人都買得起電視，但若公共住宅的居民有能力負擔得起電視，會放心地在禮拜六早晨打開門鎖，好讓孩子的朋友們能一起進來跟他們看電視，不會感到任何的害怕。❷

費城的公共住宅在那個時代下，也浸淫在相似的氛圍中，如同在公共住宅區長大的黑人經濟學家華特·威廉姆斯 (Walter Williams) 所描述的：

> 重回四〇年代，那時的家鄉不像現在這樣，氾濫著毒品、謀殺及半夜響起的槍聲。

---

❷與現在恰好相反，絕大多數生活在官方貧窮線之下的家庭都有中央空調、有線電視與多臺電視機，卻不敢不鎖門。

該時代與如今最大的差別，就是居民的家庭組成。多數和我一起玩的孩子都是和爸媽一起住，跟我和姊姊不同。或許還有其他單親家庭的孩子，但我實在想不起來。他們的父母通常都勤於外出工作。建築物和草坪則打理得很好。[91]

這一處的公共住宅，不存在塗鴉。在炎熱的夏夜，時常可以看到人們睡在陽臺或後院（如一樓的鄰居們）。在那個多數人都負擔不起冷氣的時代，炎熱的夏日夜晚，相鄰的黑人社區裡經常可以看到老人們聚集在街道上的桌子旁，一起下棋或玩牌[92]。這與後來的公共住宅及黑人區情景，有著天壤之別的差異：

> 當槍擊發生得越來越激烈時，孩子們會被帶到浴缸或床底下睡覺，以免被流彈射中。居民們必須向持槍的青少年致意，才能進入自己住的那一棟樓、收信或使用電梯。許多人成為自己那一棟樓的囚犯，不敢走在那遍布空藥罐、使用過的保險套及排泄物的走廊，那裡的燈往往被搶劫犯或藥頭弄熄。建築物因為長年的疏忽與刻意破壞而殘破不堪。能逃的人都逃了，留下越來越貧窮與道德敗壞的底層人民。這些住宅逐漸被人視為另一個美國——充斥著嗑藥、暴力與問題人物，一個與世隔絕且令人恐懼的天堂。[93]

公共住宅裡的居民在人口組成上，也與早些時候呈現對比：

> 在有孩子的家庭中，有九〇%的戶主為婦女，且有八一%的家庭接受撫養未成年兒童家庭援助 (AFDC)。一九八〇年的失業率推測為四七%。儘管芝加哥羅伯泰勒公共住宅 (Robert Taylor Homes) 的居民人口，僅約全市三百多萬人之中的〇・五%，但該市「一一%的謀殺、九%的強暴案和一〇%的重傷害案」，皆發生於此住宅區內。[94]

美國部分地區的黑人學業成績倒退，再加上以家庭瓦解為代表的倒退現象，從而導致藥物成癮、暴力與犯罪行為增加的情況，與英國底層白人的處境驚人地相似。除此之外，連同其他社會倒退現象，從一九六〇年代開始，同時在大西洋的兩岸一起擴散開來。英格蘭底層白人的整套生活模式，與美國貧民區黑人的生活方式極為相似，這在西奧多・達爾林普爾 (Theodore Dalrymple) 經典的《底層生活》(*Life at the Bottom*) 中有詳盡的描述。西奧多是一位英國精神科醫師，曾在公共住宅附近的醫院與監獄裡工作。

談到公共住宅，他如此描述：「我所知道的每一處公共住宅，其所有公共空間與電梯都浸漬在永無止盡的尿臭味裡。能粉碎的東西，都被粉碎。」[95]屋況肉眼可見的崩壞，與居民出現的社會倒退相輔相成。未婚媽媽帶著好幾個不同生父的孩子（唯一相同的是這些生父都沒有給予孩子任何金錢或其他方面的援助），成為英國底層白人社區的普遍現象。至於這些孩子們的舉止，則可以從達爾林普爾醫師對自己那位五十多歲、獨居在貧民區裡的老婦人病患的描述中想見：

當她一踏出家門，孩子們就會不停地嘲弄她；他們會把糞便塞進她的信箱當作玩笑。她老早就放棄跟這些孩子的母親求助，因為對方總是站在自己孩子的那一邊，並將所有對他們的批評，視作對自己的人身攻擊。她們不但不會糾正孩子的錯誤，甚至會用更誇張的暴力來威脅她。[96]

將排泄物塞進他人的信箱裡，絕非罕見的惡行，而是「對社會表達不滿的常見手段[97]」。在學校裡，另一種用來對付那些少數想要認真念書孩子的手段，則是痛扁對方一頓——這與美國黑人社區某些被指控為「假白人」而被揍一頓的黑人孩子，遭遇如出一轍。在英國，某些低收入白人家庭的孩子被其他孩子揍得太厲害，導致他們被送進達爾林普爾醫師工作的醫院治療。[98]

英國的犯罪率在二十世紀下半葉也同樣飆高。一九五四年，倫敦總共發生了十二起武裝搶劫，其中有八起案件的武器並非真的，而這還是在一個所有人都能輕易買到獵槍的時代。長久以來，英國一直被視為全球最守法的國家之一，但武裝搶劫數量卻分別在一九八一年上升到一千四百件、一九九一年更有一千六百件[99]，這還是在一個購買槍械會受到嚴格規範的時代。一項學術研究發現，「在一九五七年以後的十年間，使用槍械的嚴重犯罪行為增加了一百倍」。[100]

英國跟美國一樣，犯罪率已經下降了好幾年，卻在二十世紀下半葉突然反轉暴增[101]。當知識分子的社會願景在這兩個國家都大獲成功，不僅就福利制度來看，連對待罪犯的態度也變得更為寬容且不加批判。這些都是此兩國嚴重社會倒退情況的模式。一個不具批判性、常規禮儀皆可自選的社會——換句話說，也是一個不再有常規的地方。

另一個與美國相仿的情況，就是英國低收入移民家庭的孩子，其在學業上的表現超越本土低收入家庭的孩子。一份二〇一三年的英國研究，比較了來自多個種族與國家背景的孩子的學業成績，這些孩子全都來自在學校可獲得免費營養午餐的低收入戶。

來自此一經濟背景下的非洲移民家庭，他們的孩子有六成能通過考試標準，而來自孟加拉、有著相同經濟條件的移民家庭孩子也是如此。來自加勒比地區、有著相同經濟背景的黑人移民家庭，其孩子通過考試標準的機率則低於五成。**然而相同經濟條件下土生土長的白人孩子，其通過考試的比例僅三成**。在諾斯利自治區裡，這些白人孩子的成績比倫敦所有行政區的黑人孩子都低。[102]

單就英國哪些種族的學業表現較好、哪些種族較不好來看，或許與美國的狀況看似非常不同，但來自異國文化背景的孩子，其學業表現卻比本土低收入家庭孩子要好，從這一事實來看，英國與美國的情況又極為相似。那些常用來解釋黑人貧民區學校教育表現欠佳的理由——基因、種族歧視或「奴隸制度後遺症」，都不適用於英國的底層白人。然而，兩者卻驚人的相似。

英國底層白人與美國貧民區黑人的真正共通點，在於數世代以來在福利制度下被灌輸的受害者意識形態，那種忿忿不平，認為自己的困境全肇因於重重障礙。而這個意識形態被福利制度計畫所支持，創造了在經濟上適得其反、在社會上具破壞性的生活模式。

在那些本土低收入家庭孩子深受意識形態所拖累的同時，同樣來自低收入戶的移民家庭孩子沒有被這種意識形態影響，因此，在兩國的表現都較出色。達爾林普爾醫師在《底層生活》裡說道：「一點兒都沒誇大，我真的想不到任何一個住在醫院附近公共住宅內的十六歲白人孩子，可以算得出九乘七。就連三乘七都能難倒他們。」[103]基因決定論絕對解釋不了一個曾經孕育出莎士比亞與牛頓這樣天才的種族，為什麼會出現這麼難堪的教育結果，導致其年輕人居然連簡單的算術都辦不到。而「奴隸制度後遺症」與種族歧視，自然也無法解釋這個現象。

儘管那些表現較差的白人學生都來自英國底層，貧窮卻不是一個充分理由，因為就像美國一樣，這些孩子與前幾代低收入家庭的孩子相比都倒退了[104]。達爾林普爾醫師的父親出生在貧民區。但在那個更早的時代，一個貧民區的學校都還保有一定教育水準❸，且沒有像後來的學校那樣，迎合窮人的心理，在他們心中種下不滿以及社會不公阻礙他們成功的想法[105]。相反地，早期的學校試圖賦予年輕人擺脫貧困的人力資本。[106]

英國與美國的福利制度所帶來的諸多後果之一，包括讓許多人沒必要發展出自己的生產能力（亦即他們的人力資本），尤其當他們可以依賴別人的產出而活時。整體社會因此蒙受的

❸「在他過世時，我發現他仍保留了過去的教科書，這些書籍的嚴謹與困難程度甚至能讓當代教師心生恐懼，更遑論是一名孩子。」 西奧多・達爾林普爾，《底層生活》，第一五五頁。同樣請見彼得・希欽斯（Peter Hitchens），《英國的廢除》（*The Abolition of Britain*），第三章。

經濟損失，不單單只有轉移福利制度的益處給那些不具生產力的社會成員所耗費的成本，更包括了福利接受者倘若被迫自行生產可能帶來的更大價值。

此外，接受補貼的閒置人口在不加批判的世界中，養成了不事生產的生活方式，也讓其他社會成員為此付出嚴重的心理成本，尤其是那些在經濟上無法逃離該街區的人。在福利制度與伴隨其而來的願景之下，那些行為惡劣的人得以順理成章擺脫文明的約束，變得更加危險。更遑論監獄、勒戒所、受虐兒童收容中心等設施增加的開銷。

那些被政府統計官員定義為生活在貧窮中的人口，其發展出的依賴風氣，不只是一個簡單的錯誤。一個獨立的選區對政治家而言非常重要，但一個偏執的選區——憎恨社會中的假想敵，認為這些敵人一直處心積慮打壓他們——或許更為寶貴，因為政治家們能扮演鋤強扶弱的角色，好換取他們的選票。

許多為了支持官方定義下低生產力族群的福利計畫，卻是以福利機構和政治家的利益為出發點。因大量的依賴人口而使自身工作、預算與權力都獲得提升的美國官僚，不僅製作了許多宣傳廣告來提高福利計畫的使用，更僱員到低收入社區的超市裡，告訴人們政府的計畫能幫他們買單這些食物。

儘管福利制度的初衷是為了幫助那些迫不得已遭受困難的人，但福利機構本身卻成了一種陷阱，對那些遭遇意外或短暫不幸的人來說也是如此，像是罹患醫療費用高昂的疾病或失業的人。美國各州有眾多卻未協調的福利補助並存，津貼總額遠超過官方的貧窮收入水準，也超過了低生產力族群在勞動市場可賺取的收入[107]。大病初癒或暫時性的困境終於結束的人們（例如重新獲得工作機會），開始變得依賴福利制度，因為重返勞動市場意味著讓自己的生活水準下降。

假設一個人能以勞動獲得一萬美元的收入，卻因此失去獲得一萬五千美元政府補助的資格，這等同於對其勞動收入課徵超過百分之百的「隱含稅負」。即便在沒那麼極端的例子裡，福利津貼受益者重返有薪工作市場的代價，就是失去領取政府福利的資格，這意味著他們面對的隱含稅率，遠高於百萬富翁。此種不利因素長久以來為人所知，也為人詬病，但因福利制度依賴者而獲利的政客，以及本身就在福利機構內工作的人們，都沒有誘因去更正這個問題，畢竟這些問題只對福利制度受益者與納稅人造成影響。

我們見過許多其他國家的民族領袖，推動某些有違所屬團體利益、卻能圖利一己之身的觀念。更重要的是，放眼世界各國，那些已經從底層一路走向繁盛的族群們，鮮少像依舊在底層的族群那樣，有那麼多或那麼傑出的民族領袖，這也許是這些族群能從貧窮中崛起的原因。任何一位關心時事的美國人，應該能至少說出三到四名現在或過去的黑人領袖，但可能很難想到帶領亞洲人或猶太人擺脫貧窮的民族領袖。

那些提倡整體收入再分配，以及特別推崇福利制度的人們，在面對收入不均的現象時，往往會忽視福利制度此一因素。在美國，絕大部分位於收入最底層二〇%的家庭，是**沒有人在工作的**[108]。這些家庭所得到的經濟援助，皆是透過非現金形式的住房補助、醫療照護與其他福利。因此，用現金收入來統計的不均等，誇大了生活水準的差異，尤其是對那些被福利制度選中而活在貧窮定義下的人們而言（他們的生活水準差異其實沒那麼大）。

就某種程度而言，不斷擴大福利制度，就是讓更多人不工作就能活下去——亦即不需要賺取收入或發展自己的人力資本。因此福利制度的支持者，本身就是造成收入不均的推手。福利制度的意識形態對於創造與維護福利制度非常必要，但也可能對人們的態度與行為產生負面影響，如同我們在英國與美國所見到的例子。然而，這並不能讓我們輕言斷論所有施行福利的國家都會產生一樣的結果，或者所有國家的福利制度意識形態都是一樣的。畢竟與其他情況相同，各因素間的**交互作用**都會有所影響。

不同社會或同一社會下不同族群既存的文化價值觀，對於福利國家所呈現的機會，皆會有不同的反應。畢竟，亞裔美國人、美國黑人與西裔美國人同住在一個福利國家內，卻沒有屈服在其誘惑之下。或許，受聯邦政府保護最久、仍居住在保留區內的美國印第安人，絕大多數是人均收入最低族群的一分子，並不是偶然。

福利制度的文化背景會因為不同國家而有所不同，在一個國家之內的不同族群間也是如此。同樣出生在收入位於最底層二〇％家庭的孩子，瑞典、挪威、芬蘭與丹麥的孩子在長大成人後，卻不會像美國經常發生的那樣[109]，仍停留在最底層的二〇％，這或許反映出斯堪地那維亞福利制度有著和美國不一樣的文化背景。雖然這是一個有待經驗證實問題，但此一情況至少能闡述一個更宏觀的論點，亦即福利制度就如同地理位置、文化、人口與其他因素般，並不是存在於一個真空狀態下，而是會與其他因素交互作用。我們不需要因為美國擁有福利制度就要推己及人，也不需要假設福利制度是獨一無二的。

當前盛行的受害者意識、忿忿不平與認為自己應享權利，所帶來的致命後果，就是將拳頭對準他人。國際性專著《衝突中的族群》(*Ethnic Groups in Conflict*) 就指出，在世界各國，此種怒火的發洩已經變得極為普遍，且壓倒性地幾乎是由落後團體挑起，較進步族群則成為暴動族群的目標。[110]

一九六〇年代，是福利制度願景大獲成功的年代，也是貧民區暴動席捲全美的時代，這恰好符合此一模式。往後的日子裡，這樣的騷動也捲土重來好幾次。但近幾年，卻出現了新的模式——有組織的黑人在商場、公園、沙灘等多數**不屬於**黑人貧民區的公共場合攻擊白人。

不同於那些或多或少是基於某一特定事件而爆發的貧民區暴動（儘管後來因為地痞流氓的加入與打劫，或企圖煽動暴民情緒的職業種族運動分子加入，導致事情變得更為嚴重），此種以白人為目標的攻擊，顯然是有計畫且有組織性的，因為大量黑人年輕男性會突然聚集在當地，並隨機對白人進行攻擊。

儘管有時帶來了嚴重、甚至是致命的傷害，攻擊者之間的氛圍比起憤怒，往往更像是慶典般[111]。一名受害者在事後回憶道：「當他們在揍人的時候，我聽到了笑聲。他們還一邊吃著洋芋片，好像在野餐一樣。」[112]儘管如此，一些知識分子仍舊使用「問題青少年」這類的口頭禪來形容這些歡欣鼓舞的年輕流氓。

此類種族攻擊從全美的東岸到西岸[113]，數十座城市與各地方的小型社區內皆會發生。不單單這些攻擊存在著一種模式，就連媒體與政治回應也都有一個模式——最常見的反應或許可以用一個詞來總結：**否認**。

當攻擊規模實在太大、太頻繁，或在特定社區中已經人盡皆知而難以忽視時，媒體總是忽略了種族面向[114]，儘管這正是攻擊者的重要特徵，他們叫受害者「白垃圾」(crackers)，或喊著：「這是為了特雷翁．馬丁(Trayvon Martin)❹。」媒體在報導全美各地近年來發生的相似攻擊事件時，經常描述成獨立性的地方事件，不過是不特定「年輕人」因為不知名原因而攻擊不特定的「受害者」。

當監視器畫面曝光了攻擊者與受害者的種族時，全國各地的市長與社區員警皆會立刻站出來否認這些事件為種族攻擊[115]。媒體通常也不需要否認這些攻擊正在全美各地發生，因為打從一開始，就幾乎沒有媒體有關聯性地報導這些攻擊事件。《投資者商業日報》(*Investor's Business Daily*) 是少數呼籲應對此種無故且有組織的種族攻擊行為進行關注的媒體：「全美各地，年輕黑人暴徒透過臉書進行組織，打劫商店並攻擊白人。」[116]其他媒體也獲得同樣的資訊，卻鮮少向公眾發布。

其中一種由黑人對白人攻擊演變而成的模式，曾短暫攫取媒體的注意——「擊倒遊戲」，意思是攻擊者會突然向身旁毫無防備的路人頭部全力出拳，企圖一拳擊倒對方。二〇一三年紐約發生一連串黑人對猶太人進行擊倒攻擊的事件時，許多人的反應似乎相當驚訝[117]，儘管在二〇一二年一本關於黑人攻擊白人的暴力行為書籍中，就有一篇名為〈聖路易斯式的擊倒

❹編按：發生於二〇一二年，一名十七歲非裔美國人遭白人警察開槍射死，案發當時馬丁並未攜帶任何武器，而該名警察之後獲判無罪。

遊戲〉(The Knockout Game, St. Louis Style)[118]。對攻擊者而言，這不過是一場遊戲，但受害者卻會被送進醫院或甚至喪命。在擂臺上被擊倒的對手，會倒在帆布上；而在都市街頭被擊倒的人，卻會直接倒在水泥地上。

對於這類種族攻擊，許多人認為，這樣的否定或輕描淡寫能避免白人反彈，讓情勢不至於升級成一場災難性的種族戰爭。但若沒有人阻止，這樣的攻擊就不可能消停。坦然承認危險的存在，才能透過公眾對民選官員施加壓力，以期他們提出實質的解決方案，而不是否認種族攻擊。

某些人或許認為向不幸者表露同理心的其中一種方法，無論是美國的黑人或英國的底層白人，就是不要對他們的違法亂紀加以批判，好像免除某個團體的文明規範，就能對他們自身或對社會整體都帶來收益。但野蠻對任何社群而言，都不是件好事，最終對野蠻的暴力反擊也不是。族群對立的歷史——無論是二戰後捷克人對捷克斯洛伐克內的德國市民進行強烈反彈[119]，或二十世紀下半葉斯里蘭卡的僧伽羅人與泰米爾人間的暴行與反暴行[120]，絕對是我們不想在美國土地上看到的恐怖歷史。

讓有組織的暴行繼續在美國橫行甚至升級，只會拖延一場規模更龐大且更暴力的種族對立與分化，因為這樣的事情遲早會傳播開來，無論主流媒體怎麼阻擋。但就如同許多事情，

「能拖就拖」比較符合政治利益，即使拖延意味著爆發的規模可能會更大、更具災難性。此外，有太多人的既得利益建立在福利制度的願景上（就算不是物質或政治上的，至少也是意識形態上的），導致他們不願意將福利制度的負面影響和隨之而來的非批判性觀點，與如此氾濫且經常欠缺考量的物質救濟進行權衡。

當代的美國人或許很難想像白人暴徒攻擊黑人的日子，但這無需想像，因為這正是一百多年前、尤其是一九二〇年代，「種族暴動」一詞在美國所代表的意義[121]。第一場由黑人主導的重大種族暴動，發生在一九三五年的哈林區。一九六〇年代以後，由黑人主導的暴動已經成為常態。但事情在這之前可不一樣，未來也有可能再次不一樣。倘若真的如此，那麼經濟損失將只是最不嚴重的問題。

第六章

可能的影響與遠景

你有權發表自己的言論，但你無權編造事實。

丹尼爾・派屈克・莫尼漢（Daniel Patrick Moynihan）1

與事實有關的問題，顯然跟與價值觀、目標或政策有關的問題不一樣。我們可以將特定具爭議的貧富差距解釋，進行事實的檢驗，而精準地定義術語或專有名詞，好讓我們知道雙方出現歧異的地方究竟在哪，此步驟或許同等重要。每個人對議題可能有不一樣的態度與觀點，但我們應該要極力避免關於議題本身的混淆。

收入與財富的差異

不同個體、種族、國家或文明間，為什麼會出現不同的收入與財富？

簡單來說，這個問題並沒有所謂的「唯一」解。有各式各樣的因素，再加上這些因素的各種排列組合，我們無法將其一一列舉，也無法肯定是否有人真能做到。但就我們目前所考量到的種種因素來看，當造成這些結果的因素存在如此大的差異，去期待一國之內或國與國之間有相同的經濟成果，幾乎是不可能的。那些再熟悉不過的陳腔濫調，像是「富裕社會下的貧窮悖論」，也只對某些人成立：⑴蔑視歷史，並先入為主地主張世界平等主義；⑵無視政府定義「貧窮」一詞的反覆無常。

當代福利制度鼓吹者，希冀能透過減少或弭平不同族群間收入或財富的「不均」與「落差」，來推動世界平等的願景。但就如同倫敦政經學院傑出的發展經濟學家彼得．鮑爾所言：「促進經濟平等與減緩貧困，是兩件截然不同且經常相互矛盾的事。」[2]倘若所有人的收入都提高兩倍，貧窮勢必能減少，但這同樣也會造成更大的收入落差與不均，無論是就一國之內或國與國間來看，情況皆是如此。福利制度能降低、甚至是消滅物質層面的貧困，卻也同時消滅了許多人自己謀生的需求，尤其當自食其力意味著無法領取政府提供的各種福利時，進而拉大了收入落差與不均。

在討論不同國家之間的經濟差異時，經常被提出來的問題，就像著名的《國家為什麼會失敗》一書那樣：「為什麼埃及比美國窮那麼多？阻止埃及人變得更繁榮的原因是什麼？」[3]此一暗示，將美國所發生的事情視作常態，就好像這些歷史在某種程度上是自然發生的，進而將問題扭轉成：為什麼埃及沒能出現這樣標準、合乎常理的發展？但與美國相比，埃及事實上更能代表全世界在這數世紀間所走過的歷程。

有鑑於創造財富涉及到諸多因素，以及這些因素有各種排列組合，我們沒有任何理由臆斷這些因素在埃及和美國相同，就像我們也沒有理由臆斷那些製造出龍捲風的因素，在埃及出現的次數必須和美國一樣頻繁（高於任何國家，甚至也高於其他國家的加總[4]）。

就龍捲風這個例子來看，美國的地理位置或氣候因素並不存在任何令人驚奇的特殊之處，事實上，這些因素在全球其他地方都找得到。廣闊的平原是龍捲風得以發展成形的其中一項條件，歐洲許多地方，以及阿根廷和印度，都有廣闊的平原。美國的特別之處在於這些條件的「組成」方式：在該國的中部而不是沿海、出現於一年之中的特定季節，以及午後出現的頻率遠高於早晨或晚上，這些才是導致絕大多數龍捲風出現在美國的原因。

倘若我們真的對龍捲風的形成感興趣，我們就不會去探究為什麼埃及沒有更多龍捲風。同樣地，我們也沒有太多理由去探尋埃及或其他國家貧窮的原因。真正的貧窮，一直是人類此一物種在多數時間下的命運。然而，在《國家為什麼會失敗》一書中，也提出了一個更為合理的問題：「是歷史，還是地理、文化、種族等原因，決定了西歐、美國、日本在過去兩百年間，註定比撒哈拉以南非洲、拉丁美洲或中國更為富裕？」[5]

儘管沒有任何原因能讓特定國家或人民注定變得比他人更為富裕，但確實有許多因素能促進或阻礙某些國家與族群的經濟發展。很難想到任何一項重要的發展，能帶領人類離開偏僻山區、孤立的小島或其他受地理位置阻礙而難以與外界溝通的地方。澳洲就是一個數千年來，與其他大陸徹底隔絕的典型例子，而澳洲原住民也被視為典型的落後族群。

一般而言，沒有任何一個個體或是小型社會，能在完全不接觸當代與大量前人所累積下來的智慧，就逕自攀上人類成就的高峰。海軍軍艦以及許多相機曾經使用到的測距儀，其發明就是建立在兩千多年前由希臘人所提出來的數學原理——畢氏定理上。

倘若無法接觸到古時候的思想文獻，以及此後出現在其他地方與其他時代下的資訊，要憑空創造出測距儀根本非常困難，更別說其他更複雜的發明了。倘若愛因斯坦在太平洋某座孤島的原始部落中出生長大，且大字不識一個，他是否還能提出相對論？即使是那些較不驚天動地的進步，也是建立在無數先人、無數國家與時代的智慧上，甚至可一路追溯至數字與文字的發明者。

追問「國家為什麼會失敗」，是將成功視作一種常態，而不是人類歷史上罕見的例外。將自身的經歷以及環繞著我們的事物視作常態，或變得習以為常，是一種可以被理解的人類天性，但事實就是如此。在南北戰爭爆發前的美國，奴隸制被稱作「特殊制度」（peculiar institution），因其與美國其他社會上的原則與作風相抵觸。然而，最悲慘的事實莫過於奴隸制度實為常見制度，數千年來盛行於世界各地。「自由」對普通人們而言，才是所謂的特殊制度，在歷史上更是相對嶄新。時至今日，這種制度在某些國家內仍有風險，在某些地方甚至被完全壓制。

在討論財富、貧窮與政治時的真正挑戰，在於試著理解是哪些情況下的特殊組合，讓日本、西歐、美國及澳洲等地，出現如今的繁景。但即便是在這些國家內，這些因素的特殊排列與組合，也並非總是如此。古時候，處在人類經濟與發展前沿的，是另一批完全不同的國家。

貧窮是自然而然地發生，財富才需要被創造與解釋。這也是為什麼本書所採用的方法，是去檢驗影響的地理、文化、人口與政治因素。收入是生產的副產品，這道理或許再明顯不過，但有些人將「收入分配」視作獨立且近乎有著自己生命議題的人，並不認為前述說法是理所當然的，生產力的論述也消失在混沌的背景中，就好似收入模式可以隨我們的喜好去改變，而不會對整個社會生活水準所依賴的生產，造成任何影響一樣。將貧窮視作獨立的「問題」，並且認為可依賴拓展福利制度來「解決」的想法，就像一九六〇年代美國發起的「向貧窮宣戰」運動對社會造成的負面影響，非常值得警惕。

由於最基本的「收入分配」統計數據已受到廣泛的誤解，我們必須先釐清這些數據的含意，才得以進一步檢驗國與國之間或一國之內，收入差異背後的部分因素。

收入統計數據

有兩種徹底不同的統計數據可以用來觀察收入趨勢，**它們會得出截然相反的結論**。其中一種收入統計數據，研究的是一段時間內，相同一組人的收入資料。而另一種非常不一樣的統計數據，也是媒體、政治界及學術界最常引用的數據，則是在一給定年份下，將所有前五分之一者、最底層五分之一者，以及中間階層者的收入，全部集中在一起進行統計。接著，一系列年份中的此類數據，將會拿來作為評斷各個級別收入的標準。

第二類統計數據經常被引用來闡述：相較於最低收入組（窮人）或中間其他收入組，最高收入組（有錢人）的收入正在增加。「美國有錢人與窮人間的差距正在擴大」此類言論，出現在《紐約時報》[6]與無數媒體中，其中《華盛頓郵報》專欄作家E．J．迪昂 (E. J. Dionne) 甚至描述「富人」是「近乎包攬近年來所有收益的人」，並補充政府對這些人「徵稅不足」(undertaxed)[7]。史丹佛大學教授彼得．康寧 (Peter Corning) 的《公平社會》(*The Fair Society*) 此類書籍，也重複此一論述，認為「我們社會中的頂層富人與底層窮人間的收入差距，正在急劇拉大」。[8]

儘管此類充斥在媒體並獲得政治圈與學術圈響應的論調，表述得如同他們是將特定一群人的收入──「富人」與「窮人」，在不同時間下進行比較，但實際上他們卻是拿**組成隨時間不斷在改變**的收入階級做比較，因為每個人的收入會隨正常的職涯發展，從一個階層大幅跨越到其他階層，從入門工作轉換到因為經驗增加而有更優渥薪水的工作。那些商人或專業人士，也會隨時間累積更多的客戶，從而帶來收入的成長。

實際追蹤特定一群人於不同時間下的研究，與追蹤特定收入階層的研究（會因人們職涯階段變化而不斷改變的群體），不僅會得到不一樣的結論，甚至「完全相反」。密西根大學(University of Michigan)的一份研究，追蹤了一九七五年至一九九一年間有工作的美國人，發現那些一開始收入位在底層二〇%的個體，其收入會隨著年份增加，且與那些一開始收入位於頂層二〇%的人相比，不僅收入增加幅度更大，總額也高出數倍。[9]

由於收入增加，因此那些在一九七五年位於底層二〇%的人，有九五%在一九九一年時，已不再屬於最底層；有二九%最初位於底層者，一路爬到了最高收入組；與此同時，只有五%的人還維持在最初的位置。除此之外，在同樣的時間跨度下，那些在一九七五年位於最高二〇%收入組的人，在一九九一年所有階層中，實際收入增加幅度最少（無論是就百分比或絕對值來看）。一開始位於最高二〇%收入組的人，其平均收入增加幅度不到其他收入組的一半。[10]

許多人大聲疾呼「富者越富，貧者越貧」，但實際經驗卻與這類言論大不相同，那些從底層入門工作幹起的人，往往能隨著時間逐漸爬到更高、薪水更多的職位，這是普遍的事實。與此同時，那些邁入中年且生產力與收入也攀到最高峰的人們，未來也不太可能再大幅提高生產力與收入。

另一項引用美國國稅局 (Internal Revenue Service) 數據的研究，也發現了相似的模式。該研究追蹤了在一九九六年至二〇〇五年間，有遞交所得稅申報表的個人。那些一開始位於最低二〇%收入組的人，在這十年中，收入上升了九一%，亦即他們的收入近乎成長了一倍。而那些一開始收入位於備受矚目「前一%」的人，在同樣十年間，收入卻下滑了二六%[11]。再次得證，那些基於不同時間、分類抽象的統計數據而大聲疾呼的主張，與事實完全相反。這類收入統計數據的階級被表述得似是一群有血有肉的真實人類的經歷，卻忽略收入組的成員其實不斷在改變。

近期另一項加拿大研究，則追蹤了一九九〇年至二〇〇九年間特定群體的發展，並獲得了與美國研究非常相似的結果。那些一開始位於最低二〇%收入組的加拿大人，其收入增加比例不僅比那些最初位於更高收入組的人來得多，實際金額也更高[12]。然而同樣地，追蹤特定群體於一段時間內的發展所得到的結果，與同時期內追蹤一群由變動成員組成的抽象收入組所得到的結果，恰好相反。加拿大的情況與美國相同，上層階級所得比下層階級所得增加得要快，此一情況也被描述得像是發生在特定一群人身上。[13]

不幸的是，追蹤特定對象的研究，其成本往往比單純在抽象分類中匯總歷年數據的統計研究來得高昂，儘管後者研究的主體是一群分別處在各自人生不同階段的個體。因此，不難理解為什麼在美國普查局與眾多統計單位所提供的資料中，有更多是關於抽象組別的資訊，而不是特定一群人於不同時間下的追蹤數據。然而，發生在抽象的收入組的事，長久以來卻被描述得像是特定一群人在不同時間下的經歷，並以「富人」與「窮人」來代稱。明明是在不同收入組短暫停留的現象，卻被討論得好似一種持續性的常駐現象。

對人類同胞的命運抱持關懷，是可以理解且值得被讚揚的出發點，但這與執著於抽象分類中的數字，是完全不同的兩件事。正如同托瑪斯．皮凱提（Thomas Piketty）教授在其著名的《二十一世紀資本論》（*Capital in the Twenty-First Century*）中所言，「上層階級確實是一個我行我素的世界[14]」，此一描述完全罔顧美國絕大多數的家庭（五六％），在其一生中（絕大多數發生於晚年）皆曾站上頂層階級的事實[15]。對多數美國人而言，去羨慕或憎恨頂層者，就是羨慕或憎恨自己。這甚至稱不上「階級鬥爭」，而是社會階級與年齡世代的混淆。

人們在討論收入差異的統計數據時，幾乎總是自動把收入差異視作社會階級差異，而不是年齡不同的人之間的差異。事實上，鮮少有人提及這些數字背後的「可能性」包括了社會階級或年齡世代，主流媒體更甚少去區別在何種程度上，可歸因於年齡差異，而不是社會階級差異。對收入與財富統計數據的熱烈討論，儘管內容精確，卻可能造成徹底的誤解。

倘若幼兒的收入或財富比自己爸媽少、而其父母的收入或財富又少於祖父母，這絕對與評斷此人一生的收入與財富變動沒什麼關係。然而後者卻是一種常見的暗示，且還能以數字為證。在統計中，幼兒可以跟其祖父母一樣，但也僅限於統計數據中。即便數據限定為成年人，也只有在統計上，能將青壯年與中老年視為同等。然而不同年齡間的經濟差異，與不同社會階級間的經濟差異並無法相提並論。❶

即便是媒體經常談論的「頂層一％」，也是一二％美國人在其一生中曾經踏足的位置[16]。保羅．克魯曼 (Paul Krugman) 教授口中的「迷人的一％」[17]，勢必有某種轉瞬即逝的魔法，

❶青壯年需要數年的時間，才能將其淨財富歸零，畢竟有許多人是從負債開始，像是助學貸款、汽車貸款、房屋貸款等，而這些負債往往超過其存款。相比之下，六十歲的人早就度過了此一階段，已累積了數十年的存款、買房或為養老金努力。此種因年齡差異而造成的財富差異，可以是非常大的，且不必然肇因於階級差異。

畢竟絕大多數曾於一九九六年處在那個圈子裡的人，到了二〇〇五年都不在了[18]。但在皮凱提教授的視角裡，頂層一％的人不僅活在他們那遺世獨立的世界裡，更「在社會上脫穎而出」並「對社會樣貌與政治經濟秩序帶來顯著的影響[19]」。此外，據皮凱提的看法，這些人在他劃分的「階級」與「不平等結構」中都位居頂層。[20]

然而，在「結構」與「過程」間，存在根本性的差異。皮凱提對一個人的收入會隨生命歷程──即便只是短短的十年間，出現巨大改變的事實絕口不提。有超過半數的納稅人在一九九六年至二〇〇五年間，經歷了收入階級的改變，而此一現象在更早的十年間也發生過[21]。舉例來說，位在中間中間二〇％收入組的人，有四二％進入更高的收入組，與此同時，有二五％掉到更低的收入組，僅有三三％依舊不變。[22]

而在收入最高者之間，人員的流動尤其顯著。十年之後，僅不到一半的人還留在頂層一％，而那些在一九九六年曾經是所得最高的前萬分之一者，又僅有四分之一的人，在二〇〇五年時仍留在原收入組[23]。有超過一半的人在這十年中，經歷了收入砍半甚至減少更多的情況[24]。而全美國所得最高的前四百名納稅人（收入遠超過整個頂層一％），流動率往往更高。一九九二年收入前四百名的納稅人之中，僅有不到四分之一的人在二〇〇〇年結束之際，再次進入此一階級──並且只有一三％的人在這九年之內，曾進入此一最高階級兩次以上[25]。

在所得超高的階層裡，無論是頂層一％、前萬分之一或前四百強，這些收入可能大多來自於投資，因此波動性比薪水來得大。

總而言之，與其他收入階層者相比，絕大多數的收入前四百強，都屬於轉瞬即逝的存在，在我們的例子中，絕大多數人在這九年間，收入也就經歷了那麼一次的飆漲。無論這一次的飆漲是因為繼承、將之前累積的資產兌現或基於其他原因，那些短暫躋身於此一收入階級的人們，實在很難成為意識形態或政治修辭所描述的強大或邪惡角色。但這並不意味著生活方式跟社會中其他人相距甚遠的富人不存在。問題在於他們是否與那些於特定時間躍入高收入階層的人相同。否則，引用那些根基於變動人口的數據、將它們描述得如同特定一群人在不同時間下的經歷，此行為的意義何在？

皮凱提的關鍵失誤就在於將一個隨時間而流動的過程，轉化為僵直的結構——那個或多或少就像是永遠獨立於社會之外、卻控制或影響社會他人的頂層一％。這顯而易見是一個與事實脫節的想像，無論他的觀察與當前盛行的成見是多麼地相符。

皮凱提蒐集了許多國家的統計數據。但正如同J．A．熊彼得(J. A. Schumpeter)很早以前就說過的：「你可以走得既遠又廣，卻仍放不下有色眼鏡。」[26]對皮凱提蒐集的大量數據進行驗證，將是一項艱鉅的任務，或許也是一項不值得耗費時間與精力的工作，因為真正的問題不在於這些數字是否精確，而是對這些數字「衡量了什麼」的錯誤陳述。不過，在此還是要順道說明，皮凱提反覆提出在前總統總統赫伯特．胡佛（Herbert Hoover）任內，最高收入組的所得稅稅率為二五％，此一說法與美國國稅局的官方檔案相違背，後者指出一九三二年的最高收入組稅率為六三％。[27]

在討論人們的收入差異時，另一項經常導致混淆的地方在於沒能區別收入與財富。收入與財富有著根本上的不同，以至於無法篤定地用其中一者的統計數據來推論另一者。使用「富人」來代指頂層收入者，就是將收入與財富混淆的一個例子，因為富有意味著「財富的累積」，而不是單純地在某一年內獲得高收入。這不只是語義上的問題。在實務層面上，提高所得稅稅率好讓「富人」支付那些未被定義的「公平份額」，只是徒勞一場，因為**所得稅並不涉及財富**。這個稅只是針對那些試著累積財富的人，但對那些透過自己努力或繼承而**已經**擁有大筆財富的人來說，沒有任何影響。

因為支持提高所得稅率而獲得讚譽的億萬富翁，事實上很荒謬，尤其當這些高所得稅率根本動不到他們的億萬財產，卻會對其他人造成嚴重負擔，尤其是對那些想努力獲得成功，好為家人留下某些遺產的人來說。

大量關於「收入分配」的討論中所隱藏的一個概念，就是特定的收入階級不僅在收入總額中占有更多的份額，他們的利益還是通過「犧牲」低收入階級來實現。因此根據此一觀點，「富人變得更有錢，會讓窮人變得更窮」。像《華盛頓郵報》專欄作家尤金．羅賓森（Eugene Robinson）就清楚地提出此一論點，他提到：「富者更富的代價，不僅要由窮人來買單，更要由中產階級來買單。」這些「非富者」被描述為「長久以來飽受折磨的受害者」，因為「上流社會」正掀起一場「未宣戰卻極具毀滅性的戰爭」。[28]

然而，羅賓森先生確實做出了實質的貢獻，將那經不起攤在陽光下審視的洶湧暗流，攤到了陽光下。我們可以暫時不去處理他認為針對一組變動人口所構成的收入階層而獲得的統計數據趨勢，就跟針對一組有血有肉之軀並被稱為「富人」或「窮人」者的實際趨勢，是一樣的暗示。為了便於討論，我們或許可以暫且擱置此一混淆，好專注於他的其他論點。

即便在某些時期，最高收入組獲得收入總額中較大的份額，這也不會阻止下層階級的實質所得增加。舉例來說，在一九八五年至二〇〇一年間，美國最低二〇%收入組家庭占收入總額的比例從四%下降到三．五%，但此一收入組的平均實質所得卻增加了數千美元[29]。這甚至還沒考量到一個證據充分的事實──一開始位在最低收入組的人，在如同本案例這樣長的時間內，都已經向上流動並離開此一階層。即便他們都留在底層，如數據所示，「富人」收入更多、所占份額更高的情況，也不會讓他們變得更窮。

多年來，底層階級的實質所得不斷上升，與此同時，根據尤金．羅賓森此派的看法，數量也在增加的億萬富翁們則是以窮人作為換取繁榮的代價，發動一場打擊窮人的戰爭。然而，由於收入位於底層二〇%的家庭絕大多數都**沒有工作**[30]，因此我們無法確定，「富人」究竟能從這些毫無產出的人身上奪走什麼。

隨機性假設

無論是就一國之內或國與國之間來看，很少有什麼事物可創造出均等的經濟成果，因此很難理解當代思維對經濟成果的平等預期，以及將貧富差距──「不均」、「落差」或「不平等」視作一種奇怪的現象，甚至是陰險。但世界各地的人類史就是各種成果嚴重不平等的集合，無論是就經濟或其他方面來看，且包括了許多很難用歧視、剝削或任何人類惡行來解釋的因素。這些惡行是真的，但其具備的「道德」意義，並不會讓它們在經濟層面上，成為具備同等重要的「因果」原因。這是一個很重要的經驗問題，儘管鮮少有道德鬥士願意提起。

認為均等或隨機的結果是自然發生的隱含假設，是如此的普及，且嚴重影響道德、政治或法律層面，因此，我們有必要針對此一假設進行更廣泛的檢驗，將其與各種人類活動進行對比。如同我們在前面章節所看到的，地理、人口與文化因素也經常嚴重不均。此外，人類的行為常常不是隨機，而是「有目的性」的。舉例來說，人們不會隨機地移民，無論是就他們選擇離開的國家與位置來看，或是就他們選擇在哪一國家、哪處定居來看。人們養育孩子的方式也不一樣，透過不同社經地位家庭的孩子，在家中所能聽到的詞彙數量有極大差異的情況，就可以看出來。

人類行為鮮少是出於隨機，而其所造成的結果也同樣如此。不同族群的行為也不是隨機的，無論我們是以種族、性別、宗教、出生序或各種變項來分類。

人類的成就也有極端的差異，且此種差異不限於經濟成就，從最平凡到最崇高的範疇內皆是如此。一項國際研究針對十五世紀至二十世紀中葉廣為人知的藝術與科學歷史人物，發現這些人的出身地集中在某一區域內。結論是，「八〇%的重要歐洲人物，全都分布在一個排除俄羅斯、瑞典、挪威、芬蘭、西班牙、葡萄牙、巴爾幹半島、波蘭、匈牙利、東及西普魯士、愛爾蘭、威爾斯、大部分的蘇格蘭、義大利下半部、三分之一的法國地區」。[31]

同一份研究也發現，從美國成立之初到二十世紀中葉，約一半的藝術與科學方面的傑出人才，全都集中出身在一個自緬因州的波特蘭、延伸向紐澤西最南端的弧形區域內。新英格蘭州加上紐約、賓州與紐澤西州，這些地方所孕育出來的藝術及科學人才數量，是南北戰爭時期南方邦聯所有州的七倍之多。這些南方州絕大多數連一個傑出人物都沒有，只有維吉尼亞州例外。[32]

個人的運動表現也會出現同樣極端的差異。那些能在PGA錦標賽(Professional Golfers' Association)中，挺入最後兩輪的職業高爾夫球選手，倘若我們去觀察每個球員在每局的平均推桿數或開球距離等個人表現時，會找到一個近似於常態分布的曲線[33]。但在面對需要將各種高爾夫球技能組合在一起的最終挑戰——亦即贏得PGA錦標賽時，結果卻呈現極端偏態分布(skewed distributions)。

即便在那些實力超越平均值而能挺進PGA錦標賽最後兩輪的職業高爾夫選手中，有五三%的人在整個職業生涯中，未能拿過任何一次冠軍；其他四七%拿過PGA冠軍的選手也沒有拿超過三次[34]。但阿諾·帕爾默(Arnold Palmer)、傑克·尼克勞斯(Jack Nicklaus)、老虎·伍茲(Tiger Woods)卻分別拿過數十場PGA錦標賽冠軍，三人加起來超過兩百次。[35]

網球大滿貫冠軍、棒球打擊王及西洋棋世界冠軍賽冠軍的分布[36]，也出現極為相似的偏態分布。二〇一二年全球馬拉松前一百強選手中，有六十八名是肯亞人[37]。二〇一四年，當兩位祖先來自印度的美國男孩並列全美拼字比賽(U.S. National Spelling Bee)第一名時，這已經是連續第七年，由印度裔美國人抱回比賽冠軍。而印度裔美國人也已經在過去十六場比賽中，拿下十二場的冠軍[38]。在二十世紀中，美國職棒大聯盟球員有八次盜壘累計次數達一百次或以上，而這八次的球員全都是黑人。[39]

就連學位取得的分布，也能發現相似的偏態。截至二十一世紀初為止，整個美國有超過數萬所大學與學院，但美國最高法院的法官都是東北部八所常春藤名校的畢業生。在二〇一一年至二〇一二年間，美國取得學士學位的畢業生中，獲得教育學位者有將近五分之四為女性，而取得工程學位者則有將近五分之四為男性。[40]

儘管在美國，黑人的人數遠超過亞洲人，取得學士學位的人數也些微超越亞洲人，但亞洲人取得工程學位的人數，卻是黑人的兩倍之多[41]。在頂尖的工程學校中，此一差異更顯極端。在麻省理工學院裡，取得學士學位的亞洲人與黑人的比例為三比一，在哈維穆德學院 (Harvey Mudd College) 裡則是十比一，加州理工學院 (Cal Tech) 則為四十比一[42]。但即便像加州理工學院那樣極端的情況，也沒能超越一九六〇年代，在馬來西亞獲得工程學位的華人與馬來人數比。在一九六〇年代，來自中國的少數學生所獲得的工程學位數量，是占多數的馬來西亞學生的一百多倍[43]，這甚至是在一個大學及大學政策皆由馬來人政府所掌管的國家之內。

就算我們只挑那些不涉及歧視的例子來談，我們仍可以永無止盡地舉出人類發展史中存在的嚴重不均，像是男性被閃電擊中的次數是女性的數倍，或占主導地位的多數派如何被少數派超越等。[44]

在不涉及歧視的情況下，儘管許多人類活動的結果，皆與均勻分布或隨機分布差距甚遠，但某些人卻依舊堅信這樣的隱含假設：不均勻或非隨機的結果，是非常奇怪且可疑的。此外，這些還不是偶然出現的意見。這些結論在法庭上會帶來重大的影響，那些涉及「差別影響」(disparate impact) 統計數據的案件——亦即特定族群在人口統計中「代表性不足」，與隨機結果非常不同。對媒體或學術界的某些知識分子而言，這些統計數據經常被視作歧視的鐵證。即便有無數相反的事實證明，人類充滿目的性的行為會製造出不平均、不隨機的結果，但對隨機的隱含假設仍舊輾壓事實。此外，更有重大法律及政策是建立蔑視事實的此一假設之上。

再分配主義者也鮮少提出可用於評斷當前不均現象的原則性標準。如今很少人敢說收入或財富應該要絕對平等，只能拿出類似「當前的不平等現象太多了」的即興宣言。

或許他們最近似於原則的論點，就是當前的不平等與其他時代或地區相比，情況更為嚴重。但選擇哪些時代或地點作為評斷的依據，他們依舊沒能提供任何參考原則。此外，產製過程會隨時間而改變這點也常被忽視，當不同類型的技術與才能組合，獲得比以往更多的需求，便會導致其他類型的需求則下降，並因此衍生出新的給薪模式，好吸引那些更符合當前需求的工作者。

此種變化最明顯的例子，就是在許多方面都能取代人力的機械動力，導致體力勞動價值的下滑，讓具備體力優勢的男性勞工變得沒那麼重要，也讓兩性間的薪資差距在同工同酬法出現以前，就漸漸縮小。

若要談論頂層與底層人們間的收入差異正逐年擴大，這些差異實際上是不同社會階級的差異，還是不同年齡組別的差異，兩者非常不一樣。在戶主年齡為二十五歲的美國家庭中，僅有一三%的家庭收入位在頂層二〇%，與此同時，戶主年齡為六十歲的家庭則有七三%位在頂層二〇%[45]。但六十歲的人都曾經二十五歲過，因此對所有擁有正常生命週期的美國人而言，不同年齡階層間的收入差異自然稱不上不公平。

頂層與底層收入差異的擴大，或許在某些情況下，反映了對特定技能的需求提高，而不是無技術或無經驗勞動力，或是對財務專家的需求大過對人事經驗的需求等。收入差異的擴大，或許也反映出，因為有福利制度提供的許多補助，有更高比例的人口可以不用工作，或僅需要偶爾、兼差性質工作就能生活。這些福利並**不會**出現在統計數據上，即便這些囊括了從住房津貼到醫療補助的物質福利，其價值遠超越收入位居底層二〇%人口有記錄的現金收入。[46]

簡單來說，收入統計大幅高估了不同收入階層間的生活水準差異，因為收入數據並未包括繳稅金額與大量的物質福利（這對底層收入階級尤其顯著）。

當然，並非所有的收入差異都是年齡或福利所造成的，但無論造成差異的成因為何，生產過程中的需求會不斷改變，也意味著我們沒有任何理由去堅持在任何時期或地點下，特定的收入或財富差異模式應該維持不變，或能作為評測其他時代與地區的收入或財富差異的標準。

更別提每當生命中的不完美被發現或為人所宣稱，政治人物或知識分子就覺得有理由去強化對數百萬名人民生活的控制。自「君權神授」此一時代完結後，已經很久沒有出現少數人有權奪走其他人權力、讓他人無法為自己生命做主的隱含假設了。而這些權力往往都披著「社會正義」的外皮。

社會正義

約翰．羅爾斯（John Rawls）在他那本極具影響力的《正義論》(*A Theory of Justice*) 中，提出了對於當代收入與財富差異的道德原則論述。羅爾斯教授對經濟下的「社會正義」觀點為：「擁有相同的才華與能力且都願意好好運用這些才華與能力的人，無論他最初位於社會體制下的何種地位，亦即無論其出生在哪一收入階級，在經濟上都應獲得相同的成功機會。」[47]

或許很少美國人會反對此一想法，無論他們是否會質疑該如何、或者是否真的能將此概念付諸實踐。然而，此一概念馬上被羅爾斯自己修正，增加了一個附帶條件——那些具備更高天賦的人的優勢應被侷限，好致力於改善社會更窮苦的階層[48]。根據羅爾斯的看法，「正義應優先於效率[49]」，因此天賦能力的不同是不公正的，就像生來就擁有一筆財富般不正義。

但倘若像羅爾斯那樣，認為此種不正義的天賦只能用於促進「社會較貧困階級」的福祉時才可被容忍，可能引發實際與道德問題。如同我們已討論過的，根據收入所定義的「社會較貧困階級」是一個會變動的族群，其中很大一部分是由年輕人與較無工作經驗者所構成，而沒有人會年輕一輩子。至於其中極少比例的五％，沒能像其他人那樣向上流動、永遠留在底層，我們不能武斷地認為此種異常的命運，和其所選擇的生活方式無關。

如果我們像羅爾斯那樣，認為就道德層面來看，若不幫助底層者，也不應該為社會其他人做出貢獻[50]，這就像是從那些不事生產者的立場出發，對進步提出否決。許多在宿命論世界中看似合理的結論，放到個人有選擇權的世界，就會失去意義。這些選擇或許會受過去的社會條件影響，但不表示不會受當前行為所獲得的獎勵或懲罰所影響——包括對不事生產者不加批判的補貼。

在前面的章節中，為了找出一國之內或國與國之間收入與財富不均的原因，而針對世界各地的人們和地區所進行的探討，其實也就是在尋找**生產力**差異背後的原因。那些更執著於收入與財富再分配者，經常忽略不看收入與財富的生產過程，這樣他們就可以逃避貧富不均是否肇因於經濟生產力不均的問題。

再分配者試圖提出或宣稱的，是既存獎勵的不正義。有鑑於絕大多數的特定個人，都可能透過意外收益或意外損失而得到這些獎勵，其中「出生的偶然性」尤其關鍵。總而言之，根據羅爾斯「正義應優先於效率」的原則，再分配者試圖評斷的是一個人的品德，而不是生產力，某些情況下更徹底排除生產力。

為了論證，我們可以暫且使用「社會正義」倡導者的標準。請想像一個人生在此種家庭：父母貧窮、酗酒、不負責任、忽視或虐待孩子。但這個人以某些方式擺脫了此種環境下的文化，變成一位正派且努力工作的人，學取木匠的技藝，從而養活自己與整個家庭，對待家人的態度遠勝過自己小時候得到的對待，這無疑是一大了不起的成就。

現在，請再想像一個出生在非常不一樣環境的人，有愛他和關懷他的雙親，生長在小康或富裕的家庭中，獲得他所處的社會地位能給予的一切優勢，像是就讀私立學校和更廣闊的文化體驗。像這樣的孩子長大後成為一名腦科醫師，自然也很值得稱讚，但不能說比那位木匠更來得了不起。

在一個根據功績獲得回報的世界裡，我們沒有任何理由給予腦科醫師高於木匠的薪水。但在一個**生產力**至關重要的世界，這就不再是一個關乎個人相對功績的問題。對特定的收入獲得者而言，比基於「社會正義」更重要的，是所有能因為自己生產力而獲益的人類福祉。將**生產**納入討論，事情就會有極大的不同。現在，問題在於大腦手術與木匠兩者的相對急迫性，以及能否給予有能力的年輕人（無論其能力是如何獲得）足夠誘因，讓他們願意放下眾多選擇，接受成為外科醫師需投注的更長且更具挑戰的訓練過程（儘管有些人的選擇確實就是如此不公平地多於其他人）。

與其侷限自己去權衡某些收入下的特定個人或團體的相對經濟命運，去討論這些收入再分配者所關注或針對的對象也同等重要，因為社會上其他人會因為他們所**生產**出來的商品與服務獲益。

將商品與服務消費者的命運視為「效率」，又將那些因為生產這些商品與服務而獲得收入者的命運視為「社會正義」，再像羅爾斯那樣主張「社會正義」重要性應優先於「效率」[51]，這完全沒有把兩者的差異區分開來。效率是造成收入差異的主因，如果透過降低效率的方式重新分配收入，等於武斷地宣稱某些消費者的經濟損失，不如那些透過「社會正義」所獲得經濟利益者重要。但是，如果他人遭受不當損失稱不上不正義，那怎樣才算呢？人們作為消費者遭受的不當損失，在道德上不同於作為收入獲得者遭受的不當損失，這著實讓人無法理解。

解決之道

政府用巨大力量來武裝知識分子，強行撤銷數以百萬的人民熟悉的經濟交易，然而，只有人民清楚瞭解自己的情況與選擇，身處事外的知識分子與政府單位絕對是不可能熟悉的，我們必須質疑這種作法是否合理。此外，倘若數以百萬的人民並不認同羅爾斯「正義比效率重要」的想法呢？事實上，如果兩件事物分別擁有自己的價值，我們便不應該像羅爾斯的觀點那樣[52]，去斷言其中一者更為重要。一顆鑽石或許比一枚銅板更值錢，但只要有足夠的銅板，其價值也能超越鑽石。

在常春藤覆蓋的校園內，那些安逸的學者們或許有餘裕能專注於統計數據模式的研究，鑽研那些更符合其先入為主看法的收入數字。但不代表他們能指責那些身陷於真正的貧困之中的人，例如第三世界，歡迎某些億萬富翁在自己家園附近蓋一座能創造大量工作機會的工廠，因為他們能為家人掙得過去所負擔不起的事物❷。即便億萬富翁會因此變得更有錢，讓那些身處在遙遠校園或編輯室中盯著統計數據看的學者感到不適。

那些知識分子與其他「社會正義」提倡者，比起一個更繁榮的社會、更能幫助窮人的社會，或許更偏好一個在統計數據上平等的社會。這些人當然有權抱持這樣的觀點，但其他人——包括那些低收入者，也同樣有權偏好一個更繁榮的社會。倘若其他國家的窮人也像知識分子那樣對美國的不公平抱持同等程度的厭惡，那麼我們很難理解世界各地的貧困移民為什麼要為了來到美國，做出那些漫長、大量、有時甚至近乎絕望的努力。

強迫成千上萬人民必須依照相對少數的知識分子或政治人物的期望生活，這想法本身就很荒謬，但更令人驚訝的是此種舉動居然能打著「社會正義」的旗幟，成為更高道德、平等或人道主義的一部分。而知識分子在過去的紀錄，實在很難激起人們對其假設或結論抱持信

❷跨國企業給的薪資通常高於第三世界當地的雇主。

心。❸

根據人們的「生產力」而不是「功績」來給予報酬的其中一個原因，在於生產力比功績更容易評估。在市場經濟下，產品價值應由掏錢購買或使用其服務的消費者來決定。鮮少有人能對其他人的功績擁有同等程度的知識或理解，畢竟我們都「沒走過對方走的路」。

當然，這絕不意味著我們不用去幫助那些生來就擁有不利條件的人拓寬他們的選擇，後者往往沒有太多培養生產力的機會。事實上，在美國的歷史中，從來不存在任何一個時期是不為這些人著想的。數世紀以來，自發性慈善事業一直存在於美國社會。這些私人慈善事業創辦了學校、圖書館、獎學金、大學、基金會、醫院等各種公民機構，這些機構在其他國家通常是由政府或宗教組織來創辦，從這一點來看，美國在一定程度上仍非常獨特。

❸畢竟，敦促一九三〇年代的西方民主政體解除武裝的，不是底層大眾，而是接受良好教育的知識分子，當時希特勒正在德國打造大量戰爭機器，日本帝國也在亞洲蠢蠢欲動。而一九六〇年代知識分子對美國社會願景的成功，導致之後漫長的時間內，謀殺率、性病與青少女懷孕率急劇惡化（就整體人口來看），以及黑人雙親健全家庭的解體，一個在奴隸制度一百年後一直存在的常態，卻在一九六〇年代福利制度擴張後不到三十年消失了。

此外，並非所有捐獻都是金錢。還有大量的時間灌注在公民事務上，包括那些旨在給予較不幸者更多選擇的努力。上萬名在南北戰爭後從北邊來到南邊的白人，在慈善家所成立的私人學校內教導重獲自由的奴隸的子女，就是最好的例子。

這些老師通常為年輕女性，冒著難以忍受的條件，包括南方白人社會對其經常展現的排擠、甚至是威脅等敵對舉動，以及受奴隸經驗和不重視教育的南方文化洗禮，還有在心態上根本尚未做好準備的黑人學生。W．E．B．杜博依斯 (W. E. B. Du Bois) 稱這些北方白人自願者的付出為「美國史上最美好的事物」。[53]

這些慈善活動絕大多數都被那些忽視總體生產的人所無視，無論是就經濟或社會所推動的生產力來看。但此種自發性的公民意識活動並不能被視為理所當然、自然或「總是會」發生的事。這與經常被視作「總是會」發生的經濟生產，有極大的不同，事實上它們在不同的地方與不同時期下，對人們的生活水準也帶來不同的影響。這些公民意識活動**並非**平均地發生在世界各地的社會中，甚至在整個西方文明中也不相同。

十九世紀，法國人亞歷西斯．德．托克維爾 (Alexis de Tocqueville) 參訪美國，對美國人進行自發性慈善活動的頻率感到震驚，這在他那本經典的《民主在美國》(*Democracy in America*) 中有描述[54]。但著名的美國學者愛德華．C．班菲爾德在二十世紀中葉到義大利山地聚落居住時，卻沒發現此種態度或行為的普及，當地認為「熱心公益的想法很難理解」，沒有人會「幫助提著重物前往山頂孤兒院的修女」，且儘管當地的修道院已經搖搖欲墜，「那麼多半失業的石匠，也沒人會花一天的時間去修理」。[55]

一份二十一世紀對俄國社會的研究也同樣注意到，與美國相比，俄國人很少有公民意識或有組織的自發性社會活動。一份研究了六十個國家「非政府組織」的調查發現，「俄國在運動與休閒娛樂中的排名最好，讓該國排名從最底端爬升到第九名」。在此類別下，有將近四%的受訪者表示自己有參與某些運動俱樂部或其他自發性運動組織。但在幫助他人的自發性社會福利活動上，參與程度卻低於二%。

該研究發現美國人「在運動與社會福利組織的參與度比俄國約莫高出了十倍；在環境、宗教與職業組織的參與度上則約莫高出二十倍；在文化／教育與女性組織的參與度則約莫高出三十倍，人權組織則約莫高出五十倍」。[56]

能否成功提高那些出生於不利環境者的教育與經濟程度，在極大程度上取決於他們所具備的接受程度。他們出生並成長的文化，未教導他們善用每個機會的渴望、習慣或紀律。這些落後族群的領導者經常成為該族群進步的絆腳石，因為他們有太多動機去宣揚該族群的問題是由其他人所導致的。這樣一來，人們會有動機改變自己嗎？

這種領導風格在任何一個有人居住的大陸上都能見到，因此，除非出現非常例外的領導者，不然我們沒有任何理由認為美國或任何國家能存在一個不同的模式。十八世紀的偉大哲學家大衛·休謨(David Hume)，之所以極力呼籲蘇格蘭同胞們認真學習英語，就是因為他**不是**民族領袖。當你想要幫助他人時，你會告訴對方真話。當你想要幫助自己時，你會告訴對方他們想聽到的話。民族領袖對追隨者說的，就是追隨者想聽的話。

那些宣揚著當前盛行觀點的人，都會受邏輯所圍困，他們認為所有危害黑人權益的落後、差異或不均都是「他人」的錯，按照他們的邏輯，這些「他人」受到《民權法案》與政策的限制後，一切的落後、差異或不均都會消失。但在一九六〇年代的民權革命後，他們期望的事並未發生❹。無論黑人民意代表的數量在地方或全國程度上是如何顯著地增加，經濟差異卻沒有相對應地縮小。經濟繼續成長，但脫貧的速度卻無法像一九六〇年代民權革命發生之前那樣快。[57]

❹無論政治環境在《民權法案》興起後出現多麼劇烈的改變，因這些法律而帶來的經濟改善，卻沒能超越早在一九六〇年代民權革命發生的數十年前，在黑人身上所觀察到的經濟改善趨勢幅度與持久性。

這讓那些堅守上述想法的人沒有退路，只能持續宣稱當前黑人的落後、差異與不均，雖然無法找到實質證據來證明是其他人的錯，但這樣持續的差異肯定是肇因於某些邪惡的小聰明，將那些「隱晦」或「制度性」的種族歧視藏了起來。當缺乏實質證據就跟有形證據一樣能證明某個命題為真時，其基本上就是一個任性的「正面我贏，反面你輸」（無論如何都是我贏）論述。有鑑於那些被迫採取此一絕望權宜之計者的前提，基因決定論似乎又在背後暗暗招手。因此，另一套激烈但牽強附會、甚至難以說服人的解釋，又登場了。

另一套比流行的民權觀點更為實際的初始假設，本可以避免讓這些辯護者將自己逼進死角、不得不抬出此類受質疑論述的困境。東歐與西歐之間的經濟落差，遠比美國黑人與白人之間的落差更大[58]，儘管西歐人並沒有打壓東歐人在經濟方面的崛起，但這樣的情況仍持續了數世紀之久。那些期待黑人能在短短數十年間趕上白人的人，顯然在自己的計畫中疏漏了許多條件。

有鑑於美國黑人的特殊歷史背景，這樣的經歷其實並不需要任何深奧的辯解或道歉。如同一名南方白人學者在二十世紀初的觀察，「沒有任何種族能在如此巨大的困境下，走得那麼遠」。一個「被斷然剝離其文化背景」的種族，「在三代之內變成一個基本上可與西方農民階級相提並論」的族群。當時未能進一步發展的困難，「或許主要肇因於那無從逃避的身體烙印所帶來的限制接觸」，亦即根據膚色而進行的社會隔離政策。儘管「文化背景下的機會受限，又被種族偏見的藩籬所圍困，黑人能掙得部分土地所有權、在工業發展中占一席之地、在藝術與科學方面取得少量成就，這對任何一個種族而言，絕對是極為難能可貴的」。[59]

這段描述出現的時代，絕大多數黑人的受教育程度只有小學，且還是在南方劣等學校接受的教育。無論怎麼去描述黑人在奴隸制度的一百年後進步腳程有多快，這些發展都比不上自一九六〇年後開始出現在底層黑人身上、接著又蔓延至其他人身上的退步來得顯著。不願意承認這些倒退，更不想著去解決問題，都讓縮小黑人與白人經濟差異的努力變得更艱難。

國際間的財富差異

忽視世界各國在地理位置、文化、歷史、政治制度、宗教信仰與各自人口組成上的差異，而希望所有人能有相似的收入或財富，簡直是癡人說夢。儘管如此，命運也絕非註定。那些在過去極為窮困且落後的國家，一躍成為人類成就與繁榮最前線代表的故事，指出了我們能做些什麼改變命運。在十八世紀戲劇性崛起的蘇格蘭，以及十九世紀的日本、二十世紀的新加坡、香港與南韓，全都告訴了我們可以做什麼，以及如何做。

這些振奮人心的經濟崛起案例，沒有任何一樁是源自於所謂的國際財富轉移，亦即「外援」。這些經濟奇蹟也不是因為接受了外來者的幫助（無論是外國政府或國際組織如世界銀行 (World Bank)、國際貨幣基金組織 (International Monetary Fund) 等派來的各種專家）。儘管許多人企圖將某些國家的貧困歸咎於其他國家或外國投資者的剝削，但我們很難找到任何一個國家，是靠著擺脫殖民霸主（無論就其他原因來看這件事有多麼重要）或將外國投資者的資產充公，而得以從貧窮爬向繁盛。事實上，關於這些作法，我們甚至可以列出一份驚人的失敗或適得其反的清單。[60]

同樣地，我們也很難找到任何一個國家，是透過驅逐、鎮壓或暴力，將那些被描述為「剝削者」或「寄生蟲」的各種少數族群趕走，而成功擺脫貧窮走向富裕，這些少數族群的例子包括東歐的猶太人、緬甸的遮地人 (Chettiars)、東非的亞洲人，以及世界各地不同歷史時期下的其他族群。

更多時候，趕走這些族群的國家，在經濟上經常出現惡化，而歡迎他們的國家則發展得較好。美國因為接受了數百萬名來自歐洲的猶太人而獲益良多，後者不僅為美國帶來了大量的各領域專家，更帶來了世界級的科學家。製造出全球第一顆核彈的科學家中就有不少人是猶太人，從而奠定了美國成為世界超級強國的地位。

許多征服他國的國家與民族，他們的後代們經常沒能從先人的歷史功績中獲得什麼經濟利益，不管是成吉思汗的遊牧部落、西班牙征服者還是鄂圖曼土耳其等。部分征服行動確實為後代留下了繁榮昌盛的實力，但那是因為這些征服者本來就來自繁榮的國家，像是征服澳洲與絕大多數北美洲的英國人，取代原本當地的原住民並定居於此。而西班牙在西半球進行了更大規模的征服，但拉丁美洲國家很少能像前英國殖民地北美及澳洲那樣繁榮，儘管拉丁美洲國家擁有肥沃的土壤與豐富的自然資源。

倘若要說這些差距甚遠的結果之中，存在任何一絲共通性，或許答案就是人力資本。這可以透過國家間，以及特定國家內不同族群的比較來觀察。

舉例來說，阿根廷被描述為「全球自然資源最豐富的國家之一」，有著「非常肥沃」的土壤，沒有岩石阻礙讓某些植物的根能向下延伸十五英尺長[61]。而且與其他拉丁美洲國家不同，阿根廷的人口主要是歐洲人後裔。然而，主要人口為撒哈拉以南非洲後代的巴貝多（其人口來自於一個比歐洲窮困許多的地方），其人均GDP卻比阿根廷高了四成。[62]

儘管巴貝多人是以奴隸的身分來到西半球，西班牙人則是以征服者的身分來到此地，巴貝多人吸收了英國文化，壽命也比撒哈拉以南非洲的人還要長，且英國文化與西班牙文化非常不同，例如英國文化相當重視工作、教育與創業的價值觀，西班牙卻看輕這些文化因素。

阿根廷不同族群間的文化差異，也強化了此一結論：在西歐沒能開花結果的西班牙文化（西班牙長久以來位列貧窮國家之一），在來到西半球後，同樣沒能孕育出更高的經濟生產力。

在阿根廷，來自西班牙以外的其他歐洲的移民，即便這些移民剛來時身無分文，他們的經濟發展往往比阿根廷本地人來得好，尤其是在十九世紀與二十世紀初成為阿根廷移民最大宗的義大利移民。早在一八六四年，義大利移民就占阿根廷所有移民的四〇％，在半個世紀後的一九一四年，仍占了近四成。[63]

阿根廷的義大利人與本地人最大的不同，在於義大利人願意接手最困難的工作，也更懂得儲蓄（即便收入再低都是如此）。來自義大利的季節性移工，是非常重要的農業勞動力來源，阿根廷的農業在十九世紀得以大幅擴張，他們的貢獻不容小覷[64]。除了這些隨季節來去而被稱為「燕子」(golondrinas)的農業勞力外，還有其他以永久居民身分定居下來的義大利農場勞工。這些最初只是散工的義大利人，透過經年累月的儲蓄，慢慢變成佃農，最後再成為土地所有者。[65]

儘管阿根廷土地非常肥沃，該國的小麥卻依賴進口，直到外國農民來到此地——以義大利人為主，其中也有來自俄國的德國人，才將阿根廷變成世界主要的小麥出口國之一[66]。阿根廷的土地一直以來適宜耕作的事實，在那些成功種植出小麥的農民到來之前，並不具任何意義。再一次地，我們發現地理條件並非註定。

如同農業的情況，都市裡的阿根廷人一樣被其他移民所超越。一九一四年，占阿根廷人口三成的外國人，掌握該國七二%的商業，在布宜諾斯艾利斯的比例甚至高達八二%[67]。義大利企業家主宰了布宜諾斯艾利斯酒精飲料的生產——除了啤酒，因為後者是德國人的天下。[68]

阿根廷人並不流行儲蓄，事實上還被稱為「世界上最揮霍的人」[69]。一八八七年，布宜諾斯艾利斯省銀行 (Banco de la Provincia de Buenos Aires) 的存款戶之中，義大利人的數量是阿根廷人的兩倍[70]。在那個時代，多數義大利移民皆為勞工，阿根廷多數的石匠、水手、商人、建築師、進口商、工程師、餐廳與旅館老闆，也是義大利人。[71]

阿根廷政府本身也察覺到歐洲各個地區移民者間的差異，因此試圖吸引西班牙以外的歐洲人。一開始他們刻意吸引英國人、德國人與斯堪地那維亞人，但成效不彰，因此，他們又再次歡迎義大利人與西班牙人但更偏好北義大利人和西班牙的巴斯克人 (Basques)，因為這些人與南義大利人或其他西班牙人不同，舉例來說，巴斯克人素以「節儉和勤奮工作」而聞名[72]。阿根廷政府同時派了仲介到歐洲招募德國人[73]。伏爾加德國人所定居的地方，後來更成為阿根廷的小麥主產區。[74]

儘管來自西班牙文化區以外的人們主宰了該國絕大多數的經濟命脈，政治領域卻仍為阿根廷人所主導。二十世紀初，阿根廷是世界上最繁盛的國家之一，其排名甚至超越法國與德國[75]。但在二十世紀中，該國災難般的政策，讓阿根廷的經濟從前幾名直接下墜。儘管阿根廷擁有肥沃的土壤與各種自然優勢，像是讓其免於與歐洲國家一樣遭遇兩次世界大戰荼毒的地理位置，但該國的政治文化卻摧毀了其曾經享有的經濟繁景。救世主式的政治煽動，以及階級鬥爭言論與政策——以胡安．裴隆 (Juan Peron) 和其妻子伊娃 (Evita Peron)（被稱為「無衫者」(shirtless ones，即阿根廷勞工）的守護神）為代表，都是在經濟上造成反效果的模式，這個模式在裴隆夫妻倆之前即已存在，之後仍持續了很長一段時間，抵消了自然賦予該國的優勢，以及絕大多數由外國移民、國際投資者與企業家所累積下來的人力資本。

阿根廷不是拉丁美洲唯一一個經濟命脈依賴外國人的國家，尤其是西班牙與葡萄牙此兩個創建國以外國家的人力。一直到二十世紀中葉，巴西最工業化的聖保羅州、南里約格蘭德州 (Rio Grande do Sul) 與聖塔卡琳娜州 (Santa Catarina)，其企業家多半是近代的歐洲移民或其子女。在聖保羅，「七百一十四位企業家之中，有五百二十一位屬於此者」。在南里約格蘭德州與聖塔卡琳娜州，則有近五分之四的產業是由類似特徵的人所創立[76]。德國人與義大利人尤其突出。在南里約格蘭德州，二十世紀早期的德國人包辦了金屬家具、後車廂、爐具、紙、帽子、領帶、皮革、肥皂、玻璃、火柴、啤酒、甜點與馬車車廂的生產，更是鑄造廠與木工店唯一的老闆。[77]

除了工業領域，就連農業也找了來自伊比利半島外的移民。巴西政府就跟阿根廷政府一樣，刻意到歐洲招募德國人[78]，因為他們願意承受開疆闢土之苦，不會像盛行於巴西的葡萄牙文化以及盛行於阿根廷的西班牙文化那樣，對苦差事嗤之以鼻。聖保羅州曾給予義大利農民補助[79]。智利與巴拉圭的政府則同樣為了那些須承受艱苦勞動與惡劣環境的開荒任務，刻意招募了伊比利半島外的歐洲移民。[80]

總而言之，無論是開拓一國的農業、工業還是商業，這些政府都承認在工作習慣、技術與價值觀上存在文化差異（儘管時至今日，承認這些差異會被視為一種禁忌）。借用出色的法國歷史學家費爾南．布勞岱爾之言，是這些移民「創造了現代巴西、阿根廷與智利」。[81]

但並非所有移民都是來自歐洲。日本移民對巴西與秘魯的經濟，也發揮了極大的影響。儘管日本人只占聖保羅州人口的二到三％，擁有的土地面積更不到二％，但該州一九三〇年代的農業產出卻有將近三成來自日本人，其中包括了四六％的棉花、五七％的絲，及七五％的茶葉。香蕉的種植也有極大比例握在日本人手中。[82]

秘魯則是另一個在經濟方面，因少量日本移民締造輝煌成績而受惠的拉丁美洲國家。日本移民秘魯始於十九世紀末及二十世紀初，一開始擔任農業勞工，冒著極高死亡率的艱苦條件工作[83]，很快地，他們搬進都市區域，並開始從事各類型工作，從家庭幫傭到小企業老闆不等[84]。最終，日本人擁有了秘魯首都利馬四分之三的美髮店及兩百間雜貨店。在農業勞動上，日本人的工作態度也比其他秘魯勞工更受歡迎，並因此獲得更高的報酬。[85]

日本人的好名聲並不只有努力工作，還包括了可靠與誠實[86]。他們對後代的教育，也比其他秘魯人更投入。秘魯的文盲率在一八七六年為七九%，儘管該比例確實在世代交替中逐年下降，但在一九四〇年，仍有五八%為文盲[87]。在那個時候，秘魯的製造廠多由外國人或近代移民所擁有。

但就像其他時期與其他地方發生的一樣，那些數量雖少卻比絕大多數人更成功的少數族群會招來憎恨，在秘魯的日本人也是。這些憎恨體現在社論批評與對日本商店的抵制上，不過抵制活動因為日本人賣的商品價格更低而沒能成功[88]。然而，針對日本人的政治措施，效果就很明顯了。這些政策包括了僱員之中，必須要有至少八〇%為秘魯人[89]，以及一九三〇年代中期嚴格限制日本移民人數等。[90]

外國人也同樣為智利的經濟發展，帶來不小的影響。一直到二十世紀中期，智利首都聖地牙哥絕大多數的工業企業都是由移民或移民後代所掌握[91]。這樣的模式在拉丁美洲並不罕見，非西班牙裔與非葡萄牙裔的移民及其後代，以很高的比例、甚至是主宰的姿態，成為各國商業與工業界的要角。[92]

無論在歐洲或西半球，西班牙及葡萄牙上流社會對工商業所抱持的輕蔑態度，同樣體現在下層社會對體力勞動及辛勤工作的厭惡上。此種態度涉及的並不只是單純的懶惰，而是像一名學者對十七世紀西班牙人特質的描述：他們「以無所事事為榮」，反映了該文化對勞動工作所帶有的「恥辱」印記，避之唯恐不及。[93]

數世紀後，巴拉圭人對於在國內農業聚居地上奮勇開荒的日本人，感到困惑不解[94]；宏都拉斯農夫則抱怨要在自己國家內與德國農夫競爭很不公平，因為他們太認真工作了。[95]

在世界舞臺上，有許多國家的人達不到其他國所設定的生產標準，因此積極抗拒、憎恨並限制那些更具生產力的人，並且將自身的落後歸咎於國內外其他人的「剝削」，這種情形不只發生在拉丁美洲。拉丁美洲知識分子帶頭發展了「依附理論」(dependency theory)，將南美洲的落後歸咎到北美與其他國家身上。然而，那些將本國經濟開放給國際貿易、外國投資者及外國科技的亞洲國家所取得的傲人成就，推翻了拉丁美洲的依附理論根基。但在此之前，整整一個世代的拉丁美洲人已經為這樣的自我放縱付出了代價。

在考量文化或其他因素時，時機點必定是探討某一特定結果的因素之一。放棄依附理論換來了經濟進步的可能性，但多年來因為此理論而發展受阻的經濟，其造成的負面效應無法輕易地一筆勾消。同樣地，當其他國家的人民都具備讀寫能力，一個充斥大量文盲的國家，自然會因為文盲情況改善而獲得提升，但其人民依舊無法與那些數世代、甚至數世紀以來，讀寫能力早已是基本的國家相提並論。

從另一種角度來看，時機點也很重要。長久以來，我們觀察到與文化起源地相比，接受文化移植的國家往往更不願意改變。許多魁北克仍在使用的法語以及墨西哥所使用的西班牙語，某些單字或句子對現在的法國與西班牙來說都很過時。至於某些西班牙遺留給拉丁美洲的反生產態度，據說在西班牙已開始轉變，但拉丁美洲卻沒有。[96]

我們很難忽略前英國殖民地（亦即由英國移民人口所創建的國家），在經濟上的發展往往比西班牙或葡萄牙殖民地來得更好的事實。這絕不是因為大英帝國一開始選擇的殖民地點比較好，因為西班牙才是最早開始殖民的帝國，他們才有優先選擇權。英國人於十七世紀在美洲的詹姆士鎮 (Jamestown) 建立第一個永久殖民地之前，西班牙早就於十六世紀征服了北美洲與南美洲。

面對事實與未來

在處理涉及財富、貧窮與政治的社會和經濟問題時，我們最迫切需要的，不一定是特定的政策處方。已經有太多關於烏托邦的藍圖。我們缺少的，是針對當前問題及未來選擇進行理性思考的前提。這些前提當中，最重要的莫過於事實的「真相」。無論我們期待的目的地為何——字面上或譬喻上都行，我們都必須從原地出發。這意味著我們必須先知道自己身處何處，才能朝目的地前進。

倘若我們的目的地為夏威夷，我們就必須先知道自己位在夏威夷的東邊、南邊、西邊還是北邊，否則我們極可能因此走錯路。如果我們的目的地不是具體的地理位置，而是一種譬喻性、社會性的目標，依舊適用同樣的原則。舉例來說，如果我們希望促進美國黑人的經濟和其他方面的發展，我們就必須知道美國黑人當前處境的事實，而不是我們希望他們是什麼樣子，也不是某些黑人自己情願相信、或想辦法讓其他人相信的他們當前的狀況。錯誤的前提鮮少能帶來正確的結論。

是什麼阻礙我們觸及真相？

不幸的是，這些障礙太多也太顯而易見。包括鐵證如山卻仍不能言說的事情，還有那些沒有任何證據支持，還無視所有反面證據，就大聲宣揚的事情。這在高等學府的校園中更是如此，任何學生或教授若公開發表關於少數族群那些令人不悅的事實，往往要承擔負面的風險，包括成為校園「言論準則」所懲罰的社會異議分子，以及肢體騷擾與暴力威脅。

與此同時，有些事情卻是可以說的，無論是多麼顯而易見地虛偽，卻絲毫不用擔心被批評甚至是抹黑。

不幸的是，無論是在學術圈、媒體或政府內，到處都是明顯錯誤且具誤導性的武斷前提。其中一個尤其盛行的錯誤假設我們已經提過——存在於國與國、或一國之內不同族群間的經濟差異，是肇因於他人的惡行。這種假設認為如果沒有他人的惡意，就會得到平等的經濟成果。但來自世界各地的證據都顯示，地理位置、人口、文化與其他因素會影響經濟成果。而我們更無法客觀評估個人努力所得到的成果，像是個人在運動、西洋棋或拼字比賽中的表現，這些成功的偏態分布，全都證明了經濟成果不可能是平等的。

有鑑於經濟生產力受太多事物所影響，以及每個人擁有這些事物的機率差異甚大，獲得特定成果的「均等機會」(opportunity) 與「均等機率」(chances) 自然也有極大的差異，但這些差異卻經常被忽視或混為一談。

就連諾貝爾經濟學獎得主約瑟夫．史迪格里茲 (Joseph Stiglitz) 都曾提到：「檢視機會平等的方式，就是詢問一個孩子的**生活機會** (life chances) 有多大程度是取決於其父母的教育與收入。」進一步來看，他問道：「一個出身窮困或父母受教程度低的孩子，其獲得良好教育並進入中產階級的機率，與生在中產階級且父母擁有學士學位的孩子一樣嗎？」至於機會不平等的證據，他說道：「拉丁美洲人與非裔美國人的薪水仍舊比白人低，而女性的薪水也仍舊比男性低。」根據史迪格里茲教授的看法，「美國人將體悟到他們所珍視的社會與經濟流動性，不過是一個神話」。[97]

倘若機會 (opportunity) 平等與成功可能性 (probability) 平等這兩個概念可互相替換，我們會得到什麼？其巧妙地略過了某些人是否能比其他人更善用自身機會的問題。當亞洲學生能在紐約市最具前瞻性的三所菁英公立高中（史岱文森、布朗克斯科學高中與布魯克林技術高中）以二比一的比例超過白人學生時[98]，我們會說白人的平等機會被剝奪了嗎？

有人會說，這肯定是因為亞洲人與白人相比，擁有更高的收入與教育程度，但我們明明知道來自福建的華人移民並不具備此兩個條件。如果我們知道那些富裕的謝克海茲地區的黑人醫師與律師的孩子，完全荒廢學業，我們是否還能將「機會平等」視同「可能性平等」？[99]

用字遣詞很重要。含糊其辭的說法，可能可以暗示一些根本沒有證據的事情。對渴望得知真相的人來說，關鍵問題是那些較不成功的人，是否在某種程度上受外部障礙——亦即**機會**較少所阻撓？或者這些人之所以較不成功，是因為影響其**生活機會**的內在知識、紀律、價值觀等其他事物，本身就有所缺失？然而，對於追求意識形態勝利的人而言，這些正是他們企圖閃避的問題。

倘若約瑟夫．史迪格里茲偏好將生活機會作為議題，那是他的權力。但他駁斥其他人對社會流動性的信念為「神話」，則是將他對社會流動性的觀念強加在他人之上。此外，引用黑人與白人、女性與男性的收入差異作為證據，也只是徒增混淆，因為美國人只會認為背後的原因是來自外部的種族或性別歧視。

然而，有無數的實證研究都指出，黑人與白人並不具備相同的工作能力，女性與男性對經濟發展的影響也不同，最簡單的一項事實是，女性每年平均受僱時數較低，連續受僱年數也較少，而這些只是眾多差異的一小部分。[100]

早在一九七一年，那些高中畢業後便持續工作到三十歲的單身女性，其收入些微高於同樣經歷的男性[101]，儘管整體女性的收入並不如整體男性那樣高。而在一九七二至七三年間，雖然整體黑人學者的收入低於白人學者，但那些獲得高排名大學博士學位的黑人學者，其收入卻高於擁有相同學歷與發表相同數量論文的白人學者。[102]

史迪格里茲教授的論證並不特別。為收入再分配辯護的人，最常使用的意識形態武器就是「重新定義文字」，無論其探討對象為較不成功或較成功的社會成員。在討論較成功的群體時，他們經常會用「特權」一詞來取代「成就」。舉例來說，有位作者認為收入統計數據清楚楚地指出，「就年收入、教育水準和職業聲望來看，愛爾蘭天主教徒是美國社會中第二大特權團體」，而猶太人則是「最大特權的享有者」。[103]

此一陳述之所以可笑，是因為在十九世紀抵達美國的移民中，愛爾蘭與猶太移民可謂集貧窮與絕望於一身的族群，他們的生活環境之骯髒及困苦，我們如今看來或許會覺得不可思議且難以想像。

愛爾蘭人與猶太人能在下一個世紀，從如此痛苦的境遇中翻身，是他們的**成就**，不是特權。那是一個雇主會直接在招聘廣告中表明「不招愛爾蘭人」(No Irish Need Apply) 的時代，也是一個哈佛大學及其他菁英大學會對猶太學生採取名額限制，聘用的猶太籍教授更少（通常為零）的二戰前時代，因此，無論當代人如何想方設法利用文字遊戲將這一切稱之為「特權」，依舊掩蓋不了他們的成就是何等可貴。就連中產階級黑人，也曾經被說「享有特權」[104]，儘管他們的祖先最初來到美國時，可不是來當醫生、律師或老師的。

在討論外國族群間的成就差異時，也經常出現同樣的文字遊戲，而且操弄者不僅僅是媒體或政治人物，更包括許多嚴肅的學術出版品。舉例來說，儘管馬來西亞的公家機關與私人機構都對馬來人較友善，馬來人依然被描述成「權利被剝奪的人」[105]，而非馬來人則是「享有特權的人」[106]。同樣地，多倫多的日裔加拿大人也被描述為「享有特權的人」，因為他們的收入往往比該城市中的其他人要高[107]，但卻忽視了歷史上加拿大曾經有嚴重的反日歧視，且這股氛圍更於二戰期間達到高峰——加拿大政府曾出於安全理由，對日裔加拿大人進行拘留，且拘留的時間比日裔美國人還要長。[108]

簡單來說，這些族群所獲得的「成就」，就在被用「特權」一詞替換的文字手段下，他們所經歷漫長且艱辛的奮鬥被一筆勾消，儘管特權明明應該用來描述**事先**存在的條件，而成就則是指**事後**的存在。更重要的是，在討論不同族群間的貧富差距時，這種手段也讓生產力與行為消失於這類討論中。另一項策略則是武斷地將任何關於特定族群的負面資訊視為「刻板印象」而不予討論。此種操弄文字的手段是取得真相的障礙，只是為了避免那些不受再分配主義者歡迎的事實被散播出去而已。

除此之外，當所有的注意力被集中到因成就所得到的報酬時，這樣的論述忽略了這些成就同時能為其他人帶來的好處（無論我們指的是雇主、病人、顧客或是任何接受商品與服務的人），以及那些人願意掏出自己的錢來購買這些好處。與其他情況相同，在討論因生產而獲得的「收入分配」時，**生產力**經常因為文字把戲而徹底失蹤。就好像真正重要的，只有A與B之間的收入差異，完全忽視兩人各自的成就為C、D、E與其他人所帶來的益處。

只關注不同成就所獲得的不同利益，經常導致人們忽視這些成就對整體社會的益處。回到史前時代，任何一位發明車輪或第一個想出如何生火的人，或許能獲得高於其他人的「優勢」，但更重要的是，這些事物對處在發展初期的人類而言，絕對是非常重要的人力資本。如果全世界的人類能同時取得這些進步，自然是再好不過的事。但比這個可能性更重要的，是這些重大的進步全部真實發生，促進人類邁向文明社會。

當今某些孩子所受的教育，讓他們更容易成為醫師、科學家或工程師，某些孩子的成長環境卻讓其更容易成為社會福利受惠者或罪犯時，兩者間並不只是單純的「優勢差異」。這些差異影響了整體社會的福祉。然而，卻有學者對大學基於學業成績來錄取學生的作法，深感遺憾，僅因為就他們的觀點而言，此種作法是在獎勵那些本就「享有特權」的人。如同奈及利亞積極分子強烈譴責的「技術的專橫」，卻沒有人去討論不同錄取標準對社會造成的影響。[109]

就某種意義來看，確實存在著「技術的專橫」，儘管其獨立於特定機構或社會之外、我們無法控制。舉例來說，醫療技術的具備與缺乏，可能攸關數百萬人的生死，這是我們無法逃避的既定現實——或「專橫」。而特定機構或社會唯一能做的，就是在社會先入為主的觀念與政治權宜之計下，認可此技術或從屬技術的價值。技術能帶來好處，即便是對那些不具備技術的人而言。紐約菁英高中與菁英大學的畢業生發明了小兒痲痺疫苗，這對全世界不同收入階級、不同種族、膚色、宗教與國籍的人，都是一大福音。

人們總是感嘆個人、族群或國家間所獲得的報酬差異有多大，卻鮮少去探討獲得不同報酬的人生產的商品或提供的服務是否也有很大的差異。並不是再分配主義者針對此問題所給出的答案與其他人不同，追根究底，這個問題根本很少被再分配主義者提起，更遑論回答。再一次地，生產問題又淪為模糊的背景，就像某些自然而然會發生的事情般。

那些針對極其富裕、握有大筆財富者的研究，以約翰・D・洛克斐勒（John D. Rockefeller）為例，或許會充斥著對其「貪婪」的斷言。但會做如此描述的人，往往忽略了最根本的問題：洛克斐勒究竟為其他人做了什麼，好讓數以千計的人們願意掏出自己僅有的積蓄，使他的財富變得更為雄厚？

不管「貪婪」一詞如何頻繁地出現，這個詞什麼也解釋不了，除非你認為對金錢永無止盡的渴望，能讓其他人主動掏錢給你。雖然「貪婪」無法解釋因果關係，但卻頻繁地出現在知識分子口中，有一句更古老的諺語或許傳達了最根本的事實：「如果願望都能實現，乞丐也能得到想要的一切。」無論貪婪是否能精確地描述一個人的性格，都無法解釋為什麼其他人要用錢來滿足他個人的願望。

財富數量也不能完全顯示一個人是否貪婪。假設一個小混混打劫一間夫妻共同經營的小店，為了不被發現甚至殺人滅口，即便他所搶劫的金額與工程師或外科醫師每月的收入相比根本微不足道，但他絕對是貪婪的。

以約翰．D．洛克斐勒的例子來說，他的發財之路始於十九世紀，透過自己創新的生產與運輸方式，大幅降低煤油生產與運送到客戶手中的成本[110]，成功讓煤油的價格下降。舉例來說，如今我們用來衡量原油的單位是桶，儘管現在運輸原油時，都是裝在油槽而不是裝在桶子裡，這正是由於洛克斐勒為了節省成本，用鐵路油罐車取代桶裝運輸的關係。

在這件事情發生前，燈泡尚未出現，所以諺語說：「黑夜將至，就沒有人能做工了。」許多勞動階級負擔不起每天點幾小時蠟燭或油燈，在黑夜降臨後，除了上床睡覺就沒有其他選擇。但在洛克斐勒改革了煤油的產製與運輸方式，使其價格大幅下跌後，普通市民也終於負擔得起在黑夜裡，透過煤油燈擁有數小時的光亮。

這些人所購買的，是每年數百小時額外的光明。有數百萬人願意用錢來拓展生命，一點都不讓人驚訝。

我們將太多如今擁有的好處視為理所當然，導致我們難以想像往昔的生活曾經多麼地不同，更不用說去理解那些讓人類得以突破嚴格限制的跨時代進步。

根據推測，多數十九世紀早期的美國人，終其一生的活動範圍都在其出生地半徑五十英里內的地方[111]。鐵路與汽車大幅開拓了人們的世界，尤其在二十世紀早期，當亨利．福特(Henry Ford) 大量生產汽車，使產製成本大幅降低之後。此一改革讓汽車從有錢人的奢侈品，成為大眾觸手可及的事物。

此歷史性的產能擴張，讓數百萬人得以拓展生命，而亨利．福特所創造的財富，不過是偶然的副產品。為什麼有人認為自己有權干涉這樣的過程，儘管他們什麼都沒付出，還試圖替他人做決定卻不必為錯誤的決定付出任何代價？這也是我們這個時代諸多令人疑惑的謎團之一。

許多具歷史意義的財富，來自於新產品的生產、舊產品的品質改善或價格降低，或兩者兼具。同樣的道理也適用在較平凡的情況下，擁有其他技術的人能藉此改善他人的生活並換取報酬，無論這些技術指的是醫師治癒病人的能力，或載著數百名乘客飛越數千英里的機長。獲得有價值的技術來從事這些工作，是一項能造福他人的**成就**，而非某些犧牲他人以換取自身利益的「特權」。無論用多麼巧妙的文字遊戲，都無法混淆此兩者根本上的不同。

再分配主義者或許會要求拿出證據，證明所有的財富或高收入都是透過此種方式累積而來，但這只是將舉證責任推給他人，而不是讓那些企圖限制其他人活出自我人生、做出自己有能力去做的經濟決策的人承擔起舉證責任。沒有任何道理能讓如今的知識分子或政治人物，繼承數世紀以前的君權神授地位。

市場經濟不完美嗎？是的！人類的一切事物都不完美，包括市場經濟的替代方案。如同一位知名學者所言：「對人類制度的研究，永遠都像是在尋找最可容忍的不完美。」[112] 但這並不意味著我們必須維持現狀。這既不可能，也不曾做到。即便連知名保守派人物，從十八世紀的埃德蒙・柏克(Edmund Burke)到二十世紀的彌爾頓・傅利曼，都提倡重大社會改革❺。他們反對某些改變，並不意味著他們反對所有改變。「改變」一詞可不是自我放縱的

❺柏克花了數年的時間對壓迫當地民眾的英國駐印度總督進行彈劾，此外更提倡廢除奴隸制，此觀點對當時西方文明而言絕對屬於極少數派，更幾乎不存在。柏克甚至草擬了讓奴隸重獲自由的計畫，給予他們在重獲自由後可作為其人生起點的財產。彌爾頓・傅利曼則提倡對公立學校及聯邦儲備體制進行徹底的改革，以及透過負所得稅給予低收入戶補助。柏克說道：「不具備改變能力的國家，也不具備存活的能力。」彌爾頓・傅利曼更出版了一本書，名為《現狀的暴力》(*The Tyranny of the Status Quo*)。

空白支票，更不是在此概念下衍生的放縱行為，此概念只會將其中一方塑造成抵抗邪惡勢力的義勇軍，無論這樣的世界觀是多麼地自以為是。

另一個更危險的幻覺則是，認為生活機會毫無疑問是不公平的，這會讓政治人物控制該國更多資源、甚至是干預我們每個人生活的權力。這種想法造成的歷史絕對發人深省。絕大多數社會主義與共產主義政府都因為適得其反的後果，不得不於二十世紀末放棄中央計畫經濟；還有福利制度擴張所帶來的物質補貼，反而讓英國和美國的某些族群經歷了痛苦的社會倒退，甚至對整體社會造成危害。

最重要的是，無論要做什麼改變，首先我們都必須誠實面對當前處境的真相，無論這個真相是可接受或難以接受的，因為「改變」就意味著「進步」。就此點而言，本書若能提供關於真相的一小部分，其目的就已達成。我們永遠不缺草擬政策藍圖的自告奮勇者。我們只期待那些政策能根基於真實世界的客觀事實，而不會被華麗修辭或成見所困。

結 語

鮮少有如同收入及財富差異此類題材，能挑起如此大的情緒波動，尤其當這些差異存在於個體終其一生所屬的族群間，如種族、種姓、部落或國家（按持久性排序）。人們可以透過移民來改變國籍，但改變種族此一選項，只對少數具混血血統的人有意義，且對他們而言，付出的心理代價往往是他們最不願意碰觸的，亦即放棄自己的出生。❶出生在以宗教定義的族群，如猶太教與摩門教，也擁有重新選擇的權利，只是他們鮮少

❶在美國黑人之中，這樣的歷史人物包括了「普萊西訴弗格森案」中的荷馬・普萊西 (Homer Plessy)，以及美國全國有色人種協進會 (National Association for the Advancement of Colored People) 二十世紀中期的領袖沃特・懷特 (Walter White)，他們在生理上與白人無異，但選擇在社會上保留「黑人」身分。深具里程碑意義的美國最高法院「普萊西訴弗格森案」之所以能成立，是因為普萊西的律師事先通知其預備搭乘的鐵路公司，一名被歸類為黑人的男性將透過搭乘一輛限白人乘坐的鐵路車廂，來挑戰種族隔離政策。倘若普萊西不表明自己的種族，只是單純地走進那節車廂坐下，幾乎沒有理由會讓他被人質疑、更遑論被起訴，但整件事的目標就是留下可追查的法律案件，好在法院上對種族隔離進行挑戰。

會這樣做。因此，那些自身在經濟上表現不錯、但其所屬族群並非如此的人，對於不同族群間存在的收入與財富不均現象所抱持的擔憂與仇恨，挑動了許多人的情緒。確實，即便那些個體或其所屬族群的發展已經比社會上其他族群來得富有，仍舊會有道德議題浮現，關注那些較不富裕者是否能得到足夠像樣的生活條件與「社會正義」，無論正義如何被定義。

圍繞在收入與財富議題上的強烈情緒，也讓謹慎與如實的用字遣詞變得重要，倘若我們的目標是真理，而不是在咬文嚼字的比賽中取得意識形態上的勝利。在那些我們必須謹慎區分的事物中，包括了因果關係與譴責，以及生活中普遍存在的不公與特定制度或社會下具體存在的不公平。

因果關係

道德與因果論述同樣重要，但將兩者結合，即便沒有直接言明，也只會導致混淆，「檢討受害者」(blaming the victim)的口號就是最好的例子。這句話精確提出了，特定個人、族群或國家之所以表現不好，是否正是因為他們是其他人的受害者。對一個人來說，生來眼盲或跛腳毫無疑問地是一場悲劇，但這並不意味著有人傷害了他。畢竟，還有太多人類以外的因素——各種地理特徵就是最明顯的例子。對某一群體、種族或國家而言，身處在一個較不利繁榮發展或進步的地理位置上，絕對是一個重大且根本性的悲劇，但此一情況並不代表有人迫害他們。

多數時候，想要判定特殊個人或族群的不利因素源自於何處，絕非易事。因為在特定制度內所蒐集而來的數據，或許會**傳遞**出某種負面結果，但這並不表示蒐集到這些數據的制度，就是導致此一結果的原因。部分醫院的死亡率明顯高於其他醫院，但這是因為該醫院擁有技術最高超的醫師以及最先進的醫療設備，因此其治療的病患往往有著最難處理、甚至危及性命的症狀，是其他設備不足的醫院無法應對的。處理日常醫療情況如接生、斷腿為主的醫院，其死亡率自然會比經常進行重大手術，像是開顱或心臟移植手術的醫院來得低。設備更先進醫院所存在的高死亡率，**傳遞**出一個並不是醫院本身所造成的問題。就此例而言，事實就是該醫院的病患病情較嚴重，但這並不能怪他們或醫院。

經濟與社會制度下的結果也是如此。特定制度下的負面結果，總是或多或少地被自動歸咎為正是這樣的制度所導致。舉例來說，在蒐集特定行業內不同種族背景人員的僱用、薪資與升遷數據後發現，不同類別成員間在這些面向上的差異，並不意味著**導致**這些差異出現的原因，就出在蒐集到這些**傳遞**出差異訊息的行業身上。

許多數據或常見的觀察指出，在不同環境與不同族群下成長的孩子，早在他們踏入職場的數年之前，其在學校或社會中的行為與表現就不一般。然而法院卻接受從特定行業中所蒐集而來的「差別影響」(disparate impact) 數據，作為特定行業中存在歧視的證據。同樣地，特定測試結果存在的族群差異，往往會讓該測試被視為「有偏見」的，只要測試的分數會**傳遞**出受試者之間的差別，就會被指控這樣的差異是因為題目是以白人文化為出發點所**導致**的，即便事實上，亞裔美國人在這些測試中的分數比白人更高。

個人、族群或種族或許會因為自己的文化背景而受限，就如同他們也會受地理位置限制一般。但無論就哪一種情況來看，他們的不幸並不一定意味著受到迫害。儘管文化屬於人為，但通常是由前人所共同締造的，這樣的文化自然不是在抱持著對後代的敵意下所刻意創造的產物。簡而言之，倘若想要嚴謹對待真相，就不應該用那些吸睛的句子，操弄著文字遊戲，理所當然地將不幸曲解為迫害。指出在世界變遷下，可能存在著與進步背道而馳的文化模式此一解釋，絕不是在「檢討受害者」，除非是那些喜歡在言詞上攻擊說出不受歡迎的事實的人。

譴責的在地化

那些只想指責、而不是找出因果原因的人，經常會試著找出可供責備的在地素材。舉例來說，保羅．克魯曼教授就表示奴隸制是「美國的原罪[1]」，儘管在數千年的歷史記載中，奴隸制幾乎可謂舉世皆然的惡行。有人會稱癌症為「美國的可怕疾病」嗎？毫無疑問地，癌症對許多美國人而言是最可怕的惡夢，但這並不是本國所專有。在這件事上美國要說有任何不同，絕不是因為美國人飽受癌症摧殘，而是美國醫師與醫療研究者站在抗癌的最前線，並讓美國在各種癌症上都擁有全球最高的存活率。[2]

就同樣的思路來看，奴隸制度並非美國特有，更不是白人社會或西方文明的產物。西方文明的特別之處不在於其就跟全球的非西方文明一樣，曾經有過奴隸制度，而在於西方文明是摧毀奴隸制度這股力量的源頭——那場延續超過一世紀的運動，站在許多場鬥爭的最前端，並成功克服非西方社會的反對[3]。只有十九世紀與二十世紀初的西方世界，擁有那樣的軍事霸權，讓那些在西方帝國主義時期下被征服或被威脅的國家，強制廢除奴隸與許多其他事物（包括好、壞或兩者兼具）。

將奴隸制度描述成「美國的原罪」，絕非克魯曼教授才有的口誤。許多知識分子與其他人表現得好像奴役人類同胞是白種人才有的行為，或資本主義、帝國主義社會下才有嚴重貧富不均的問題，儘管有大量反面的歷史記載，也儘管在其他經濟與社會體制或其他種族與宗教之下也留下了恐怖的痕跡，其程度等同或超越西方社會或資本主義及帝國主義下的情況。

數千年來，世界各地人類共通的惡行，無法像那些能歸罪於特定或當地對象，且能被任何人類信仰之物移除或取代的邪惡一樣，給意識形態大軍一個目標。而人類共通的邪惡與墮落，或許意味著即便是當前那些掌權者手下最徹底、最令人悲痛且血腥的勝利，或許也只是相同的悲劇在不同的主角身上上演罷了。法國大革命之後的暴政與屠殺，就與其所取代的前王朝一樣可怕。二十世紀，當共產主義、法西斯主義與納粹主義取代了壓迫性的君主制王朝後，情況變得更糟。

「美國的原罪」此一錯誤論述，引發了另一連串的錯誤論述，其中包括用「奴隸制度後遺症」來掩蓋所有如今發生在黑人貧民區的社會病態。在此兩種錯誤論述下，純粹的複誦取代了經驗實證。如今黑人單親家庭數量或謀殺率，是否從奴隸制廢除後就一直存在？是否在一九六〇年代後急劇上升至當前規模？這樣的問題鮮少被提出來，更遑論給出答案。在一九六〇年代，絕大多數的黑人孩子是在雙親家庭中長大，但在一九六〇年代以後，這樣的情況卻不是常態。

如今黑人社區暴力氾濫，且公共住宅尤其嚴重的情況，在過去也並非如此。儘管就紀錄來看，黑人社區中家庭破碎與暴力發生的比率確實高於美國整體人口，但這在其他低收入族群中——無論是美國或他國，也無論這些族群是否曾經是奴隸，這樣的情況都不罕見。無論如何，二十世紀中期美國黑人出現的單親家庭或暴力犯罪比率，都不及今日這般高。在那令人遺憾的一九五〇年代，黑人男性的謀殺率甚至出現下滑，但此一走勢在那令人歌頌的一九六〇年代驟然逆轉，緊接著迅速攀升至顯然比一九五〇年或一九六〇年更高的程度[4]。在一八九〇年至一九七〇年間的每一次普查中，黑人的勞動參與率都高於白人，但在一九七二年以後的年度普查，情況則恰好相反[5]。這樣的反轉就出現在福利制度大幅擴張時期，而不是奴隸制度時代。

問題並不在於某些人不清楚這些事實。最根本的問題在於，他們選擇不去查證事實，就做出武斷的主張，而這些武斷的主張在沒有任何證據且與顯而易見的事實相反下，被廣泛地接納與重申。

多重因果關係

在人類存在的漫長歷史中，一直到最後一〇%的時間裡，才終於出現如今被我們視作文明的產物，這一事實對當代的我們意義深重。即便是如今最落後的種族或國家，也比人類史上絕大多數的種族都來得先進。難道數千年來，所有人類種族的基因都比較差嗎？或者是因為有其他因素阻礙了他們呢？

最明顯的因素就是史前時代的孤立，以及孤立在日後所扮演的角色。在古時候，狩獵採集的移動範圍深受侷限，能接觸到的其他狩獵採集者，也同樣受限。一位住在斯堪地那維亞的狩獵採集者，要如何感知到亞洲或甚至只是南歐的其他狩獵採集者的存在？遑論橫跨大陸進行商品交易、思想交流或基因上的交換。即便今日，我們仍舊無法在那些居住於孤島或偏僻山村聚落的人身上，尋求人類知識的突破，更不用說那些無論身在何處卻因為文盲而與世隔絕者。這些人或許需要傾盡全力才能活下去，因而無餘裕去追趕那些身處在更進步環境中的人。

至少，這意味了真正孤立的人類──就連透過閱讀來瞭解其他人類行為也做不到的人，將無法施展自己任何一丁點的潛力，倘若他能浸淫在當代人所創造的知識、傳承數世代所積累下來的智慧，或許潛能就會受到激發。確實，即便是一百名或一千名孤立、僅認識彼此、對其他同代人及祖先一無所知的人類，鮮少能製造出任何讓世界上其他人注意到的事物。

然而，並沒有任何證據指出人類的基因在其存在的最後五%或一〇%的時間裡，出現劇烈改變。也沒有任何實證指出，那些在農業上首度做出世界級突破的特定種族——如中東、印度次大陸或古代中國，其基因在當時或現在都比較優越。而這些地區，亦不是如今最繁榮或最先進的地方。

此一事實與其他諸多事實一樣，點出更有可能是因為大量因素的加總及交互作用，才能帶來「文明」這樣的成果。絕大多數的因素數千年來一直都在，但在其他必要因素或滿足文明的先決條件以前，都是無效的。然而，當農業出現了，且規模足以促進都市的發展後，許多進步接連發生。在歷史記載的數千年間，孕育出廣泛的人類進步，這些全是由那些不懂得灌溉種子以收穫作物的人其後代所完成。而這樣的文明進展也讓現在的人類可以登陸月球，將複雜的科學儀器送上太陽系以及更遙遠的外太空。人類不同時期下所出現的巨大成就差異，讓當今人口間的貧富差距議題顯得微不足道。然而不同時期下的成就差異，卻顯然不能以迫害或基因來解釋。

即便在亞馬遜叢林或世界上許多孤立之處生活的人，確實因為其他身處較幸運環境者所製造出來的商品而獲益，但他們進步的腳步如今卻尚未完全展現。

倘若需有一定數量的要素加總在一起，才能創造出特定的結果——無論我們談的是龍捲風或經濟發展，那麼很有可能這麼多的要素在數個地方同時出現，卻只有極少數地方，或甚至只有一地，恰巧集所有要素於一身。假如某項行動需要具備十個要素才能成功，這就意味著具備了九項要素的個人或族群，未必能取得九十分的成功。他們很可能會徹底失敗。最終成果的分布可能是非常不平均的，就像地球上的龍捲風幾乎都發生在一個國家之內，或者三位職業高爾夫球選手贏走了PGA兩百座獎盃，然而絕大多數的職業高爾夫選手終其一生都抱不回一座。

了不起的經濟、科學或知識成就，都涉及了眾多因素，而一切就從企圖在某件行為中取得成功的渴望開始。倘若缺乏渴望，所有的能力與機會都失去了意義，就如同缺乏能力，所有的渴望與機會也失去意義一樣。這意味著，個人、族群或國家或許擁有達成某一特定成就的部分或近乎全部的先決條件，卻仍在成功的路上一無所獲。然而，這樣的個人、族群或國家，也很有可能在某個瞬間，因為獲得了缺失的要素，或所有要素終於加總在一起，而獲得空前絕後的成功。

曾經深陷貧窮與落後，卻在一瞬間躋身於人類進步前沿的國家，包括十九世紀的蘇格蘭與二十世紀的日本。但還有更多社會現象點出了同樣的方向，可作為多重因果關係的例子。

我們是如此習慣於見到猶太知識分子帶來無數世界級的貢獻，因此我們有必要回想這樣的情況——事實上是在十九世紀與二十世紀間才出現的現象。在早期幾個世紀間，雖時不時地有個別猶太知識分子獲得跨國的聲望，但二十世紀間猶太裔諾貝爾獎得主大量激增，是一種嶄新且出乎意料的現象。由於猶太人作為一個獨立民族的歷史已有數千年，且素來有崇尚學習的傳統，那些讓他們於十九世紀脫穎而出的要素，有許多事實上都存在已久。但數世紀以來，歐洲的猶太人被剝奪了基督教徒才能享有的權利，中東的猶太人則被剝奪了穆斯林才能享有的權利，讓他們遲遲無法進入大學。

第一個讓猶太人像其他人享有一切權利的基督教國家就是美國，發生在十八世紀晚期，當時美國憲法禁止法律中存在任何宗教區別。在一七八九年的法國大革命後，法國也給予猶太人同等的權利。隨著歐洲對猶太人的限制開始鬆綁，猶太人開始湧入、緊接著是占據了大學校園。先前失去的那項要素，終於歸位了。

相反地，長久以來一直擁有高度成功要素組合的特定個人、族群、制度或國家，很有可能因為這些組合中的單一要素發生內部改變，或外在環境出現變化，導致該制度、族群或國家瞬間從特定領域的最前端掉落。例如，稱霸全球攝影裝備與供給超過一世紀的伊士曼柯達公司（Eastman Kodak Company），其霸權隨著二十一世紀早期全球開始追求數位相機，導致底片、底片相機與沖洗相片所需的化學品及設備變得落伍後，瞬間結束，甚至破產。❷

而中國在數世紀間經歷的歷史性衰退，讓其從人類進步史上最前沿的國家，一路掉落成第三世界國家，飽受其他強國各方面的侵略，全都只是因為其十五世紀的統治者決定切斷中國與外界的一切聯繫。不過是失去一項先決條件——統治者夠理性而能避免做出自我毀滅的政策，就足以抹煞那些讓中國在數世紀以來一直保有歷史成就的正面特質。

特定行為的成功需要特定先決條件的加總，這使得其他具備多個但並非全部先決條件的個人、族群、制度或國家因而無法成功，如同上述情況，某項行為的先決條件在數量或種類上的變化，也可能導致個人或族群在某些或絕大多數的領域中皆嚴重落後他人，卻在其他不需要那特定特質，或他們所缺乏的條件並不會造成影響的特定領域中脫穎而出、甚至稱霸，即便該領域中的競爭額外激烈。

因此，在美國的愛爾蘭移民與其後代有極高比例為無技術勞工與家庭幫傭的年代裡，他們也同樣是某些運動領域（如拳擊或棒球）及受歡迎藝人的代表。

---

❷最諷刺的地方在於柯達對於數位相機的出現，一點都不感到驚訝，因為數位相機就是在柯達內部誕生的。如同許多情況，掌握事實並不等同於看清事實所具備的意涵。

運動與演藝圈絕對是一個高度競爭的場域，追逐者眾、成功者少。然而，那關鍵的特質、才能與才華是與生俱來的，不需要正規教育的精心培育，或長期接受專家培訓等只有極少數人才負擔得起的條件。其他低收入、缺乏教育傳統、嫻熟的產業或商業經驗的美國人，也追隨了愛爾蘭裔美國人的腳步，且不僅在運動與演藝事業此一大範疇之下，而是特別專注在那些愛爾蘭裔美國人曾經大放異彩的特定運動項目與娛樂事業中——亦即拳擊與棒球，而不是馬球或高爾夫；大眾音樂而不是交響樂，雜耍演員而不是芭蕾舞者或莎士比亞劇的演員。

無論對一項技術或才華的需求有多高，也無論能登峰造極的人有多少，當特定行為的先決條件不需要精心和正式的基礎根基（像成為科學家、外科醫師或工程師那般），經濟與教育程度落後的族群，在這些領域中脫穎而出的比例往往非常高，這不僅僅是指數量上，更包括那些登峰造極的比例。

十九世紀一直到二十世紀早期是愛爾蘭裔美國拳王的時代，從約翰・蘇利文 (John L. Sullivan) 到吉恩・坦尼 (Gene Tunney)，緊接著是一九三〇年開始由傳奇拳手喬・路易斯 (Joe Louis) 開啟黑人拳王的時代❸，他至今仍是重量級拳擊賽一拳K.O的紀錄保持人。數十年

❸早在一九〇八年就有一位重量級黑人拳擊冠軍傑克・強森 (Jack Johnson)，但黑人拳王相繼出現則要從喬・路易斯才開始。

後，黑人的拳王時代又由西裔美國拳王所取代。同樣的情況也發生在棒球界，儘管一九四七年以前禁止黑人參加美國職棒大聯盟（也就是職棒大聯盟開始的半個多世紀裡），卻有連續七年，美國職棒年度最有價值球員獎的得主不是白人[6]。現在，職業生涯中擊出最多全壘打的前十名選手中，有五名是黑人[7]。同樣地，在黑人主宰棒壇的時代之後，緊接著的是西裔棒球球星的時代。❹

在那些就經濟與教育來看較為落後、卻誕生許多運動與娛樂圈明星的族群中，不只有特定種族，更包括了南方白人。儘管南方白人在美國白人中所占的比例一直不超過三分之一，但在生涯打擊率排名最高的前五名白人選手中，卻有四名出身南方——喬治亞州的泰・柯布（Ty Cobb，打擊率〇・三六七），德州的羅傑・霍斯比（Rogers Hornsby，打擊率〇・三五八）、南卡羅來納州的無鞋喬・傑克森（Shoeless Joe Jackson，打擊率〇・三五六），還有德州的特里斯・史畢克（Tris Speaker，打擊率〇・三四五）。

❹一九九〇年，職棒大聯盟的球員中，有一七%為黑人，一三%為西裔。然而，到了二〇一四年，僅有八・二%的大聯盟選手為黑人，有二八・四%為西裔。〈美國娛樂史下，既非黑人也非白人的拉丁裔〉(The History of Latinos in America's Pastime Isn't Black and White)，《我們熱愛的運動：運動新聞與一二五年的棒球》(*The Game We Love: The Sporting News and 125 Years of Baseball*)，二〇一五年，第二七頁。

前五名唯一不是南方人的艾迪・迪拉杭提 (Ed Delahanty)，生涯打擊率則為〇・三四六[8]。其職業生涯開始得比較早，從十九世紀晚期一直到二十世紀早期，並與其他愛爾蘭裔棒球明星同期，如威利・基勒（Wee Willie Keeler，生涯打擊率〇・三四三）、艾迪・柯林斯（Eddie Collins，〇・三三三）、約翰・麥格勞（John J. McGraw，〇・三三三）、詹姆士・愛德華（提普）・歐尼爾（James Edward (Tip) O'Neill，〇・三二六）、羅傑・康納（Roger Connor，〇・三一七）、吉姆・歐魯克（Jim O'Rourke，〇・三一〇）和麥克・（金）凱利（Michael (King) Kelly，〇・三〇八），在其職業巔峰時刻，曾於一八八四年創下國家聯盟 (National League) 打擊率〇・三五四、一八八六年〇・三八八[9]。該時代的愛爾蘭裔投手球星包括了「鐵人」麥克金尼堤 ("Iron Man" McGinnity)，曾在六季國家聯盟賽事中出場數最高，一九〇四年勝投三十五場，自責分率一・六一，更因在雙重賽中連續出場而聞名。[10]

儘管有些人認為這是因為運動僅講求身體能力，但在涉及到娛樂、尤其是音樂家與音樂作曲者方面，這些落後族群脫穎而出的情況更令人難以置信。同樣地，在娛樂圈裡也有一條壁壘分明的界線，某些項目講求正式的教育與培訓，像是芭蕾舞與古典樂對比流行樂和舞蹈，就後者而言，個人的才華與創造力更為關鍵。在樂器之中，小提琴需要正規的訓練，相比之下鋼琴能依靠自學，儘管成為極受歡迎的鋼琴家實屬非常罕見的成就。在此領域內，美國黑人不僅表現亮眼，甚至出類拔萃，創造了一股盛行於美國、甚至是風靡全世界的音樂流派。黑人作曲家以斯科特・喬普林 (Scot Joplin) 和威廉・克里斯托弗・漢迪 (W.C. Handy) 為代表，於二十世紀早期開始嶄露頭角，在他們之後則是由艾靈頓公爵 (Duke Ellington) 引領另一股更為嶄新、成熟的音樂流派。

同樣地，無論是在娛樂圈或運動圈，黑人在某些領域取得成功之前，愛爾蘭人已在同領域取得相似成就，而西裔美國人和南方白人則緊迫在黑人之後。二十世紀早期，出現多位知名愛爾蘭裔美國歌手，尤以在二十世紀上半葉獨領風騷的平・克勞斯貝 (Bing Crosby) 堪稱巔峰，他也在一九四七年的電臺民調中，獲選「當代最受歡迎者[11]」。人們皆稱，透過唱片、電臺播放與電影，他的聲音是當時被全世界最多人聽過的聲音。後來開始有西裔藝人與南方白人藝人，從地方出名一路演變成全國知名，其中「貓王」艾維斯・普里斯萊 (Elvis Presley) 更是聞名全球。在美國《告示牌》(*Billboard*) 雜誌二〇一〇年的「一九五五年至二〇〇九年間的百大藝人」(Top 100 Artists 1955–2009) 排名中，第一名的貓王遙遙領先位居第二的披頭四 (The Beatles)。[12]

即便是運動，要在某些領域取得成功，顯然需要的不只是身體的技能。這些包括了因為聲望而讓其進入棒球名人堂的棒球播報員，像是瑞德・巴柏 (Red Barber)、梅爾・艾倫 (Mel

Allen）、拉斯・霍吉斯（Russ Hodges）和厄尼・哈維爾（Ernie Harwell）——這四人全都是一九四〇與五〇年代運動賽事廣播鼎盛時期的的播報員，且全是南方白人[13]。此一事實特別了不起的地方在於，這些播報員開始嶄露頭角的年代，是整個南方沒有半支大聯盟球隊的時代。因此要成為厲害的聯盟播報員，他們必須先搬到美國的其他城市，並和其他本地人競爭以獲得工作，再接著成為該領域的佼佼者。

儘管每塊大陸上的多數山地居民都處於貧困及落後之中，但仍有一個領域，是這些人表現異常出色的。數世紀以來，各式各樣精美的手工藝品讓世界各地的山地聚落聞名於世。在受全球歡迎的山地手工製品之中，包括了來自瑞士、法國及德國南邊黑森林地區的克什米爾披肩、手錶與時鐘[14]。由於山地對外的運輸成本高昂，因此僅有高價且體積小的工藝品能在低地市場中販售，並成功打敗低地的產品。過去數世紀間，希臘班都斯山脈上的村落在金屬製品及羊毛織品上發展出極為精湛的技藝，製造出精美的金銀手工製品與精美的刺繡羊毛織品，稱霸伊斯坦堡至維也納的市場。希臘、義大利與摩洛哥山區的絲織品也曾經風靡一時，儘管最後成為絲織品發源地亞洲的手下敗將。[15]

在安地斯山脈，編織技術則被應用在駱馬的毛髮上[16]。出自西藏山地的許多高品質手工藝品，也是誕生在與世界各地其他山區同樣條件的社會中，亦即冬天有大量閒餘時間待在室內，讓這些特殊技藝有發展與變得嫻熟的機會。西藏人利用本地生產的金與銀，製造出珠寶，再利用當地的木頭設計並雕刻出各式各樣的藝術品。放眼世界各地，其他的山地與高地居民也同樣利用在地資源，製造出各式各樣特有的產品，像是娃娃、毯子、蕾絲與小提琴的琴弦。如同一位知名地理學家曾經說過：「絕大多數的山區產業都只是為了彌補稀缺的農業資源；其代表了那些勤勉但生活壓力沈重的人們，為求生存而做出來的努力。」[17]在這樣的過程中，許多人成為技術精湛的編織者、陶器家、染料製造家、木頭雕刻家、石匠和珠寶匠。[18]

就算某些族群曾在某些時代或甚至是數世紀間，無比落後、貧困且發展停滯，我們仍很難找到大量人口因為缺乏技藝與才華，以至於僅能從事所謂「砍柴挑水」的工作，儘管某些福利制度的政策與施行，已經將部分人口的能力下降到無法或甚至不願意設法擁有最基礎的生產力。

儘管不難理解落後族群也能找到某些適合自己從事的事，但最讓人驚奇的是，他們的表現與一般大眾、甚至是那些在其他方面往往領先許多的人相比，有時不只是適合，甚至更能登峰造極。不過，這似乎也符合了落後族群與進步族群在本質上並沒有太大差異的論述，真正的差別還是在於是否具備某一領域中，取得成功的全部要素。因此，即便落後族群擁有絕大多數的要素，卻很可能缺乏某部分來自內部文化或外部環境的要素。

因此，當那些無法在某些領域開花結果的固有潛能，在那些滿足先決條件的領域中爆發出來，從而讓那些在別的領域落後於他人的族群，得以在其他領域登峰造極，這樣的情況也就不足為奇了。另一項同樣符合此一假設的事實，就是某些族群擺脫落後的狀態——愛爾蘭裔美國人就是最典型的例子，他們開始在美國各領域中成為領先群雄的一股勢力後，在運動圈與娛樂圈中的主宰地位也開始衰退。

在此一背景下，許多當前的假設與信念都站不住腳。當代諸多信念中的其中一個，就是落後族群需要的是降低現存門檻，如此一來，其成員就能透過各式各樣的「平權行動」來進步。然而，在那些落後少數最常發光發熱的領域裡——尤其是運動圈與娛樂圈，最為人所熟知的就是異常激烈的競爭，即便是王牌也可能因為表現開始退步而被無情地拋棄。換言之，落後少數發光發熱的事蹟，恰好與平權行動的主張完全對立。他們是在激烈的競爭中取得真材實料的成功，而不是在平權主張的配額下，取得虛有其表的成就。

平權行動的提倡者認為，他們可以單純地給予落後族群獲取成功所需的因素，像是幫助他們在大專院校接受高等教育等等，但卻不明白這麼做往往很難抵銷多年來不合格的教育品質，或不良習慣所帶來的負面後果。相反地，平權行動大多時候只是讓那些擁有成功先決條件的少數族群學生，進入不適合、且多數普通人也可能陷入泥沼的學術機構中，變成人為的失敗者。當數學成績排名為前一〇%的黑人學生進入麻省理工學院後，他們只會成為墊底的那一〇%，只因為其他學生都是排名前一%的學生。在這些黑人學生中，有超過五分之一選擇輟學，而剩餘的學生，絕大多數表現都比白人同學要差。[19]

換句話說，那些在多數高等學府裡能成為書卷獎候選人的黑人學生們，卻在人為干涉下，淪為麻省理工學院裡的失敗者。相反地，當加州大學體系禁止採用任何平權行動後，黑人與西裔畢業生的數量開始大幅增加，且成績更好，也有更高比例的畢業生是來自更具挑戰性的領域，如數學、科學與工程學系。

我們此一時代的另一項主流觀念，則是認為在沒有其他人的惡意下，所有族群都應該能獲得相同的財富成果。但無論是較幸運或較不幸運的族群，皆不符合隨機分布。相反地，不同類型的族群在不同種類的領域中，有著非常不同的分布模式。在那些將結果差異歸因於外部障礙，與將結果差異歸因於內部缺陷的兩派激烈爭執中，雙方皆經常忽視人們**想做**、或**不想做**某事的可能性。這些文化形塑的選擇，在某些情況下讓「能力 vs 障礙」的二分法變得無效。即便集人間所有才華於一身，且機會的大門也敞開著，沒有慾望去做某件事的人，自然不太可能會去做，無論其能力是優異或拙劣。

有鑑於許多領域都需要同時具備多重條件才能取得成功（其中包括了就算具備許多或甚

至近乎全部的條件，最後仍可能一事無成的領域），我們沒有理由預期成功呈平均或隨機分布，也沒有立場去預期隨著時間推移，成功應一直呈不平均分布——尤其當特定先決條件也會隨時間而改變時。認為較不幸運者命運受他人惡行剝削的普遍假設，自然也無法在邏輯上說服人，更遑論拿出證據，然而這樣的論述已經透過「差別影響」此一歧視理論，在美國法院上變得普遍，相似的論述亦頻頻在其他國家出現。

所有不存在惡意的情況皆應得到均等成果的假設，同樣也可能導致不正確且悲劇性的結論。當馬庫斯・惠特曼 (Marcus Whitman) 醫師於一八四七年抵達美國西北部地區，治療罹患麻疹的美國印第安原住民與美國白人時，印第安人的死亡率估計為五〇%，而白人的死亡率則為一五%。但印第安人並不認為這個牽涉到摯愛與至親的死亡機率，只是隨機。他們將這些死亡視為惠特曼醫師的惡行，殺死醫師及其妻子，並屠殺剩餘的白人或將其變成奴隸[20]。然而，患病的白人與印第安人在某項關鍵因素上並不一樣，具有歐洲血統的白人接觸過許多疾病，但印第安人過去從未接觸過這些疾病，也因此沒有任何抗體。

中世紀的歐洲在某些時期也經歷相似的情況，像是傳染病開始蔓延時。當猶太人的感染率及死亡率顯著低於非猶太人時，煽動者成功說服某些人，指出猶太人勢必就是此傳染病背後的原因，而且他們只知道保護自己。當夠多人相信這樣的言論後，就有可能為猶太人帶來大規模的暴行。但當時的人們並不明白，傳染病的主因是肉眼看不見的微生物。而猶太人的宗教習俗要求他們在每一餐之前都要進行禱告，不能帶著骯髒的手來到上帝面前，所以他們在每次用餐前都必須洗手。當時的猶太人與非猶太人都不知道細菌的存在，但文化差異對傳染病感染風險的影響，帶來了天壤之別的後果。

因為統計數據上的差異，讓人們陷入邪惡是背後成因的莽撞結論中，這絕非第一次，也不會是最後一次。錯誤假設不僅僅是知識分子的失誤，其造成的後果也絕不只有經濟損失。

目標

目標與事實非常不同——我們可以完全同意某件事實，卻追求截然不同的目標，而許多目標是基於一組對既存事實所抱有的特定信念。倘若世界上那些較不幸者之所以較為不幸，是因為他們是其他更幸運者的受害人，那麼換個想法，較不幸運者是缺乏地理、文化和其他優勢的人，而這些優勢並不是他們或其他人的過錯所造成，如此一來，改善情況的目標就會非常不同。有著極為不同觀點的人，除了可能在目標上出現極大差異外，他們評估進步的標準也很有可能不同。

某些人或許會認為人類總體繁榮程度，是衡量經濟成功的最重大標準。但其他人——尤其是那些深信貧者之所以貧窮，是因為他們淪為富人的犧牲品的人，或許會認為降低或消除經濟「落差」或「不均」等意味著「不平等」的情況，才是最重要的標準。許多人或許更偏好兩者兼顧，並認為兩者應當是相輔相成，然而兩者在權衡之下會於現實中無可避免地起衝突，無論就理論上來看，兩者的結合是多麼地令人嚮往。舉例來說，倘若人人的收入都變成兩倍，肯定能減少貧窮，但同時卻會加深經濟「落差」、「不均」與「不平等」的情況。事實上，某些國家在不同時間，的確經歷了實質人均收入翻倍的情況。

顯然，某些人重視繁榮的普及更勝於減少不平等，其他人則恰好相反。毛澤東死後，中國放棄共產黨對經濟平等主義的堅持，並在鄧小平的領導下，採取了更近似於市場取向的改革後（後者曾說過「讓一部分人先富起來」[21]），經濟成長率創下新高，更讓上億人得以脫貧[22]。那個曾經飽受飢荒摧殘的國家（包括毛澤東執政下導致數千萬人喪命的飢荒）如今變成了一個全國成年人口有四分之一過重的國家，就是一個變化的指標。但就跟所有時代與所有地方——無論是一國之內或國與國之間一樣，此種市場帶動的實質人均收入成長，並非均勻地出現在中國。

對那些能因此擺脫極端貧困所造成的嚴重匱乏者而言，繁榮的普及（即便不平等）比降低數據上的貧富差距，更為重要。一個低收入戶的母親，倘若她患病的孩子早夭的機率將因繁榮的普及而降低至一半，絕不會認為這件事無足輕重，更不會因為聽到有錢人家的孩子早夭機率同樣降低了一半或甚至更多，而覺得忿忿不平。

對「不均」、「落差」及「不平等」的過分關注，成為知識分子、媒體與政治人物的重要標誌。然而全球那些因為繁榮程度的提升、讓生活出現極大改變者，往往也是過去缺乏最基本條件的族群。因此，即便是再分配主義者也發現了低收入國家的人口成長率，比富裕國家更高[23]。而這些都得歸功於經濟成長帶來的繁榮，以及獲得富裕國家在醫療方面的知識。

如果愛德華·C·班菲爾德筆下那些二十世紀中期的義大利山地赤貧聚落居民們，後來能在自己的飲食中獲得多一點的肉類（就算只是漢堡或香腸），這對他們的益處絕對比富裕國家的人民買得起更多牛排或龍蝦來得有意義❺。買得起一輛摩托車對山地居民移動性的幫助，也絕對大過於富裕家庭買下第二輛勞斯萊斯。在《選擇的自由》(*Free to Choose: A Personal*

---

❺說一個我個人的經驗。年輕時生計窘迫的我，曾經將一套西裝拿去典當以換取購買食物的錢。從紐約下東區（當時這裡幾乎都是猶太社區）一家當鋪走出來後，我走進附近一家快餐店，點了一份猶太餡餅和橘子蘇打。許多年後，我曾在華爾道夫酒店、巴黎的餐廳或白宮裡用餐。但沒有任何一頓飯比得上那份猶太餡餅與橘子蘇打。

Statement）一書中，羅斯和傅利曼更完整地解釋此種例子：

工業進步、機械改良，所有當代最偉大的奇蹟，於富人而言可謂無足輕重。當代的抽水馬桶對古希臘的有錢人而言，沒有太大意義，因為勤快的傭人能取代抽水馬桶。那些能讓羅馬貴族在自己家中欣賞一流音樂與演出的電視和廣播也沒有意義，因為他們大可以讓這些一流的藝術家成為自己的家臣。快時尚、超市——許多當代產物對他們的生活而言，並不會帶來太大的差異。他們或許會樂於接受交通運輸與醫療的進步，但除此之外，那些西方資本主義所取得的重大成功，對平凡人的意義更大。[24]

重回一八三六年，納坦・羅斯柴爾德（Nathan Rothschild）——世界上最有錢的人之一，也可能是最有錢的那位，即便他找來的傑出醫師怎麼努力，他最後仍因為感染而過世[25]。現在，即便是美國一位靠福利金度日的母親，其窮困的孩子也不太可能因為同樣的感染而死亡，這全都歸功於在經濟與醫療進步下，此疾病通常能獲得治癒的事實。這件事之所以發生，並不是因為政府想方設法讓人民無法變得像羅斯柴爾德那樣有錢，而是因為某些國家的人民能憑自由意志安排自己的生活，並在有限的條件下與其他人類相互適應——絕大多數的科技與醫療進步就是發生在這些國家裡。

強調「收入分配」（尤其是「**再分配**」）而忽視「**生產**」，這麼做會低估獲取更高收入的過程中所生產出的事物，對整體社會、尤其是窮人帶來的益處❻。隨著嶄新、更好、且經常更便宜的商品席捲世界各地，此類輸出往往能讓各種類型的人受惠，這也是為什麼數百萬人願意掏錢買單，從而讓像比爾・蓋茲(Bill Gates)那樣的人獲得巨富。

既然減少貧窮與終結經濟落差，是兩個相斥的目標，我們又該基於何種標準進行選擇？其中一個標準或許是可行性與代價。對於經濟平等究竟能否成功，有著極大的疑慮，因為經濟成就所仰賴的事物，往往不是任何政府能輕易左右的（如地理位置），更超出所有人的掌控範圍（像是歷史）。但這並不意味著我們只能束手無策，而是告訴我們，或許目前還無法做出任何讓人滿意的行動。

即便暫時擱置促進繁榮與減少落差這兩個目標之間的衝突帶來的實際問題，當某種意義下的平等，在本質上並不等同於另一種意義下的平等時，實現收入平等幾乎是不可能的。

❻這可不是那些「對富人減稅，讓錢一滴一滴流到窮人手裡」的經濟政策——一個無人提倡，卻成為許多人的假想論點。請見我的論文，《「涓滴」理論與「替富人減稅」》(*"Trickle–Down" Theory and "Tax Cuts for the Rich"*)

舉最極端的例子來看，即便美國所有男性、女性與兒童都擁有一樣的個人收入，仍會造成家戶收入的巨大不平等，因為今日收入位於頂層二〇%的家戶，在人數上比底層二〇%的家戶多了數百萬人。倘若將所有個人的收入都變得一樣，這樣的家庭仍會位居高收入。但如果將收入平等侷限到成人身上，此舉也只會讓家戶之間出現更大的不平等，畢竟某些由單親媽媽和多個子女組成的家庭，其人均收入比雙親父母和孩子組成的家庭來得少，即便福利制度給單親媽媽的補助與其他成人的工作收入一樣多。

暫且不論所有個人或所有成人之間字面上的平等，倘若某種奇蹟能讓所有族群中的每一個人皆擁有同等的教育程度（以就學年數來衡量），且品質也相同（以對同樣難度科目的掌握及經濟回報來衡量），仍要面對年齡差異此一棘手問題，因其無可避免地涉及到經驗的多寡，畢竟以成年為十八歲的情況來看，四十歲的工作者其工作經驗是二十歲工作者的十倍之多。

就此情況來看，即便美國境內每一位二十歲的波多黎各人，與二十歲的日裔美國人有著完全一樣的收入，且在其他年齡層的收入也差不多，這兩個族群之間仍會有極大的收入差異現象，因為日裔美國人的平均年齡比波多黎各人的平均年齡大了二十多歲。簡而言之，即便在個人之間實現了前所未有的平等狀態，各族群在統計數據上仍會出現巨大的不均等。這也引導出一個關鍵問題：選擇並死忠地追逐著一項不可能達成的目標，會造成什麼樣的後果？

理論上，我們可以聚在一起，找出大家都認同的平等定義，如此一來，我們至少有機會擁有平等。但在所有的不均與落差都被視為一種無法忍受的委屈，只能由他人提供的各種福利來緩解的氛圍下，人們又有什麼動機去進行這件事呢？無論關於成果的平等定義是如何優秀，其必須面對的結果就是當人們不斷地推動著一場狂熱聖戰時，這場戰役終將因為內部矛盾而長期受挫，但這樣的挫敗卻會以神聖不可侵犯的理由，被歸咎到其他人類敵人身上。

那些以伸張憤怒為志業者，永遠都無法停止抗議，也無法採取破壞性或暴力的行為，因為即便某一種定義下的平等已經實現了，此種平等定義卻又可能排除其他定義下的平等。於是，「沒有正義，就沒有和平」這類措辭，等同宣告了永無止盡的內部鬥爭，因為一個定義下的正義，是另一個定義下的不正義。但沒有任何一個社會能永無止盡地包容反覆的動盪。倘若歷史確實能借鑑，那麼我們知道，耐性遲早會耗盡並出現嚴厲鎮壓的手段，從而對整體社會造成極大的損害。

再一次，倘若歷史能借鑑，若朝著不可能成功的目標前進，任何程度的進步都無法滿足神聖不可侵犯的理想，因此所有未實現的希望都將被視作難以容忍的不公不義。某些人根據歷史指出，重大社會紛爭往往出現在社會問題事實上正在減緩、只是跟不上不斷升高的期待時。若真是如此，那麼一九六〇年代席捲全美的貧民區暴動潮，始於一九六五年民權立法巔峰的《選舉法案》通過後不久，這或許就不是巧合了。

對收入差異的關注，以及為對抗差異而掀起的政治聖戰，占據了知識分子的思緒，但一般大眾沒有像知識分子那樣投注如此多的注意與情緒。知識分子對經濟「落差」與「不均」的迷戀，並未感染普羅大眾。

在許多國家，這種毒害最深的迷戀也是如此，對於少數族群的怨恨與憎恨，便出自於他們比多數人更具生產力所以更富裕。舉例來說，一份針對兩次世界大戰期間羅馬尼亞的學術研究發現，「反猶太情節在中上層社會及知識分子間，最為強烈[26]」。而此種對少數商人及專業人士抱持敵意的情況，也同樣出現在世界上許多國家。

一份針對種族衝突的跨國論文發現，「顧客在經濟上對商家抱持怨恨的情況並不常出現[27]」。舉例來說，馬來人通常偏好在華人經營的商店裡購物[28]。二十世紀晚期的馬拉地人(Maharashtrian)，則偏好在孟買那些非馬拉地人經營的商店裡購物[29]。在印尼與緬甸，本土農民更偏好與阿拉伯人放貸者（印尼）或印度放貸者（緬甸）交易，而不是與那些提供更低利率、且與自己同種族的政府放貸者交易[30]。烏干達一九五九年至一九六〇年間對印度商人的抵制，以及秘魯一九三〇年對日本商人的抵制，並未獲得大眾的支持[31]。但在許多國家裡，此類針對少數族群商人的抵制行動，卻經常獲得本地商人對手的支持（自然是出於自身利益的考量），也得到各別知識分子基於意識形態考量的支持。

非洲大學生向來對烏干達的印度商人抱持敵意；奈及利亞、迦納和塞內加爾的黎巴嫩商人，衣索比亞的亞美尼亞商人，也都是箭靶[32]。第三世界的知識分子鮮少有從商的經驗，且強烈偏好擔任公務員勝過在私人企業裡任職[33]。而知識分子對商人抱持敵意的情況，長久以來在繁榮的工業化社會裡經常可見。因此降低經濟不平等的目標滲透進他們的主張與行為之中，自然不足為奇。只要有充分的時間、毅力與熱誠，知識分子的迷戀自然能擴散到大眾之間，即使後者並非這股狂熱的發源地。

總體來看，經濟與社會議題的關鍵問題在於，無論我們追求的目標為何，其成功與否是透過對人類幸福或不幸福的有形影響來衡量，還是以抽象數字或任何有成見的指標來衡量。儘管二十世紀共產主義極權政府造成種種恐怖事件，我們不該忘記組成此種政府背後的共產主義活動，包括了那些倡導平等、「終結剝削」和其他人道目標的人。許多從事此活動的人，甘願冒著風險、放棄生活、必要時不惜犧牲生命，只要這些是追求目標所必要的。為了推進目標，許多人還願意犧牲自己的品格和真理，這是冷酷無情的共產黨領導人在政治上取得成功、實施恐怖行動卻不必受罰的關鍵因素。

這並非共產主義運動獨有的現象。在較小型的救世主式運動中，也能見到相似的情景，例如一九七八年的「瓊斯鎮慘案」(Jonestown massacre)。但共產主義運動是規模最大、紀錄最詳盡的例子，展示了對無法達成理想的不懈追求，將所有異己妖魔化，以及對大權在握的殘酷領導者的追隨——包括嘲笑該運動本身的理念以及剷除任何成員的權力。

當然，共產主義者屬於極端的例子。但在任何運動或集體信仰中，站在天使那一邊可能是一種危險的自我耽溺和漫不經心的任性，可以稱作理想主義。此種理想主義會誘使人放棄理性，訴諸於情感，用先入為主的觀點取代事實，將某種抽象願景的勝利當成至高無上的目標，無視現實或漠視真相與全人類的命運。

致謝

一個最尋常卻也是此刻最必須的致謝，就是我們都是站在巨人的肩膀上。我無比敬畏並感激那些投注大量時間與智慧撰寫出重大論文的作者們，包括撰寫《東南亞華人》(*The Chinese in Southeast Asia*) 的維多・巴素 (Victor Purcell)、《人類成就》(*Human Accomplishment*) 的查爾斯・莫瑞 (Charles Murray)、《美國的黑與白》(*America in Black and White*) 的史蒂芬・瑟恩史特倫 (Stephan Thernstrom) 和艾比蓋爾・瑟恩史特倫 (Abigail Thernstrom)、《地理環境的影響》(*Influences of Geographic Environment*) 的愛倫・邱吉爾・珊波 (Ellen Churchill Semple)、《衝突中的族群》(*Ethnic Groups in Conflict*) 的唐諾・L・霍羅威茨 (Donald L. Horowitz)，以及N・J・G・龐德斯 (N. J. G. Pounds) 針對歐洲歷史與地理所發表的一系列充滿洞見與啟發性的學術作品。

其他篇幅雖短卻字字珠璣的作品，則包括了西奧多・達爾林普爾的《底層生活》(*Life at the Bottom*)、查爾斯・A・普萊士 (Charles A. Price) 的《澳洲的南歐人》(*Southern Europeans in Australia*) 和大衛・藍迪斯的《新國富論—人類窮與富的命運》(*Wealth and Poverty of*

Nations)。毫無疑問地，薄弱的記憶意味著可能疏漏了在本書中所參考或引用的數百本書之中，同等高質量的著作。但這份清單更類似於一份建議，而非絕對。

倘若站在巨人肩膀上的我們只去看巨人眼中所見，單純重複巨人闡述過且通常已經盡善盡美的事物，那將毫無意義。至少，我們得以透過他們給予我們的有利觀點，用不同的方向去思考事物。

接著是許多判斷錯誤的出版品，包括似是而非的最高法院判決書，後者激發了我對原本可能不會關注到的議題的檢驗。但那些判斷錯誤觀點的作者，對於我在此情況下提及他們的名字，可能會無法真心感受我對他們的感激之情。

言歸正傳，千言萬語也無法表達我對兩位多年的研究助理劉娜 (Na Liu) 與伊莉莎白・寇斯塔 (Elizabeth Costa) 的感激。她們不僅蒐集到我所需要的資料，更積極投入在尋找之中，並主動評估其他資料。此外，寇斯塔小姐還進行了要人命的審稿與查證工作，劉小姐則創建了電腦中的檔案夾，讓文稿可以直接打印成書。

這一切都是在胡佛研究所的支持與贊助下，以及善用史丹佛大學豐富的館藏所進行的。我的妻子瑪麗與多年摯友喬瑟夫・查尼 (Joseph Charney) 皆對第一章初稿提出批評，我因此對本章進行了大幅度的修改與補強。

所有的結論以及其可能存在的任何錯誤，均將由我一人負責。

湯瑪斯・索維爾
史丹佛大學胡佛研究所

參考資料

第一章 問題

1. See, for example, N.J.G. Pounds, *An Historical Geography of Europe* (Cambridge: Cambridge University Press, 1990), p. 21.
2. 同上，p. 27. 同時期中，埃及與中國的古老先進文明在多本作者的著作中，皆有討論，如 Margaret Oliphant, *The Atlas of the Ancient World: Charting the Great Civilizations of the Past* (New York: Simon & Schuster, 1992), pp. 38–41, 162–165.
3. Charles O. Hucker, *China's Imperial Past: An Introduction to Chinese History and Culture* (Stanford: Stanford University Press, 1975), p. 65; Jacques Gernet, *A History of Chinese Civilization*, second edition, translated by J.R. Foster and Charles Hartman (New York: Cambridge University Press, 1996), pp. 69, 138, 140.
4. 大衛・藍迪斯 (David S. Landes)，《新國富論－人類窮與富的命運》 (*The Wealth and Poverty of Nations: Why Some Are So Rich and Some So Poor*) (New York: W.W. Norton & Company, 1998), pp. 93–95.
5. Charles Murray, *Human Accomplishment: The Pursuit of Excellence in the Arts and Sciences, 800 B.C. to 1950* (New York: Harper Collins, 2003), pp. 355–361.
6. Ellen Churchill Semple, *Influences of Geographic Environment* (New York: Henry Holt and Company, 1911), p. 20.
7. 費爾南・布勞岱爾，《15至18世紀的物質文明、經濟和資本主義》 (Berkeley: University of California Press, 1995), Vol. I, p. 35.
8. *The World Almanac and Book of Facts: 2014* (New York: World Almanac Books, 2014), pp. 748, 771, 779–780, 821, 831, 839, 846.
9. Ibid., pp. 764, 786, 793.

10. The Economist, *Pocket World in Figures: 2013 edition* (London: Profile Books, 2012), p. 25.
11. Herbert Heaton, *Economic History of Europe* (New York: Harper & Brothers, 1936), p. 246; Saskia Sassen, *Territory, Authority, Rights: From Medieval to Global Assemblages* (Princeton: Princeton University Press, 2006), p. 83.
12. Jaime Vicens Vives, "The Decline of Spain in the Seventeenth Century," *The Economic Decline of Empires*, edited by Carlo M. Cipolla (London: Methuen & Co., 1970), p. 147; Carlo M. Cipolla, *Before the Industrial Revolution:European Society and Economy, 1000–1700*, second edition (New York: W.W. Norton, 1980), p. 252.
13. David S. Landes, *The Wealth and Poverty of Nations*, p. 250.
14. U. S. Bureau of the Census, *Historical Statistics of the United States: Colonial Times to 1970* (Washington: Government Printing Office, 1975), Part 1, p. 382.
15. The Economist, *Pocket World in Figures: 2003 edition* (London: Profile Books, 2002), p. 26; U.S. Census Bureau, "Money Income in the United States: 2000," *Current Population Reports*, P60–213 (Washington: U.S. Bureau of the Census, 2001), p. 2.
16. 「收入分配」一詞，讓許多人以為有一筆——不知怎麼冒出來的——既存收入或財富，然後這筆財富再被分配給個人或族群。實際上，創造財富的過程才能帶來個人收入，所謂的收入，是用於交換個人在該過程中所付出的生產力。這個個人收入，有可能會被其他人加總起來，才有了被集體化的「國家收入」，然後被描述成「分配」給個體與族群。有些時候，同樣的思維模式也被套用在國際事務上，導致出現了悲嘆美國消耗掉不成比例的「世界產能」此類看法。但根本沒有一個叫「世界」的人創造了所有產出。美國人本質上消費的是美國的產品，用他們一部分的產品去換取等量的進口商品。就純粹象徵性的統計角度來看，收入的「分配」應該如同人口統計數據上的身高「分布」，而不是想像著這些身高數值應全部集中起來，再分送到每一個人手中。那些深信收入或財富在現實中，應該全部集中起來、再一起分享的，當然可以自由地提倡此一明確的經濟體制，但這與用一個包含多種意思的詞彙，來暗示此種過程的發生，是截然不同的。
17. Henry Hazlitt, *The Wisdom of Henry Hazlitt* (Irvington–on–Hudson, New York: The Foundation for Economic Education, 1993), p. 224.
18. Darrel Hess, *McKnight's Physical Geography: A Landscape Appreciation*, eleventh edition (Upper Saddle River, New Jersey: Pearson Education, 2014), pp. 100–101; E.A. Pearce and C.G. Smith, *The Times Books World Weather* Guide (New York: Times Books, 1984), pp. 129, 130, 131, 132, 142, 376.

19. E.A. Pearce and C. G. Smith, *The Times Books World Weather Guide*, pp. 132, 376.
20. Daron Acemoglu and James A. Robinson, *Why Nations Fail: The Origins of Power, Prosperity, and Poverty* (New York: Crown Business, 2012), p. 62.
21. Richard Lynn, *The Global Bell Curve: Race, IQ, and Inequality Worldwide* (Augusta, Georgia: Washington Summit Publishers, 2008).
22. As complained by Richard Lynn, *The Global Bell Curve*, p. 5.
23. 出自 John Maynard Keynes，非精確引用。Carveth Read 於更早以前，提出相似的看法，*Logic: Deductive and Inductive*, third edition (London: Alexander Moring, Limited, The De La More Press, 1909), p. 320.

第二章　地理因素

1. 大衛・藍迪斯 (David S. Landes)，《新國富論—人類窮與富的命運》(New York: W.W. Norton & Company, 1998), p. 6.
2. Darrell Hess, *McKnight's Physical Geography: A Landscape Appreciation*, eleventh edition (Upper Saddle River, New Jersey: Pearson Education, Inc., 2014), p. 200.
3. T. Scott Bryan, *The Geysers of Yellowstone*, fourth edition (Boulder: University of Colorado Press, 2008), pp. 9–10.
4. Alan H. Strahler, *Introducing Physical Geography*, sixth edition (Hoboken, New Jersey: Wiley, 2013), pp. 402–403.
5. Frederick R. Troeh and Louis M. Thompson, *Soils and Soil Fertility*, sixth edition (Ames, Iowa: Blackwell, 2005), p. 330; Xiaobing Liu, et al., "Overview of Mollisols in the World: Distribution, Land Use and Management," Canadian Journal of Soil Science, Vol. 92 (2012), pp. 383–402.
6. Ellen Churchill Semple, *Influences of Geographic Environment* (New York: Henry Holt and Company, 1911), p. 69.
7. William S. Maltby, *The Rise and Fall of the Spanish Empire* (New York: Palgrave Macmillan, 2009), p. 18; Peter Pierson, *The History of Spain* (Westport, Connecticut: Greenwood Press, 1999), pp. 7–8.
8. John H. Chambers, *A Traveller's History of Australia* (New York: Interlink Books, 1999), p. 35.
9. Ellen Churchill Semple, *Influences of Geographic Environment*, pp. 442–443; Don Funnell and Romola Parish, *Mountain*

Environments and Communities (London: Routledge, 2001), p. 115.

10. 五十州的總面積為 3,678,190 平方英里。減去阿拉斯加（590,693 平方英里）與夏威夷（6,468 平方英里）後，即為剩餘四十八州的總面積 3,081,029 平方英里。而撒哈拉沙漠的面積為 3,320,000 平方英里，約莫比四十八州大上八％。*Time Almanac: 2013* (Chicago: Encyclopedia Britannica, 2012), pp. 173, 466, 582–583, 587.

11. Fernand Braudel, *A History of Civilizations*, translated by Richard Mayne (New York: The Penguin Group, 1994), p. 124. 同樣地，也曾有地理學家如此說道：「此地的啟蒙傳播更是隨著擴散距離而變得越加黯淡。」Ellen Churchill Semple, *Influences of Geographic Environment*, p. 392.

12. William H. McNeill, *History of Western Civilization: A Handbook*, sixth edition (Chicago: University of Chicago Press, 1986), p. 247.

13. Charles Murray, *Human Accomplishment: The Pursuit of Excellence in the Arts and Sciences, 800 B.C. to 1950* (New York: Harper Collins, 2003), pp. 355–361.

14. N.J.G. Pounds, *An Historical Geography of Europe* (Cambridge: Cambridge University Press, 1990), p. 1.

15. Ellen Churchill Semple, *Influences of Geographic Environment*, pp. 29, 131.

16. Ibid., p. 25.

17. Oscar Handlin, "Introduction," *The Positive Contributions by Immigrants*, edited by Oscar Handlin (Paris: United Nations Educational, Scientific and Cultural Organization, 1955), p. 13.

18. Ulrich Bonnell Phillips, *The Slave Economy of the Old South: Selected Essays in Economic and Social History* (Baton Rouge: Louisiana State University Press, 1968), p. 269.

19. Ellen Churchill Semple, *Influences of Geographic Environment*, p. 84.

20. Jeffry A. Frieden, *Global Capitalism: Its Fall and Rise in the Twentieth Century* (New York: W.W. Norton, 2006), p. 5.

21. Daniel Yergin, *The Prize: The Epic Quest for Oil, Money, and Power* (New York: Simon & Schuster, 1991), p. 60.

22. Jack Chen, *The Chinese of America* (San Francisco: Harper & Row, Publishers, 1980), pp. 65–66.

23. William A. Hance, *The Geography of Modern Africa* (New York: Columbia University Press, 1964), p. 5.

24. Jocelyn Murray, editor, *Cultural Atlas of Africa* (New York: Facts on File Publications, 1981), p. 10.

25. Robert Stock, *Africa South of the Sahara: A Geographical Interpretation*, third edition (New York: The Guilford Press, 2013), p. 29; Robert O. Collins and James M. Burns, *A History of Sub–Saharan Africa*, second edition (New York: Cambridge University Press, 2014), p. 17.
26. Robert Stock, *Africa South of the Sahara*, third edition, p. 129.
27. Jacques Gernet, *A History of Chinese Civilization*, second edition, translated by J.R. Foster and Charles Hartman (New York: Cambridge University Press, 1996), p. 321.
28. Ellen Churchill Semple, *Influences of Geographic Environment*, p. 260.
29. William Howarth, "The St. Lawrence: A River of Boundaries," National Geographic Society, *Great Rivers of the World*, edited by Margaret Sedeen (Washington: National Geographic Society, 1984), pp. 415–416, 420; Ronald Stagg, *The Golden Dream: A History of the St. Lawrence Seaway* (Toronto: Dundurn Press, 2010), p. 233.
30. U.S. Navy Hydrographic Office, *Africa Pilot*, Vol. II: *South and East Coasts of Africa from Cape of Good Hope to Ras Hafun* (Washington: Government Printing Office, 1916), p. 248.
31. William A. Hance, *The Geography of Modern Africa*, second edition (New York: Columbia University Press, 1975), pp. 497–498.
32. Virginia Thompson and Richard Adloff, *French West Africa* (Stanford: Stanford University Press, 1957), p. 305.
33. Edwin O. Reischauer and John K. Fairbank, *A History of East Asian Civilization, Volume I: East Asia: The Great Tradition* (London: George Allen & Unwin, Ltd., 1960), pp. 20–21.
34. Ellen Churchill Semple, *Influences of Geographic Environment*, p. 341.
35. William H. McNeill, *History of Western Civilization*, sixth edition, p. 247.
36. Jocelyn Murray, editor, *Cultural Atlas of Africa*, p. 13.
37. F. J. Pedler, *Economic Geography of West Africa* (London: Longmans, Green and Co., 1955), p. 118.
38. Jean W. Sedlar, *East Central Europe in the Middle Ages, 1000–1500* (Seattle: University of Washington Press, 1994), p. 335.
39. 大衛・藍迪斯，《新國富論》，p. 295.
40. Nicholas Wollaston, "The Zaire," *Great Rivers of the World*, edited by Alexander Frater (Boston: Little, Brown and Company,

1984), p. 80.

41. Rupert B. Vance, *Human Geography of the South: A Study in Regional Resources and Human Adequacy* (Chapel Hill: University of North Carolina Press, 1932), p. 261.

42. Robert E. Gabler, et al., *Physical Geography*, ninth edition (Belmont, California: Brooks/Cole Cengage Learning, 2009), p. 470.

43. Ellen Churchill Semple, *Influences of Geographic Environment*, p. 343.

44. Ellen Churchill Semple, *The Geography of the Mediterranean Region: Its Relation to Ancient History* (New York: Henry Holt and Company, 1931), p. 579.

45. Ellen Churchill Semple, *Influences of Geographic Environment*, p. 330.

46. Ibid., p. 331.

47. Ibid.

48. Fernand Braudel, *The Mediterranean and the Mediterranean World in the Age of Philip II*, translated by Siân Reynolds (Berkeley: University of California Press, 1995), Vol. I, pp. 95, 144.

49. William H. McNeill, *History of Western Civilization*, sixth edition, p. 246.

50. Don Hinrichsen, *Coastal Waters of the World: Trends, Threats, and Strategies* (Washington: Island Press, 1998), p. 75.

51. Fernand Braudel, *The Mediterranean and the Mediterranean World in the Age of Philip II*, translated by Siân Reynolds, Vol. I, p. 138.

52. Ibid.

53. Ibid.

54. Darrell Hess, *McKnight's Physical Geography*, eleventh edition, p. 271.

55. James S. Gardner, et al., "People in the Mountains," *Mountain Geography: Physical and Human Dimensions*, edited by Martin F. Price, et al (Berkeley: University of California Press, 2013), pp. 268, 269.

56. See, for example, J.R. McNeill, *The Mountains of the Mediterranean World: An Environmental History* (New York: Cambridge University Press, 1992), pp. 27, 44–46, 104, 142–143; Ellen Churchill Semple, *Influences of Geographic Environment*, pp. 530, 531, 599, 600; Fernand Braudel, *The Mediterranean and the Mediterranean World in the Age of Philip II*, translated by Siân

Reynolds, Vol. I, pp. 38, 57, 97; Rupert B. Vance, *Human Geography of the South*, pp. 242, 246–247.
57. Rupert B. Vance, Human Geography of the South, p. 242.
58. 「每一個安身之處……都獨樹一格，因其與鄰人被一兩千英尺高的樹木繁茂的峭壁阻隔開來。」Rupert B. Vance, *Human Geography of the South*, p. 242. See also Ibid., pp. 243, 246.
59. Jean W. Sedlar, *East Central Europe in the Middle Ages*, 1000–1500, p. 335.
60. Fernand Braudel, *The Mediterranean and the Mediterranean World in the Age of Philip II*, translated by Siân Reynolds, Vol. I, p. 283.
61. J.R. McNeill, *The Mountains of the Mediterranean World*, p. 44.
62. James S. Gardner, et al., "People in the Mountains," *Mountain Geography*, edited by Martin F. Price, et al., p. 269.
63. Douglas W. Freshfield, "The Great Passes of the Western and Central Alps," *The Geographical Journal*, Vol. 49, No. 1 (Jan. 1917), pp. 2–22; James S. Gardner, et al., "People in the Mountains," *Mountain Geography*, edited by Martin F. Price, et al., p. 288.
64. J. R. McNeill, *The Mountains of the Mediterranean World*, p. 143.
65. Ibid., pp. 27, 54.
66. Ibid., p. 27.
67. Alton C. Byers, et al., "An Introduction to Mountains," *Mountain Geography*, edited by Martin F. Price, et al., p. 6.
68. James S. Gardner, et al., "People in the Mountains," Ibid., p. 267.
69. Martin F. Price and Thomas Kohler, "Sustainable Mountain Development," Ibid., p. 336.
70. Edward C. Banfield, *The Moral Basis of a Backward Society* (New York: The Free Press, 1958), pp. 10, 17, 35, 46.
71. Ibid., pp. 46–47.
72. J. R. McNeill, *The Mountains of the Mediterranean World*, p. 47.
73. Ibid., p. 29.
74. Alton C. Byers, et al., "An Introduction to Mountains," *Mountain Geography*, edited by Martin F. Price, et al., p. 2.
75. See for example, Don Funnell and Romola Parish, *Mountain Environments and Communities*, p. 99; James S. Gardner, et al.,

"People in the Mountains," *Mountain Geography*, edited by Martin F. Price, et al., pp. 276, 306; Ellen Churchill Semple, *Influences of Geographic Environment*, pp. 595–596.

76. J. R. McNeill, *The Mountains of the Mediterranean World*, p. 206; William H. McNeill, *The Age of Gunpowder Empires: 1450–1800* (Washington: The American Historical Association, 1989), p. 38.
77. Ellen Churchill Semple, *Influences of Geographic Environment*, pp. 586–588; J.R. McNeill, *The Mountains of the Mediterranean World*, pp. 118–119, 228–229, 268.
78. Edward C. Banfield, *The Moral Basis of a Backward Society*, p. 35.
79. Peter Levi, *Atlas of the Greek World* (New York: Facts on File, Inc., 1980), p. 13.
80. J.R. McNeill, *The Mountains of the Mediterranean World*, pp. 126, 127, 129.
81. Ibid., p. 133.
82. Fernand Braudel, *The Mediterranean and the Mediterranean World in the Age of Philip II*, translated by Siân Reynolds, Vol. I, p. 42.
83. Don Funnell and Romola Parish, *Mountain Environments and Communities*, p. 206.
84. Rupert B. Vance, *Human Geography of the South*, p. 247.
85. Amy Chua and Jed Rubenfeld, *The Triple Package: How Three Unlikely Traits Explain the Rise and Fall of Cultural Groups in America* (New York: The Penguin Press, 2014), p. 169.
86. Kevin D. Williamson, "Left Behind," *National Review*, December 16, 2013, p. 26.
87. Martin F. Price and Thomas Kohler, "Sustainable Mountain Development," *Mountain Geography*, edited by Martin F. Price, et al., p. 339.
88. J.R. McNeill, *The Mountains of the Mediterranean World*, pp. 116, 117, 139.
89. See, for example, Ibid., p. 144.
90. Josip Roglič, "The Geographical Setting of Medieval Dubrovnik," *Geographical Essays on Eastern Europe*, edited by Norman J.G. Pounds (Bloomington: Indiana University Press, 1961), p. 150.
91. Fernand Braudel, *The Mediterranean and the Mediterranean World in the Age of Philip II*, translated by Siân Reynolds, Vol. I, p.

46; Don Funnell and Romola Parish, *Mountain Environments and Communities*, pp. 225, 227; J.R. McNeill, *The Mountains of the Mediterranean World*, p. 110.

92. James N. Gregory, *The Southern Diaspora: How The Great Migrations of Black and White Southerners Transformed America* (Chapel Hill: University of North Carolina Press, 2005), p. 76.

93. Mandel Sherman and Cora B. Key, "The Intelligence of Isolated Mountain Children," *Child Development*, Vol. 3, No. 4 (1932), pp. 279–290. Otto Klineberg 在黑人青少年身上，也發現相似的模式，"Mental Testing of Racial and National Groups," *Scientific Aspects of the Race Problem*, edited by H.S. Jennings, et al (Washington: Catholic University Press, 1941), p. 280.

94. Lester R. Wheeler, "A Comparative Study of the Intelligence of East Tennessee Mountain Children," *Journal of Educational Psychology*, Vol. XXXIII, No. 5 (May 1942), pp. 322, 324.

95. Rupert B. Vance, *Human Geography of the South*, p. 256.

96. Ibid., p. 243.

97. Fernand Braudel, *The Mediterranean and the Mediterranean World in the Age of Philip II*, translated by Siân Reynolds, Vol. I, p. 44.

98. Martin F. Price and Thomas Kohler, "Sustainable Mountain Development," *Mountain Geography*, edited by Martin F. Price, et al., p. 340; Don Funnell and Romola Parish, *Mountain Environments and Communities*, pp. 111, 217; James N. Gregory, *The Southern Diaspora*, p. 36.

99. James S. Gardner, et al., "People in the Mountains," *Mountain Geography*, edited by Martin F. Price, et al., pp. 272, 273; Stephen F. Cunha and Larry W. Price, "Agricultural Settlement and Land Use in Mountains," Ibid., pp. 304–305; Don Funnell and Romola Parish, *Mountain Environments and Communities*, p. 213; Ellen Churchill Semple, *Influences of Geographic Environment*, pp. 579–580.

100. See, for example, Don Funnell and Romola Parish, *Mountain Environments and Communities*, p. 215; James S. Gardner, et al., "People in the Mountains," *Mountain Geography*, edited by Martin F. Price, et al., p. 268; Stephen F. Cunha and Larry W. Price, "Agricultural Settlement and Land Use in Mountains," Ibid., p. 304; J.R. McNeill, *The Mountains of the Mediterranean World*, pp. 54, 107, 134, 175, 213.

101. Don Funnell and Romola Parish, *Mountain Environments and Communities*, pp. 223–224; J.R. McNeill, *The Mountains of the Mediterranean World*, pp. 119, 213; James S. Gardner, et al., "People in the Mountains," *Mountain Geography*, edited by Martin F. Price, et al., p. 272.

102. J.R. McNeill, *The Mountains of the Mediterranean World*, p. 213; N.J.G. Pounds, An Historical Geography of Europe, p. 264.

103. Alton C. Byers, et al., "An Introduction to Mountains," *Mountain Geography*, edited by Martin F. Price, et al., p. 1.

104. J. R. McNeill, *The Mountains of the Mediterranean World*, pp. 20, 35, 41.

105. Monica and Robert Beckinsale, *Southern Europe: The Mediterranean and Alpine Lands* (London: University of London Press, 1975), pp. 42, 43, 228.

106. John K. Fairbank and Edwin O. Reischauer, *China: Tradition & Transformation* (Boston: Houghton Mifflin, 1978), p. 17.

107. Frederick R. Troeh and Louis M. Thompson, *Soils and Soil Fertility*, sixth edition, p. 330; Xiaobing Liu, et al., "Overview of Mollisols in the World: Distribution, Land Use and Management," *Canadian Journal of Soil Science*, Vol. 92 (2012), pp. 383–402.

108. Uzo Mokwunye, "Do African Soils Only Sustain Subsistence Agriculture?" *Villages in the Future: Crops, Jobs and Livelihood*, edited by Detlef Virchow and Joachim von Braun (New York: Springer, 2001), p. 175.

109. World Bank Independent Evaluation Group, *World Bank Assistance to Agriculture in Sub–Saharan Africa* (Washington: The World Bank, 2007), p. 14.

110. Rattan Lal, "Managing the Soils of Sub-Saharan Africa," *Science*, May 29, 1987, p. 1069.

111. *The World Almanac and Book of Facts: 2013* (New York: World Almanac Books, 2013), p. 335.

112. E.A. Pearce and C. G. Smith, *The Times Books World Weather Guide* (New York: Times Books, 1984), p. 19.

113. Ibid., pp. 149, 188, 279, 380, 413.

114. Ibid., pp. 26, 41, 47, 54, 57.

115. Ibid., pp. 130, 199, 357.

116. George W. Hoffman, "Changes in the Agricultural Geography of Yugoslavia," *Geographical Essays on Eastern Europe*, edited by Norman J.G. Pounds, p. 114.

117. Andrew J. Bach and Larry W. Price, "Mountain Climate," *Mountain Geography*, edited by Martin F. Price, et al., p. 41.
118. Ellen Churchill Semple, *Influences of Geographic Environment*, p. 27.
119. E.A. Pearce and C. G. Smith, *The Times Books World Weather Guide*, p. 199.
120. Don Funnell and Romola Parish, *Mountain Environments and Communities*, pp. 145–146.
121. *The World Almanac and Book of Facts: 2014* (New York: World Almanac Books, 2014), p. 733; Barbara F. Grimes, editor, *Ethnologue: Languages of the World* (Dallas: SIL International, 2000), Volume I, p. 846.
122. Gordon F. McEwan, *The Incas: New Perspectives* (Santa Barbara, California: ABC–CLIO, 2006), p. 89.
123. National Geographic Society, *Great Rivers of the World*, edited by Margaret Sedeen, p. 278.
124. Ellen Churchill Semple, *Influences of Geographic Environment*, p. 434.
125. Ibid.
126. William S. Maltby, *The Rise and Fall of the Spanish Empire*, p. 18.
127. Ellen Churchill Semple, *Influences of Geographic Environment*, p. 144.
128. Ibid.
129. "The Indigenous People," *The Australian People: An Encyclopedia of the Nation, Its People and Their Origins*, edited by James Jupp (Cambridge: Cambridge University Press, 2001), p. 4.
130. Darrell Hess, *McKnight's Physical Geography*, eleventh edition, p. 324.
131. Nicholas Wade, *A Troublesome Inheritance: Genes, Race and Human History* (New York: The Penguin Press, 2014), p. 93.
132. Alfred W. Crosby, "An Ecohistory of the Canary Islands: A Precursor of European Colonialization in the New World and Australasia," *Environmental Review*, Vol. 8, No. 3 (Autumn 1984), p. 217.
133. Donald P. Whitaker, et al., *Area Handbook for Australia* (Washington: Government Printing Office, 1974), pp. 46, 361–362.
134. J.M. Roberts, *A History of Europe* (New York: The Penguin Press, 1997), p. 139.
135. Burr Cartwright Brundage, *Empire of the Inca* (Norman: University of Oklahoma Press, 1963), pp. 261–262.
136. Francis Jennings, *The Invasion of America: Indians, Colonialism, and the Cant of Conquest* (Chapel Hill: University of North Carolina Press, 1976), p. 22.

137. Caroline Golab, *Immigrant Destinations* (Philadelphia: Temple University Press, 1977), p. 102.
138. Donald L. Horowitz, *Ethnic Groups in Conflict* (Berkeley: University of California Press, 1985), p. 663.

第三章 文化因素

1. David S. Landes, "Culture Makes Almost All the Difference," *Culture Matters: How Values Shape Human Progress*, edited by Lawrence E. Harrison and Samuel P. Huntington (New York: Basic Books, 2000), p. 2.
2. "Africa's Testing Ground," *The Economist*, August 23, 2014, p. 59.
3. See, for example, Richard Lynn and Tatu Vanhanen, *IQ and Global Inequality* (Augusta, Georgia: Washington Summit Publishers, 2006).
4. Victor Wolfgang von Hagen, *The Germanic People in America* (Norman: University of Oklahoma Press, 1976), p. 326; Alfred Dolge, *Pianos and Their Makers* (Covina, California: Covina Publishing Company, 1911), pp. 172, 264; Edwin M. Good, *Giraffes, Black Dragons, and Other Pianos: A Technological History from Cristofori to the Modern Concert Grand* (Stanford: Stanford University Press, 1982), p. 137n; W. D. Borrie, "Australia," *The Positive Contribution by Immigrants*, edited by Oscar Handlin (Paris: United Nations Educational, Scientific and Cultural Organization, 1955), p. 94.
5. Adam Giesinger, *From Catherine to Khrushchev: The Story of Russia's Germans* (Lincoln, Nebraska: American Historical Society of Germans from Russia, 1974), pp. 143–144.
6. Larry V. Thompson, Book Review, *Journal of Latin American Studies*, Vol. 8, No. 1 (May 1976), p. 159. See also Victor Wolfgang von Hagen, *The Germanic People in America*, pp. 242–243; Ronald C. Newton, *German Buenos Aires, 1900–1933: Social Change and Cultural Crisis* (Austin: University of Texas Press, 1977), pp. 7–8, 22.
7. T. N. Dupuy, *A Genius for War: The German Army and General Staff*, 1807–1945 (Englewood Cliffs, New Jersey: Prentice–Hall, Inc., 1977), p. 4.
8. Carlo M. Cipolla, *Literacy and Development in the West* (Baltimore: Penguin Books, 1969), pp. 24, 28, 30–31, 70.
9. *Richard Sallet, Russian-German Settlements in the United States*, translated by Lavern J. Rippley and Armand Bauer (Fargo:

North Dakota Institute for Regional Studies, 1974), p. 14.

10. T. Lynn Smith, *Brazil: People and Institutions*, revised edition (Baton Rouge: Louisiana State University Press, 1963), p. 134.

11. Thomas W. Merrick and Douglas H. Graham, *Population and Economic Development in Brazil: 1800 to the Present* (Baltimore: The Johns Hopkins University Press, 1979), p. 111.

12. Carlo M. Cipolla, *Literacy and Development in the West*, p. 17.

13. Irina Livezeanu, *Cultural Politics in Greater Romania: Regionalism, Nation Building, & Ethnic Struggle, 1918–1930* (Ithaca: Cornell University Press, 1995), pp. 230, 231.

14. Hain Tankler and Algo Rämmer, *Tartu University and Latvia: With an Emphasis on Relations in the 1920s and 1930s* (Tartu: TartuÜlikool, 2004), pp. 23–24; F.W. Pick, "Tartu: The History of an Estonian University," *American Slavic and East European Review*, Vol. 5, No. 3/4 (November 1946), p. 159.

15. Anders Henriksson, *The Tsar's Loyal Germans: The Riga German Community: Social Change and the Nationality Question, 1855–1905* (New York: Columbia University Press, 1983), pp. 6–7; Ingeborg Fleischhauer and Benjamin Pinkus, *The Soviet Germans: Past and Present* (London: C. Hurst & Company, 1986), p. 16.

16. Victor Purcell, *The Chinese in Southeast Asia*, second edition (London: Oxford University Press, 1965); Jack Chen, *The Chinese of America* (San Francisco: Harper & Row, Publishers, 1980); Duvon Clough Corbitt, *A Study of the Chinese in Cuba, 1847–1947* (Wilmore, Kentucky: Asbury College, 1971); Watt Stewart, Chinese Bondage in Peru: A History of the Chinese Coolie in Peru, 1849–1874 (Durham: Duke University Press, 1951); Cecil Clementi, *The Chinese in British Guiana* (Georgetown, British Guiana: "The Argosy" Company, Ltd., 1915); David Lowenthal, *West Indian Societies* (New York: Oxford University Press, 1972), pp. 202–208.

17. *The Lebanese in the World: A Century of Emigration*, edited by Albert Hourani and Nadim Shehadi (London: The Centre for Lebanese Studies, 1992).

18. Paul Johnson, *A History of the Jews* (New York: Harper & Row, 1987); Jonathan I. Israel, *European Jewry in the Age of Mercantilism: 1550–1750* (Oxford: Clarendon Press, 1985); Ezra Mendelsohn, *The Jews of East Central Europe between the World Wars* (Bloomington: Indiana University Press, 1983); Bernard Lewis, *The Jews of Islam* (Princeton: Princeton University

Press, 1984); Moses Rischin, *The Promised City: New York's Jews, 1870–1914* (Cambridge, Massachusetts: Harvard University Press, 1962); Louis Wirth, *The Ghetto* (Chicago: University of Chicago Press, 1956); Irving Howe, *World of Our Fathers* (New York: Harcourt Brace Jovanovich, 1976); Hilary L. Rubinstein, *Chosen: The Jews in Australia* (Sydney: Allen & Unwin, 1987); Daniel J. Elazar and Peter Medding, *Jewish Communities in Frontier Societies: Argentina, Australia, and South Africa* (New York: Holmes & Meier, 1983).

19. Hugh Tinker, *The Banyan Tree: Overseas Emigrants from India, Pakistan, and Bangladesh* (Oxford: Oxford University Press, 1977).
20. Victor Purcell, *The Chinese in Southeast Asia*, second edition, pp. 277–279.
21. Stanford M. Lyman, *Chinese Americans* (New York: Random House, 1974), Chapter 4; Betty Lee Sung, The Chinese in America (New York: Macmillan Publishing, 1972), Chapter 3.
22. Watt Stewart, *Chinese Bondage in Peru*, p. 98.
23. Duvon Clough Corbitt, *A Study of the Chinese in Cuba, 1847–1947*, pp. 79–80; United States House of Representatives, "Coolie Trade," Report No. 443, 36th Congress, 1st Session, April 16, 1860, p. 10.
24. Duvon Clough Corbitt, *A Study of the Chinese in Cuba*, 1847–1947, p. 80.
25. Ibid.
26. Stanford M. Lyman, *Chinese Americans*, p. 152.
27. Kay S. Hymowitz, "Brooklyn's Chinese Pioneers," *City Journal*, Spring 2014, pp. 21, 23.
28. Ibid., pp. 26, 27.
29. Jacob Riis, How the Other *Half Lives: Studies Among the Tenements of New York* (New York: Charles Scribner's Sons, 1914), p. 125.
30. Simon Kuznets, "Immigration of Russian Jews to the United States: Background and Structure," *Perspectives in American History*, Vol. IX (1975), pp. 115–116.
31. Reports of the Immigration Commission, *The Children of Immigrants in Schools* (Washington: Government Printing Office, 1911), Vol. I, p. 110.

32. Carl C. Brigham, *A Study of American Intelligence* (Princeton: Princeton University Press, 1923), p. 190.
33. Charles Murray, *Human Accomplishment: The Pursuit of Excellence in the Arts and Sciences, 800 B.C. to 1950* (New York: Harper Collins, 2003), pp. 291–292.
34. Carl C. Brigham, "Intelligence Tests of Immigrant Groups," *Psychological Review*, Vol. 37, Issue 2 (March 1930), p. 165.
35. Clark S. Knowlton, "The Social and Spatial Mobility of the Syrian and Lebanese Community in Sao Paulo, Brazil," *The Lebanese in the World*, edited by Albert Hourani and Nadim Shehadi, p. 298.
36. Luz Maria Martinez Montiel, "The Lebanese Community in Mexico: Its Meaning, Importance and the History of Its Communities," Ibid., pp. 380, 385.
37. Trevor Batrouney, "The Lebanese in Australia, 1880–1989," Ibid., p. 419.
38. H. Laurens van der Laan, "A Bibliography on the Lebanese in West Africa, and an Appraisal of the Literature Consulted," *Kroniek van Afrika*, 1975/3, No. 6, p. 285.
39. H. L. van der Laan, *The Lebanese Traders in Sierra Leone* (The Hague: Mouton & Co, 1975), p. 249.
40. Ibid., p. 236.
41. Ibid., pp. 237–240.
42. Ibid., pp. 41, 105; Albert Hourani, "Introduction," *The Lebanese in the World*, edited by Albert Hourani and Nadim Shehadi, p. 7; Charles Issawi, "The Historical Background of Lebanese Emigration, 1800–1914,"Ibid., p. 31; Alixa Naff, "Lebanese Immigration into the United States: 1880 to the Present," Ibid., p. 145; Trevor Batrouney, "The Lebanese in Australia, 1880–1989," Ibid., p. 421.
43. Albert Hourani, "Introduction," *The Lebanese in the World*, edited by Albert Hourani and Nadim Shehadi, p. 7.
44. Alixa Naff, "Lebanese Immigration into the United States: 1880 to the Present," Ibid., pp. 144, 145, 147.
45. Ibid., p. 148.
46. H. L. van der Laan, *The Lebanese Traders in Sierra Leone*, p. 112.
47. Milton & Rose D. Friedman, *Two Lucky People: Memoirs* (Chicago: University of Chicago Press, 1998), pp. 20–21.
48. Alixa Naff, "Lebanese Immigration into the United States: 1880 to the Present," *The Lebanese in the World*, edited by Albert

Hourani and Nadim Shehadi, p. 157.

49. Ignacio Klich, "Criollos and Arabic Speakers in Argentina: An Uneasy *Pas de Deux*, 1888–1914," Ibid., p. 265.

50. Trevor Batrouney, "The Lebanese in Australia, 1880–1989," Ibid., p. 421.

51. H. L. van der Laan, *The Lebanese Traders in Sierra Leone*, pp. 106–109.

52. David Nicholls, "Lebanese of the Antilles: Haiti, Dominican Republic, Jamaica, and Trinidad," *The Lebanese in the World*, edited by Albert Hourani and Nadim Shehadi, pp. 345, 351, 352, 355.

53. Alixa Naff, "Lebanese Immigration into the United States: 1880 to the Present," Ibid., pp. 141–165.

54. H.L. van der Laan, *The Lebanese Traders in Sierra Leone*, pp. 210, 240, 276; Albert Hourani, "Introduction," *The Lebanese in the World*, edited by Albert Hourani and Nadim Shehadi, p. 4; Clark S. Knowlton, "The Social and Spatial Mobility of the Syrian and Lebanese Community in Sao Paulo, Brazil," Ibid., pp. 300, 304, 305; Boutros Labaki," Lebanese Emigration During the War (1975–1989)," Ibid., p. 625; Marwan Maaouia, "Lebanese Emigration to the Gulf and Saudi Arabia," Ibid., p. 655.

55. Amy Chua and Jed Rubenfeld, *The Triple Package: How Three Unlikely Traits Explain the Rise and Fall of Cultural Groups in America* (New York: The Penguin Press, 2014), p. 6.

56. Ibid., pp. 38–39.

57. Ibid., pp. 39, 40.

58. Andrew Tanzer, "The Bamboo Network," *Forbes*, July 8, 1994, pp. 138–144; "China: Seeds of Subversion," *The Economist*, May 28, 1994, p. 32.

59. Robert Bartlett, *The Making of Europe: Conquest, Colonization and Cultural Change, 950–1350* (New York: The Penguin Press, 1993), pp. 60, 70–84, 281, 283; Paul Robert Magocsi, Historical Atlas of Central Europe, revised and expanded edition (Seattle: University of Washington Press, 2002), pp. 54–55; Jean W. Sedlar, *East Central Europe in the Middle Ages, 1000–1500* (Seattle: University of Washington Press, 1994), p. 116; N.J.G. Pounds, *An Historical Geography of Europe: 1800–1914* (Cambridge: Cambridge University Press, 1985), pp. 75, 449–458; Walter Nugent, *Crossings: The Great Transatlantic Migrations, 1870–1914* (Bloomington: Indiana University Press, 1992), p. 84; Roy E.H. Mellor and E. Alistair Smith, *Europe: A Geographical Survey of the Continent* (New York: Columbia University Press, 1979), p. 92; *The Oxford Encyclopedia of Economic History*,

edited by Joel Mokyr (Oxford: Oxford University Press, 2003), Vol. 2, pp. 247–248.
60. Glenn T. Trewartha, *Japan: A Geography* (Madison: University of Wisconsin Press, 1965), pp. 78–79.
61. Edwin O. Reischauer, *The Japanese* (Cambridge, Massachusetts: Harvard University Press, 1980), p. 5.
62. Ibid., p. 8.
63. Ibid., p. 9.
64. Tetsuro Nakaoka, "The Transfer of Cotton Manufacturing Technology from Britain to Japan," *International Technology Transfer: Europe, Japan and the USA, 1700–1914*, edited by David J. Jeremy (Aldershot, Hants, England: Edward Elgar, 1991), p. 184.
65. John K. Fairbank, Edwin O. Reischauer and Albert M. Craig, *East Asia: Tradition & Transformation*, revised edition (Boston: Houghton-Mifflin Company, 1989), p. 410.
66. Irokawa Daikichi, *The Culture of the Meiji Period*, translated and edited by Marius B. Jansen (Princeton: Princeton University Press, 1985), p. 7.
67. Yasuo Wakatsuki, "Japanese Emigration to the United States, 1866–1924: A Monograph," *Perspectives in American History*, Vol. XII (1979), p. 431. See also p. 434.
68. Ibid., pp. 414, 415.
69. John K. Fairbank, Edwin O. Reischauer and Albert M. Craig, *East Asia*, revised edition, p. 532.
70. Ibid., p. 530.
71. Sydney and Olive Checkland, *Industry and Ethos: Scotland 1832–1914* (Edinburgh: Edinburgh University Press, 1989), p. 147; William R. Brock, *Scotus Americanus: A Survey of the Sources for Links between Scotland and America in the Eighteenth Century* (Edinburgh: Edinburgh University Press, 1982), p. 114.
72. T. C. Smout, *A History of the Scottish People, 1560–1830* (New York: Charles Scribner's Sons, 1969), pp. 480–489; Alexander Bain, *James Mill: A Biography* (London: Longmans, Green, and Co., 1882), Chapter 1; Michael St. John Packe, *The Life of John Stuart Mill* (London: Secker and Warburg, 1954), p. 9n.
73. Henry Thomas Buckle, *On Scotland and the Scotch Intellect* (Chicago: University of Chicago Press, 1970), p. 154.

74. "The Tragedy of the Arabs," *The Economist*, July 5, 2014, p. 9.
75. Edward Nawotka, "Translating Books into Arabic," *Los Angeles Times*, January 4, 2008, p. E24.
76. United Nations Development Programme, *Arab Human Development Report 2003* (New York: United Nations Development Programme, 2003), p. 67.
77. "Self–doomed to Failure," *The Economist*, July 6, 2002, pp. 24–26.
78. Freeman Dyson, "The Case for Blunders," *New York Review of Books*, March 6, 2014, p. 6.
79. Niall Ferguson, *Civilization: The West and the Rest* (New York: The Penguin Press, 2011), p. 47.
80. Jürgen Osterhammel, *The Transformation of the World: A Global History of the Nineteenth Century*, translated by Patrick Camiller (Princeton: Princeton University Press, 2014), p. 786.
81. Toivo U. Raun, *Estonia and the Estonians*, second edition (Stanford: Hoover Institution Press, 1991), pp. 55, 56.
82. Derek Sayer, *The Coasts of Bohemia: A Czech History* (Princeton: Princeton University Press, 1998), p. 77.
83. Ibid., p. 90.
84. Paul Robert Magocsi, *Historical Atlas of Central Europe*, revised and expanded edition, pp. 37–41; Sidney Pollard, *Marginal Europe: The Contribution of Marginal Lands Since the Middle Ages* (Oxford: Oxford University Press, 1997), p. 153; Robert Bartlett, *The Making of Europe*, pp. 128–132; Péter Gunst, "Agrarian Systems of Central and Eastern Europe," *The Origins of Backwardness in Eastern Europe: Economics and Politics from the Middle Ages Until the Early Twentieth Century*, edited by Daniel Chirot (Berkeley: University of California Press, 1989), p. 64.
85. Anders Henriksson, *The Tsar's Loyal Germans*, p. 15.
86. Thomas Sowell, *Migrations and Cultures: A World View* (New York: Basic Books, 1996), pp. 181–213.
87. Myron Weiner, *Sons of the Soil: Migration and Ethnic Conflict in India* (Princeton: Princeton University Press, 1978), p. 250.
88. A.A. Ayoade, "Ethnic Management in the 1979 Nigerian Constitution," *Canadian Review of Studies in Nationalism*, Spring 1987, p. 127.
89. *Encyclopedia of Human Rights*, edited by David P. Forsythe (Oxford: Oxford University Press, 2009), Volume 1, p. 58.
90. Cacilie Rohwedder, "Germans, Czechs Are Hobbled by History as Europe Moves Toward United Future," *Wall Street Journal*,

November 25, 1996, p. A15.

91. J.H. Elliott, *Spain and Its World, 1500–1700: Selected Essays* (New Haven: Yale University Press, 1989), pp. 225–226.

92. Solomon Grayzel, *A History of the Jews: From the Babylonian Exile to the End of World War II* (Philadelphia: The Jewish Publication Society of America, 1947), pp. 355–356, 386–393; Jonathan I. Israel, *European Jewry in the Age of Mercantilism*, pp. 5, 6.

93. W. Cunningham, *Alien Immigrants to England* (London: Frank Cass & Co., Ltd., 1969), Chapter 6.

94. Simon Kuznets, "Immigration of Russian Jews to the United States: Background and Structure," *Perspectives in American History*, Vol. IX (1975), p. 39.

95. Donald L. Horowitz, *Ethnic Groups in Conflict* (Berkeley: University of California Press, 1985), pp. 176–177.

96. Hugh LeCaine Agnew, *Origins of the Czech National Renascence* (Pittsburgh: University of Pittsburgh Press, 1993), p. 51.

97. Derek Sayer, *The Coasts of Bohemia*, p. 50.

98. Gary B. Cohen, *The Politics of Ethnic Survival: Germans in Prague, 1861–1914*, second edition (West Lafayette: Purdue University Press, 2006), pp. 87, 91.

99. Donald L. Horowitz, *Ethnic Groups in Conflict*, p. 176.

100. Camille Laurin, "Principles for a Language Policy," *Cultural Diversity and Canadian Education: Issues and Innovations*, edited by John R. Mallea and Jonathan C. Young (Ottawa: Carleton University Press, 1990), pp. 186, 189.

101. Donald L. Horowitz, *Ethnic Groups in Conflict*, pp. 176–177.

102. Will Pavia, "French Zealots Just Don't Fancy an Italian," *The Times* (London), February 22, 2013, p. 28; Jeremy King, *Budweisers Into Czechs and Germans: A Local History of Bohemian Politics, 1848–1948* (Princeton: Princeton University Press, 2002), pp. 4, 128.

103. See, for example, Stuart Buck, *Acting White: The Ironic Legacy of Desegregation* (New Haven: Yale University Press, 2010).

104. Donald L. Horowitz, *Ethnic Groups in Conflict*, p. 153.

105. Archie Brown, Michael Kaser, and Gerald S. Smith, *The Cambridge Encyclopedia of Russia and the Former Soviet Union*, second edition (Cambridge: Cambridge University Press, 1994), p. 5.

106. Ibid., pp. 17–18.
107. Jonathan P. Stern, "Soviet Natural Gas in the World Economy," *Soviet Natural Resources in the World Economy*, edited by Robert G. Jensen, et al (Chicago: University of Chicago Press, 1983), p. 372.
108. Russell B. Adams, "Nickel and Platinum in the Soviet Union,"Ibid., p. 536.
109. Theodore Shabad, "The Soviet Potential in Natural Resources: An Overview,"Ibid., p. 269.
110. Nikolai Shmelev and Vladimir Popov, *The Turning Point: Revitalizing the Soviet Economy* (New York: Doubleday, 1989), pp. 128–129.
111. John Stuart Mill, *The Collected Works of John Stuart Mill, Volume III: Principles of Political Economy with Some of Their Applications to Social Philosophy* (Toronto: University of Toronto Press, 1965), p. 882.
112. John P. McKay, *Pioneers for Profit: Foreign Entrepreneurship and Russian Industrialization 1885–1913* (Chicago: University of Chicago Press, 1970), pp. 176, 187.
113. Karl Stumpp, *The German-Russians: Two Centuries of Pioneering* (Bonn: Edition Atlantic–Forum, 1971), p. 68.
114. Alec Nove, *The Soviet Economic System* (London: George Allen & Unwin, Ltd., 1977), pp. 100–101; Linda M. Randall, *Reluctant Capitalists: Russia's Journey Through Market Transition* (New York: Routledge, 2001), pp. 56–57.
115. Raghuram G. Rajan and Luigi Zingales, *Saving Capitalism from the Capitalists* (New York: Crown Business, 2003), p. 57.
116. Bryon MacWilliams, "Reports of Bribe–Taking at Russian Universities Have Increased, Authorities Say," *The Chronicle of Higher Education*, April 18, 2002 (online).
117. Renée Rose Shield, Diamond Stories: *Enduring Change on 47th Street* (Ithaca: Cornell University Press, 2002), p. 94.
118. Susan Wolcott, "An Examination of the Supply of Financial Credit to Entrepreneurs in Colonial India," *The Invention of Enterprise: Entrepreneurship from Ancient Mesopotamia to Modern Times*, edited by David S. Landes, et al (Princeton: Princeton University Press, 2010), p. 458.
119. S. Gordon Redding, *The Spirit of Chinese Capitalism* (Berlin: Walter de Gruyter, 1990), p. 213.
120. H.L. van der Laan, *The Lebanese Traders in Sierra Leone*, pp. 42–43, 190, 191–192.
121. "The World's Least Honest Cities," *The Telegraph.UK*, September 25, 2013.

122. "Scandinavians Prove Their Honesty in European Lost-Wallet Experiment," *Deseret News*, June 20, 1996; Eric Felten, "Finders Keepers?" *Reader's Digest*, April 2001, pp. 102–107; "The World's Least Honest Cities," *The Telegraph.UK*, September 25, 2013; "So Whom Can You Trust?" *The Economist*, June 22, 1996, p. 51.

123. See Raymond Fisman and Edward Miguel, "Cultures of Corruption: Evidence from Diplomatic Parking Tickets,"Working Paper 12312, National Bureau of Economic Research, June 2006, Table 1.

124. Transparency International, *Transparency International Corruption Perceptions Index 2013* (Berlin: Transparency International Secretariat, 2013).

125. Nicholas Eberstadt, *Russia's Peacetime Demographic Crisis: Dimensions, Causes, Implications* (Seattle: National Bureau of Asian Research, 2010), p. 282.

126. Ibid., pp. 232, 233.

127. Donald L. Horowitz, *Ethnic Groups in Conflict*, p. 663.

128. Feroz Ahmad, "Unionist Relations with the Greek, Armenian, and Jewish Communities of the Ottoman Empire, 1908–1914," *Christians and Jews in the Ottoman Empire: The Functioning of a Plural Society*, Volume I: *The Central Lands*, edited by Benjamin Braude and Bernard Lewis (New York: Holmes & Meier, 1982), pp. 411, 412.

129. Mohamed Suffian bin Hashim, "Problems and Issues of Higher Education Development in Malaysia," *Development of Higher Education in Southeast Asia: Problems and Issues*, edited by Yip Yat Hoong (Singapore: Regional Institute of Higher Education and Development, 1973), Table 8, pp. 70–71.

130. Sarah Gordon, *Hitler, Germans and the "Jewish Question"* (Princeton: Princeton University Press, 1984), p. 13; Peter Pulzer, *The Rise of Political Anti-Semitism in Germany & Austria*, revised edition (Cambridge, Massachusetts: Harvard University Press, 1988), pp. 10–13.

131. Leon Volovici, *Nationalist Ideology and Antisemitism: The Case of Romanian Intellectuals in the 1930s*, translated by Charles Kormos (Oxford: Pergamon Press, 1991), p. 60; Irina Livezeanu, *Cultural Politics in Greater Romania*, pp. 63, 115; Howard M. Sachar, *Diaspora: An Inquiry into the Contemporary Jewish World* (New York: Harper & Row, 1985), pp. 297, 299; Australian Government Commission of Inquiry into Poverty, *Welfare of Migrants* (Canberra: Australian Government Publishing Service,

1975), p. 107.

132. Jason L. Riley, *Please Stop Helping Us: How Liberals Make It Harder for Blacks to Succeed* (New York: Encounter Books, 2014), p. 49.

133. Gary B. Cohen, *The Politics of Ethnic Survival*, p. 28.

134. See, for example, Gunnar Myrdal, *Asian Drama: An Inquiry Into the Poverty of Nations* (New York: Pantheon, 1968), Vol. III, p. 1642; Myron Weiner and Mary Fainsod Katzenstein, *India's Preferential Policies: Migrants, the Middle Classes, and Ethnic Equality* (Chicago: University of Chicago Press, 1981), p. 99.

135. Leon Volovici, *Nationalist Ideology and Antisemitism*, translated by Charles Kormos, p. 60.

136. Mary Fainsod Katzenstein, *Ethnicity and Equality: The Shiv Sena Party and Preferential Policies in Bombay* (Ithaca: Cornell University Press, 1979), pp. 48–49; Myron Weiner and Mary Fainsod Katzenstein, *India's Preferential Policies*, pp. 10–11, 44–46.

137. Ezra Mendelsohn, *The Jews of East Central Europe between the World Wars*, pp. 98–99, 106.

138. Larry Diamond, "Class, Ethnicity, and the Democratic State: Nigeria, 1950–1966," *Comparative Studies in Society and History*, Vol. 25, No. 3 (July 1983), pp. 462, 473; Donald L. Horowitz, Ethnic Groups in Conflict, p. 225.

139. Anatoly M. Khazanov, "The Ethnic Problems of Contemporary Kazakhstan," *Central Asian Survey*, Vol. 14, No. 2 (1995), pp. 244, 257.

140. Leon Volovici, *Nationalist Ideology and Antisemitism*, translated by Charles Kormos, *passim*; Joseph Rothschild, *East Central Europe between the Two World Wars* (Seattle: University of Washington Press, 1992), p. 293; Irina Livezeanu, *Cultural Politics in Greater Romania, passim.*

141. Gunnar Myrdal, *Asian Drama*, Vol. I, p. 348; Donald L. Horowitz, *Ethnic Groups in Conflict*, p. 133; Donald L. Horowitz, *The Deadly Ethnic Riot* (Berkeley: University of California Press, 2001), pp. 144–145.

142. Conrad Black, "Canada's Continuing Identity Crisis," *Foreign Affairs*, March/April 1995, p. 100.

143. See, for example, Gary B. Cohen, *The Politics of Ethnic Survival*, pp. 26–28, 32, 133, 236–237; Ezra Mendelsohn, *The Jews of East Central Europe between the World Wars*, p. 167; Hugh LeCaine Agnew, *Origins of the Czech National Renascence, passim.*

144. Some examples can be found, among other places, in John H. Bunzel, *Race Relations on Campus: Stanford Students Speak* (Stanford: Stanford Alumni Association, 1992).

145. Philip Nobile, "Uncovering *Roots,* "*Village Voice*, February 23, 1993, p. 34. Another devastating critique of *Roots* is that of Gary B. and Elizabeth Shown Mills, "'*Roots*' and the New 'Faction': A Legitimate Tool for Clio?" *The Virginia Magazine of History and Biography*, Vol. 89, No. 1 (January 1981), pp. 3–26.

146. Donald L. Horowitz, *Ethnic Groups in Conflict*, p. 72; See also Keith Windschuttle, "The Fabrication of Aboriginal History," *The New Criterion*, Vol. 20, No. 1 (September 2001), pp. 41–49.

147. Nathan Glazer and Daniel Patrick Moynihan, *Beyond the Melting Pot: The Negroes, Puerto Ricans, Jews, Italians, and Irish of New York City*, second edition (Cambridge, Massachusetts: MIT Press, 1970), p. 241.

148. Joseph Rothschild, *East Central Europe between the Two World Wars*, p. 385.

149. Chandra Richard de Silva, "Sinhala–Tamil Relations and Education in Sri Lanka: The University Admissions Issue—The First Phase, 1971–7," *From Independence to Statehood: Managing Ethnic Conflict in Five African and Asian States*, edited by Robert B. Goldmann and A. Jeyaratnam Wilson (London: Frances Pinter, Ltd. 1984), p. 126.

150. Donald L. Horowitz, *Ethnic Groups in Conflict*, p. 225.

151. Robert A. Kann and Zdeněk V. David, *The Peoples of the Eastern Habsburg Lands, 1526–1918* (Seattle: University of Washington Press, 1984), p. 201.

152. Gary B. Cohen, *The Politics of Ethnic Survival*, p. 148. See also Derek Sayer, *The Coasts of Bohemia*, p. 101.

153. Jeremy King, *Budweisers Into Czechs and Germans*, p. 4.

154. Philip Authier, "Camille Laurin, Father of Bill 101, Dies," *The Gazette* (Montreal, Quebec), March 12, 1999, p. A1; Guy Dumas, "Quebec's Language Policy: Perceptions and Realities," *Language and Governance*, edited by Colin Williams (Cardiff: University of Wales Press, 2007), pp. 250–262.

155. Robert Bothwell, et al., *Canada Since 1945: Power, Politics, and Provincialism*, revised edition (Toronto: University of Toronto Press, 1989), pp. 375–376; Graham Fraser, *Sorry, I Don't Speak French: Confronting the Canadian Crisis That Won't Go Away* (Toronto: McClelland & Stewart, 2006), pp. 121–122.

156. Grady McWhiney, *Cracker Culture: Celtic Ways in the Old South* (Tuscaloosa: University of Alabama Press, 1988), pp. 45–47, 49; David Hackett Fischer, *Albion's Seed: Four British Folkways in America* (New York: Oxford University Press, 1989), pp. 365–366, 740–743; Lewis Cecil Gray, *History of Agriculture in the Southern United States to 1860* (Washington: Carnegie Institution of Washington, 1933), Vol. I, p. 484; Frederick Law Olmsted, *The Cotton Kingdom: A Traveller's Observations on Cotton and Slavery in the American Slave States* (New York: Alfred A. Knopf, 1953), pp. 12, 65, 147, 527; Alexis de Tocqueville, *Democracy in America* (New York: Alfred A. Knopf, 1989), Vol. I, pp. 363, 369; Forrest McDonald, "Cultural Continuity and the Shaping of the American South," *Geographic Perspectives in History*, edited by Eugene D. Genovese and Leonard Hochberg (London: Basil Blackwell, Ltd., 1989), pp. 231–232; Lewis M. Killian, *White Southerners*, revised edition (Amherst: University of Massachusetts Press, 1985), pp. 108–109.

157. Robert E. Lee, Lee's Dispatches: Unpublished Letters of General Robert E. *Lee, C.S.A. to Jefferson Davis and the War Department of the Confederate States of America, 1862–65*, edited by Douglas Southall Freeman, New Edition (New York: G. P. Putnam's Sons, 1957), p. 8.

158. Ulrich Bonnell Phillips, *The Slave Economy of the Old South: Selected Essays in Economic and Social History*, edited by Eugene D. Genovese (Baton Rouge: Louisiana State University Press, 1968), p. 107.

159. Grady McWhiney, *Cracker Culture*, p. 19; Virginia Brainard Kunz, *The Germans in America* (Minneapolis: Lerner Publications Co., 1966), pp. 11–12.

160. Lewis Cecil Gray, *History of Agriculture in the Southern United States to 1860*, Vol. II, p. 831.

161. Rupert B. Vance, *Human Geography of the South: A Study in Regional Resources and Human Adequacy* (Chapel Hill: University of North Carolina Press, 1932), p. 168. See also Grady McWhiney, *Cracker Culture*, p. 83.

162. P.T. Bauer, *Reality and Rhetoric: Studies in the Economics of Development* (London: Weidenfeld and Nicolson, 1984), p. 7.

163. G.M. Trevelyan, *English Social History: A Survey of Six Centuries, Chaucer to Queen Victoria* (Middlesex, England: Penguin Books, 1986), pp. 140–141.

164. William H. McNeill, *History of Western Civilization: A Handbook*, sixth edition (Chicago: University of Chicago Press, 1986), p. 252.

165. W. A. Armstrong, "The Countryside," *The Cambridge Social History of Britain: 1750–1950*, Vol. 1: *Regions and Communities*, edited by F. M. L. Thompson (Cambridge: Cambridge University Press, 1993), p. 87.
166. G. M. Trevelyan, *English Social History*, pp. 243, 271–272, 315, 325, 335, 386–387, 393n, 409, 414, 419–420, 492–493.
167. Carl K. Eicher, "Facing Up to Africa's Food Crisis," Foreign Affairs, Fall 1982, p. 166.
168. Ibid., p. 170.
169. Gunnar Myrdal, *Asian Drama: An Inquiry Into the Poverty of Nations*, abridged edition (New York: Pantheon, 1972), p. 296.
170. Daniel J. Boorstin, *The Americans*, Vol. II: *The National Experience* (New York: Random House, 1965), p. 176.
171. Grady McWhiney, *Cracker Culture*, p. 253. 截至一八六〇年為止，南方總人口占美國總人口的三九%。由於奴隸人口約占南方總人口的三分之一，且通常不具備發明的能力，因此讓南方白人約占全美總人口的二六%、白人人口的三分之一。更多人口統計數據請見 Lewis Cecil Gray, *History of Agriculture in the Southern United States to 1860*, pp. 656, 811.
172. Paul Johnson, *A History of the American People* (New York: Harper Collins, 1998), p. 462.
173. Rupert B. Vance, *Human Geography of the South*, pp. 301–303.
174. Ibid., pp. 304–305.
175. Ibid., pp. 112–116, 127–128.
176. Ibid., p. 292.
177. David S. Landes, *The Wealth and Poverty of Nations: Why Some Are So Rich And Some So Poor* (New York: W.W. Norton, 1998), pp. 516–517.

第四章　社會因素

1. Thomas Robert Malthus, *An Essay on the Principle of Population* (London: J. Johnson, 1798), p. 14; Thomas Robert Malthus, *Population: The First Essay* (Ann Arbor: University of Michigan Press, 1959), p. 5; Thomas Robert Malthus, "An Essay on the Principle of Population, As It Affects the Future Improvement of Society with Remarks on the Speculations of Mr. Godwin, M. Condorcet and Other Writers," *On Population*, edited by Gertrude Himmelfarb (New York: The Modern Library, 1960), p. 9.

2. Eduardo Porter, "Old Forecast of Famine May Yet Come True," *New York Times*, April 2, 2014, p. B1.
3. American Petroleum Institute, *Basic Petroleum Data Book*, Volume XX, No. 2 (Washington: American Petroleum Institute, 2000), Section II, Table 1.
4. See my *Basic Economics: A Common Sense Guide to the Economy*, fifth edition (New York: Basic Books, 2014), pp. 294–301.
5. See my *On Classical Economics* (New Haven: Yale University Press, 2006), pp. 57–63, 120–122.
6. *Geography of Sub-Saharan Africa*, third edition, edited by Samuel Aryeetey Attoh (New York: Prentice Hall, 2010), p. 182; *The World Almanac and Book of Facts: 2013* (New York: World Almanac Books, 2013), p. 793.
7. P.T. Bauer, *Equality, the Third World and Economic Delusion* (Cambridge, Massachusetts: Harvard University Press, 1981), p. 43.
8. Paul Robert Magosci, *A History of Ukraine* (Seattle: University of Washington Press, 1996), p. 6; Norman Davies, *Europe at War, 1939–1945: No Simple Victory* (London: Macmillan, 2006), p. 32; Tony Judt, *Postwar: A History of Europe Since 1945* (New York: Penguin Books, 2006), p. 648.
9. Shirley S. Wang, "Obesity in China Becoming More Common," *Wall Street Journal*, July 8, 2008, p. A18.
10. The Economist, *Pocket World in Figures: 2014 edition* (London: Profile Books, 2013), p. 18.
11.

族群	年齡中位數
黑人	32.9
柬埔寨裔	31.0
華裔	38.0
古巴裔	39.8
日裔	49.5
墨西哥裔	26.0
波多黎各裔	28.4

白人	40.2
總人口	37.4

資料來源：美國普查局，「二〇一二年美國社區調查一年期推估」(2012 American Community Survey 1–Year Estimates)。

12. W. Michael Cox and Richard Alm, "By Our Own Bootstraps: Economic Opportunity & the Dynamics of Income Distribution," *Annual Report 1995*, Federal Reserve Bank of Dallas, p. 16.
13. "Choose Your Parents Wisely," *The Economist*, July 26, 2014, p. 22.
14. Ibid.
15. Ibid.
16. Charles A. Price, *Southern Europeans in Australia* (Melbourne: Oxford University Press, 1963), p. 276; Charles A. Price, *The Methods and Statistics of 'Southern Europeans in Australia'* (Canberra: The Australian National University, 1963), p. 21.
17. Charles A. Price, *Southern Europeans in Australia*, p. 162.
18. Philip Taylor, *The Distant Magnet: European Emigration to the USA* (New York: Harper & Row, 1971), pp. 210, 211; Jonathan Gill, *Harlem: The Four Hundred Year History from Dutch Village to Capital of Black America* (New York: Grove Press, 2011), p. 139; Robert F. Foerster, *The Italian Emigration of Our Times* (New York: Arno Press, 1969), p. 393; Dino Cinel, *From Italy to San Francisco: The Immigrant Experience* (Stanford: Stanford University Press, 1982), p. 28.
19. Samuel L. Baily, "The Adjustment of Italian Immigrants in Buenos Aires and New York, 1870–1914," *American Historical Review*, April 1983, p. 291; John E. Zucchi, *Italians in Toronto: Development of a National Identity, 1875–1935* (Kingston, Ontario: McGill–Queen's University Press, 1988), pp. 41, 53–55, 58.
20. Louise L'Estrange Fawcett, "Lebanese, Palestinians and Syrians in Colombia," *The Lebanese in the World: A Century of Emigration*, edited by Albert Hourani and Nadim Shehadi (London: The Centre for Lebanese Studies, 1992), p. 368.
21. Kay S. Hymowitz, "Brooklyn's Chinese Pioneers," *City Journal*, Spring 2014, pp. 20–29.
22. Theodore Huebener, *The Germans in America* (Philadelphia: Chilton Company, 1962), p. 84.
23. Hildegard Binder Johnson, "The Location of German Immigrants in the Middle West," *Annals of the Association of American*

Geographers, edited by Henry Madison Kendall, Volume XLI (1951), pp. 24–25.

24. LaVern J. Rippley, “Germans from Russia,” *Harvard Encyclopedia of American Ethnic Groups*, edited by Stephan Thernstrom, et al (Cambridge, Massachusetts: Harvard University Press, 1980), p. 427.

25. Edward C. Banfield, *The Unheavenly City Revisited* (Boston: Little, Brown and Company, 1974), p. 91.

26. E. Franklin Frazier, “The Impact of Urban Civilization Upon Negro Family Life,” *American Sociological Review*, Vol. 2, No. 5 (October 1937), p. 615.

27. Jonathan Gill, *Harlem*, p. 284; E. Franklin Frazier, *The Negro in the United States*, revised edition (New York: The Macmillan Company, 1957), pp. 239, 257–258; Willard B. Gatewood, *Aristocrats of Color: The Black Elite, 1880–1920* (Bloomington: Indiana University Press, 1990), pp. 194–195; Stephen Birmingham, *Certain People: America’s Black Elite* (Boston: Little, Brown and Company, 1977), pp. 196–197; “Sugar Hill: All Harlem Looks Up to ‘Folks on the Hill’,” *Ebony*, November 1946, pp. 5–11.

28. Carlo M. Cipolla, *Clocks and Culture: 1300–1700* (New York: Walker and Company, 1967), pp. 66–69.

29. 關於這些猶太科學家在促使前總統富蘭克林．羅斯福創建「曼哈頓計畫」並製造出第一顆原子彈方面所扮演的角色，請見 Richard Rhodes, *The Making of the Atomic Bomb* (New York: Simon & Schuster, 1986), pp. 305–314. 關於在此計畫中擔任要角的猶太裔科學家內容，請見同書，pp. 13, 106, 188–189; Silvan S. Schweber, *Einstein and Oppenheimer: The Meaning of Genius* (Cambridge, Massachusetts: Harvard University Press, 2008), p. 138; Michio Kaku, *Einstein’s Cosmos: How Albert Einstein’s Vision Transformed Our Understanding of Space and Time* (New York: W.W. Norton, 2004), pp. 187–188; Howard M. Sachar, *A History of the Jews in America* (New York: Alfred A. Knopf, 1992), p. 527; American Jewish Historical Society, *American Jewish Desk Reference* (New York: Random House, 1999), p. 591.

30. Fernand Braudel, *A History of Civilizations*, translated by Richard Mayne (New York: Penguin Books, 1993), p. 440.

31. W. Michael Cox and Richard Alm, “By Our Own Bootstraps: Economic Opportunity & the Dynamics of Income Distribution,” *Annual Report 1995*, Federal Reserve Bank of Dallas, p. 8; “Movin’On Up,” *Wall Street Journal*, November 13, 2007, p. A24. Similar patterns exist in Canada. See Niels Veldhuis, et al., “The ‘Poor’ Are Getting Richer,” *Fraser Forum*, January/February 2013, pp. 24, 25.

32. Thomas A. Hirschl and Mark R. Rank, "The Social Dynamics of Economic Polarization: Exploring the Life Course Probabilities of Top-Level Income Attainment," Paper presented at the 2014 Annual Meetings of the Population Association of America, Boston, May 1–4, 2014, p. 13.

33. The Pew Charitable Trusts, *Pursuing the American Dream: Economic Mobility Across Generations* (Washington: Economic Mobility Project, an initiative of The Pew Charitable Trusts, 2012), p. 1. This is called "absolute mobility" in both the 2008 and the 2012 Pew studies. Ibid.; Isabel V. Sawhill, "Overview," Julia B. Isaacs, Isabel V. Sawhill and Ron Haskins, *Getting Ahead or Losing Ground: Economic Mobility in America* (Washington: Economic Mobility Project, an initiative of The Pew Charitable Trusts, 2008), p. 2.

34. The Pew Charitable Trusts, *Pursuing the American Dream*, p. 2.

35. Ibid., p. 1. This is called "relative mobility" in both studies. Ibid.; Isabel V. Sawhill, "Overview," Julia B. Isaacs, Isabel V. Sawhill and Ron Haskins, *Getting Ahead or Losing Ground*, p. 2.

36. The Pew Charitable Trusts, *Pursuing the American Dream*, p. 2.

37. Ibid., p. 28. A similar caveat appears in the 2008 study on page 105.

38. Isabel V. Sawhill, "Overview," Julia B. Isaacs, Isabel V. Sawhill and Ron Haskins, *Getting Ahead or Losing Ground*, p. 6.

39. Eligio R. Padilla and Gail E. Wyatt, "The Effects of Intelligence and Achievement Testing on Minority Group Children," *The Psychosocial Development of Minority Group Children*, edited by Gloria Johnson Powell, et al (New York: Brunner/Mazel, Publishers, 1983), p. 418.

40. Mandel Sherman and Cora B. Key, "The Intelligence of Isolated Mountain Children," *Child Development*, Vol. 3, No. 4 (December 1932), p. 283; Lester R. Wheeler, "A Comparative Study of the Intelligence of East Tennessee Mountain Children," *Journal of Educational Psychology*, Vol. XXXIII, No. 5 (May 1942), pp. 322, 324.

41. Otto Klineberg, *Race Differences* (New York: Harper & Brothers, 1935), p. 182.

42. *Griggs et al. v. Duke Power Co.*, 401 U.S. 424 (1971), at 432.

43. Heather Mac Donald, "How Gotham's Elite High Schools Escaped the Leveller's Ax," *City Journal*, Spring 1999, p. 74.

44. Jason L. Riley, *Please Stop Helping Us: How Liberals Make It Harder for Blacks to Succeed* (New York: Encounter Books,

2014), p. 49.

45. Susan Jacoby, "Elite School Battle," *Washington Post*, May 28, 1972, p. B4.
46. Dennis Saffran, "The Plot Against Merit," *City Journal*, Summer 2014, pp. 81–82.
47. Reginald G. Damerell, *Education's Smoking Gun: How Teachers Colleges Have Destroyed Education in America* (New York: Freundlich Books, 1985), p. 164.
48. Maria Newman, "Cortines Has Plan to Coach Minorities into Top Schools," *New York Times*, March 18, 1995, p. 1.
49. Fernanda Santos,"Black at Stuy," *New York Times*, February 26, 2012, Metropolitan Desk, p. 6.
50. See the title essay in my *Black Rednecks and White Liberals* (San Francisco: Encounter Books, 2005), as well as *Cracker Culture: Celtic Ways in the Old South* (Tuscaloosa: University of Alabama Press, 1988) by Grady McWhiney and *Albion's Seed: Four British Folkways in America* (New York: Oxford University Press, 1989) by David Hackett Fischer.
51. H.J. Butcher, *Human Intelligence: Its Nature and Assessment* (New York: Harper & Row, 1968), p. 252.
52. President Wm. W. Patton, "Change of Environment," *The American Missionary*, Vol. XXXVI, No. 8 (August 1882), p. 229; James D. Anderson, *The Education of Blacks in the South, 1860–1935* (Chapel Hill: University of North Carolina Press, 1988), p. 46.
53. See my *Black Rednecks and White Liberals*, pp. 38–40.
54. Henry S. Robinson, "The M Street High School, 1891–1916," *Records of the Columbia Historical Society, Washington, D.C.*, Vol. 51 (1984), p. 122.
55. See Table 4, School Code 0508/0598 [Dunbar High School] in my "Assumptions versus History in Ethnic Education," *Teachers College Record*, Volume 83, No. 1 (Fall 1981), p. 47.
56. Mary Gibson Hundley, *The Dunbar Story: 1870–1955* (New York: Vantage Press, 1965), p. 25.
57. Ibid., p. 75.
58. Ibid., p. 78. Mary Church Terrell, "History of the High School for Negroes in Washington," *Journal of Negro History*, Vol. 2, No. 3 (July 1917), p. 262.
59. Department of Defense, *Black Americans in Defense of Our Nation* (Washington: U.S. Department of Defense, 1985), p. 153.

60. Mary Church Terrell, "History of the High School for Negroes in Washington," *Journal of Negro History*, Vol. 2, No. 3 (July 1917), p. 264.
61. Louise Daniel Hutchison, *Anna J. Cooper: A Voice from the South* (Washington: The Smithsonian Institution Press, 1981), p. 62.
62. 第一位黑人聯邦法官為 William H. Hastie，第一位黑人將軍為 Benjamin O. Davis, Sr.，而第一位黑人內閣成員則為 Robert C. Weaver。
63. Mary Gibson Hundley, *The Dunbar Story*, p. 57.
64. Alison Stewart, *First Class: The Legacy of Dunbar, America's First Black Public High School* (Chicago: Lawrence Hill Books, 2013), pp. 91–93.
65. Jervis Anderson, "A Very Special Monument," *The New Yorker*, March 20, 1978, p. 93.
66. Ibid., p. 113.
67. See the title article in my *Black Rednecks and White Liberals*.
68. Jason L. Riley, *Please Stop Helping Us*, p. 43.
69. John U. Ogbu, *Black American Students in an Affluent Suburb: A Study of Academic Disengagement* (Mahwah, New Jersey: Lawrence Erlbaum Associates, 2003), Chapters 1, 2.
70. Ibid., p. 179.
71. Jason L. Riley, *Please Stop Helping Us*, p. 45.
72. Ibid., p. 46.
73. Ibid., p. 47.
74. See the data in my "Assumptions versus History in Ethnic Education," *Teachers College Record*, Volume 83, No. 1 (Fall 1981).
75. U.S. Census Bureau, "Table 4. Poverty Status of Families, by Type of Family, Presence of Related Children, Race, and Hispanic Origin: 1959 to 2013," downloaded on October 23, 2014: http://www.census.gov/hhes/www/poverty/data/historical/families.html
76. John H. Bunzel, "Affirmative-Action Admissions: How It 'Works' at UC Berkeley," *The Public Interest*, Fall 1988, pp. 124, 125.
77. Richard Sander and Stuart Taylor, Jr., *Mismatch: How Affirmative Action Hurts Students It's Intended to Help, and Why Universities Won't Admit It* (New York: Basic Books, 2012), p. 154.

78. 在該書的眾多表格中，沒有任何一個表格將通過正常標準而入學的黑人學生，與平權行動下獲許入學的黑人學生分開。請見威廉・鮑文和德瑞克・伯克，《河流的形狀：大學入學考量種族問題後的長期成果》(*The Shape of the River: Long–Term Consequences of Considering Race in College and University Admissions*) (Princeton: Princeton University Press, 1998), pp. ix–xix.

79. Ibid., p. 61. See also p. 259.

80. Stephan Thernstrom and Abigail Thernstrom, *America in Black and White: One Nation, Indivisible* (New York: Simon & Schuster, 1997), p. 408.

81. 威廉・鮑文和德瑞克・伯克，《河流的形狀》，p. 60n.

82. Citations from these other empirical studies, as well as a more extended critique of *The Shape of the River*, can be found in my *Affirmative Action Around the World: An Emperical Study* (New Haven: Yale University Press, 2004), pp. 152–159.

83. Stephan Therstrom and Abigail Thernstrom, "Reflections on *The Shape of the River,*" *UCLA Law Review*, Vol. 46, No. 5 (June 1999), p. 1589.

84. Mark H. Haller, *Eugenics: Hereditarian Attitudes in American Thought* (New Brunswick: Rutgers University Press, 1963), p. 11.

85. See, for example, Edward Alsworth Ross, *The Old World in the New: The Significance of Past and Present Immigration to the American People* (New York: The Century Company, 1914); Francis A. Walker,"Methods of Restricting Immigration," *Discussions in Economics and Statistics, Volume II: Statistics, National Growth, Social Economics*, edited by Davis R. Dewey (New York: Henry Holt and Company, 1899); Kenneth L. Roberts, Why Europe Leaves Home (Bobbs–Merrill Company, 1922); George Creel, "Melting Pot or Dumping Ground?" *Collier's*, September 3, 1921, pp. 9 ff.

86. Rudolph Pintner, *Intelligence Testing: Methods and Results*, new edition (New York: Henry Holt and Co., 1939), p. 453.

87. Carl C. Brigham, "Intelligence Tests of Immigrant Groups," *Psychological Review*, Vol. 37, Issue 2 (March 1930), p. 165.

88. H.J. Butcher, *Human Intelligence*, p. 252.

89. For details, compare Carl C. Brigham, *A Study of American Intelligence* (Princeton: Princeton University Press, 1923), pp. 16–19, 36–38; [Robert M. Yerkes,] National Academy of Sciences, *Psychological Examining in the United States Army* (Washington: Government Printing Office, 1921), Vol. XV, Part III, pp. 874, 875; Thomas Sowell, "Race and IQ Reconsidered,"

Essays and Data on American Ethnic Groups, edited by Thomas Sowell and Lynn D. Collins (Washington: The Urban Institute, 1978), pp. 226–227.

90. James R. Flynn, "The Mean IQ of Americans: Massive Gains 1932 to 1978," *Psychological Bulletin*, Vol. 95, No. 1 (1984), pp. 29–51; James R. Flynn, "Massive IQ Gains in 14 Nations: What IQ Tests Really Measure," *Psychological Bulletin*, Vol. 101, No. 2 (1987), pp. 171–191.

91. James R. Flynn, *Where Have All the Liberals Gone? Race, Class, and Ideals in America* (Cambridge: Cambridge University Press, 2008), pp. 72–74, 87.

92. Robert William Fogel, *The Escape from Hunger and Premature Death, 1700–2100* (Cambridge: Cambridge University Press, 2004), pp. 55–57.

93. Daniel Schwekendiek, "Height and Weight Differences Between North and South Korea," *Journal of Biosocial Science*, Vol. 41, No. 1 (January 2009), pp. 51–55. *The Economist* reported that North Koreans were "on average three inches shorter" than South Koreans. "We Need to Talk About Kim," *The Economist*, December 31, 2011, p. 8.

94. Robert William Fogel, *The Escape from Hunger and Premature Death*, p. 41.

95. Kenneth L. Roberts, "Lest We Forget," *Saturday Evening Post*, April 28, 1923, pp. 3 ff; Kenneth L. Roberts, *Why Europe Leaves Home*; Kenneth L. Roberts, "Slow Poison," *Saturday Evening Post*, February 2, 1924, pp. 8 ff; George Creel, "Melting Pot or Dumping Ground?" *Collier's*, September 3, 1921, pp. 9 ff; George Creel, "Close the Gates!" *Collier's*, May 6, 1922, pp. 9 ff.

96. Clifford Kirkpatrick, *Intelligence and Immigration* (Baltimore: The Williams & Wilkins Company, 1926), pp. 24, 31, 34.

97. Philip E. Vernon, *Intelligence and Cultural Environment* (London: Methuen & Co., Ltd., 1970), p. 155; Lester R. Wheeler, "A Comparative Study of the Intelligence of East Tennessee Mountain Children," *Journal of Educational Psychology*, Vol. XXXIII, No. 5 (May 1942), pp. 322, 324; Hugh Gordon, *Mental and Scholastic Tests Among Retarded Children* (London: His Majesty's Stationery Office, 1923), p. 38.

98. Arthur R. Jensen, "How Much Can We Boost IQ and Scholastic Achievement?" *Harvard Educational Review*, Winter 1969, p. 95.

第五章　政治因素

1. Freeman Dyson, "The Case for Blunders," *New York Review of Books*, March 6, 2014, p. 6.
2. Karl Polanyi, *The Great Transformation: The Political and Economic Origins of Our Time* (Boston: Beacon, 1957), p. 45. For specific examples of major retrogressions in Europe in the centuries following the decline and fall of the Roman Empire, see Bryan Ward–Perkins, *The Fall of Rome and the End of Civilization* (New York: Oxford University Press, 2005), Chapters V, VI; N.J.G. Pounds, *An Historical Geography of Europe* (Cambridge: Cambridge University Press, 1990), pp. 70, 71, 86, 165, 373–374; N.J.G. Pounds, *An Historical Geography of Europe: 1800–1914* (Cambridge: Cambridge University Press, 1985), p. 146; James Campbell, "The End of Roman Britain," *The Anglo–Saxons*, edited by James Campbell (Oxford: Phaidon Press, 1982), p. 9.
3. Ellen Churchill Semple, *Influences of Geographic Environment* (New York: Henry Holt and Company, 1911), p. 523.
4. See, for example, Ibid., pp. 595, 596. Alton C. Byers, et al., "Introduction to Mountains," *Mountain Geography: Physical and Human Dimensions*, edited by Martin F. Price, et al (Berkeley: University of California Press, 2013), p. 2; James S. Gardner, et al., "People in the Mountains," Ibid., p. 276.
5. See, for example, Ellen Churchill Semple, *Influences of Geographic Environment*, pp. 237, 591, 593, 599; J.R. McNeill, *The Mountains of the Mediterranean World: An Environmental History* (New York: Cambridge University Press, 1992), p. 48.
6. Ellen Churchill Semple, *Influences of Geographic Environment*, pp. 592, 593.
7. Ibid., p. 597.
8. James S. Gardner, et al., "People in the Mountains," *Mountain Geography*, edited by Martin F. Price, et al., p. 288; Ellen Churchill Semple, *Influences of Geographic Environment*, p. 535; Fernand Braudel, *The Mediterranean and the Mediterranean World in the Age of Philip II*, translated by Siân Reynolds (New York: Harper & Row, 1972), Vol. I, pp. 41, 207.
9. Ellen Churchill Semple, *Influences of Geographic Environment*, pp. 535, 548.
10. Gordon F. McEwan, *The Incas: New Perspectives* (Santa Barbara: ABCCLIO, 2006), p. 3; The Economist, *Pocket World in Figures: 2014 edition* (London: Profile Books, Ltd., 2013), pp. 148, 150, 222.

11. Gordon F. McEwan, *The Incas*, p. 23; Jeffrey Quilter, *The Ancient Central Andes* (New York: Routledge, 2014), p. 32; Thomas E. Weil, et al., *Area Handbook for Peru* (Washington: Government Printing Office, 1972), p. 36.
12. *The World Almanac and Book of Facts: 2014* (New York: World Almanac Books, 2014), p. 696.
13. Ellen Churchill Semple, *Influences of Geographic Environment*, p. 374.
14. Gordon F. McEwan, *The Incas*, p. 3.
15. Alan L. Kolata, *Ancient Inca* (Cambridge: Cambridge University Press, 2013), pp. 128, 129–130; Gordon F. McEwan, The Incas, pp. 84–85, 121–122; John H. Bodley, *Cultural Anthropology: Tribes, States, and the Global System* (Mountain View, California: Mayfield Publishing Company, 1997), pp. 215–216.
16. Ellen Churchill Semple, *Influences of Geographic Environment*, p. 419.
17. Orlando Patterson, *Slavery and Social Death: A Comparative Study* (Cambridge, Massachusetts: Harvard University Press, 1982), pp. 406–407, note 172; W. Montgomery Watt, *The Influence of Islam on Medieval Europe* (Edinburgh: Edinburgh University Press, 1972), p. 19; Bernard Lewis, *Race and Slavery in the Middle East: An Historical Enquiry* (New York: Oxford University Press, 1990), p. 11; Daniel Evans, "Slave Coast of Europe," Slavery & Abolition, Vol. 6, Number 1 (May 1985), p. 53, note 3.
18. Robert C. Davis, *Christian Slaves, Muslim Masters: White Slavery in the Mediterranean, the Barbary Coast, and Italy, 1500–1800* (New York: Palgrave Macmillan, 2003), p. 23.
19. Philip D. Curtin, *The Atlantic Slave Trade: A Census* (Madison: University of Wisconsin Press, 1969), pp. 72, 75, 87.
20. Jean W. Sedlar, *East Central Europe in the Middle Ages, 1000–1500* (Seattle: University of Washington Press, 1994), p. 97.
21. Ehud R. Toledano, *The Ottoman Slave Trade and Its Suppression: 1840–1890* (Princeton: Princeton University Press, 1982), pp. 18, 59, 168, 171, 188, 189.
22. R.W. Beachey, *The Slave Trade of Eastern Africa* (New York: Barnes & Noble Books, 1976), p. 182; Robert Stock, *Africa South of the Sahara: A Geographical Interpretation*, third edition (New York: The Guilford Press, 2013), pp. 179, 180; Ellen Churchill Semple, *Influences of Geographic Environment*, p. 275; Harold D. Nelson, et al., *Nigeria: A Country Study* (Washington: U.S. Government Printing Office, 1982), p. 16.

23. Martin A. Klein, "Introduction," *Breaking the Chains: Slavery, Bondage, and Emancipation in Modern Africa and Asia*, edited by Martin A. Klein (Madison: University of Wisconsin Press, 1993), p. 10; James F. Searing, *West African Slavery and Atlantic Commerce: The Senegal River Valley, 1700–1860* (Cambridge: Cambridge University Press, 1993), p. 69.
24. R.W. Beachey, *The Slave Trade of Eastern Africa*, pp. 182, 183, 189.
25. Donald L. Horowitz, *Ethnic Groups in Conflict* (Berkeley: University of California Press, 1985), p. 5.
26. Ibid., p. 76.
27. Amy Chua and Jed Rubenfeld, *The Triple Package: How Three Unlikely Traits Explain the Rise and Fall of Cultural Groups in America* (New York: The Penguin Press, 2014), p. 42.
28. Ibid., p. 43.
29. Ibid., p. 7.
30. N.J.G. Pounds, *An Historical Geography of Europe: 1800–1914*, pp. 457–458.
31. Walter Nugent, *Crossings: The Great Transatlantic Migrations, 1870–1914* (Bloomington: Indiana University Press, 1992), p. 84.
32. *Grutter v. Bollinger*, 539 U.S. 306 (2003), at 328, 329.
33. Mahathir bin Mohamad, *The Malay Dilemma* (Singapore: Asia Pacific Press, 1970), p. 25.
34. Ibid., p. 44.
35. Donald L. Horowitz, *Ethnic Groups in Conflict*, p. 226.
36. Pyong Gap Min, *Ethnic Business Enterprise: Korean Small Business in Atlanta* (New York: Center for Migration Studies, 1988), p. 104.
37. Illsoo Kim, *New Urban Immigrants: The Korean Community in New York* (Princeton: Princeton University Press, 1981), p. 114.
38. Elissa Gootman, "City to Help Curb Harassment of Asian Students at High School," *New York Times*, June 2, 2004, p. B9; Joe Williams, "New Attack at Horror HS: Top Senior Jumped at Brooklyn's Troubled Lafayette," *New York Daily News*, December 7, 2002, p. 7; Maki Becker, "Asian Students Hit in Rash of HS Attacks," *New York Daily News*, December 8, 2002, p. 7; Samuel G. Freedman, "Students and Teachers Expect a Battle in Their Visits to the Principal's Office," *New York Times*, November 22,

2006, p. B7; Kristen A. Graham and Jeff Gammage, "Two Immigrant Students Attacked at Bok," *Philadelphia Inquirer*, September 21, 2010, p. B1; Jeff Gammage and Kristen A. Graham, "Feds Find Merit in Asian Students'Claims Against Philly School," *Philadelphia Inquirer*, August 28, 2010, p. A1; Kristen A. Graham and Jeff Gammage, "Report Released on Racial Violence at S. Phila. High," *Philadelphia Inquirer*, February 24, 2010, p. A1; Kristen A. Graham, "Other Phila. Schools Handle Racial, Ethnic Tensions," *Philadelphia Inquirer*, February 4, 2010, p. A1; Kristen A. Graham and Jeff Gammage, "Attacking Immigrant Students Not New, Say Those Involved," *Philadelphia Inquirer*, December 18, 2009, p. B1; Kristen A. Graham, "Asian Students Describe Violence at South Philadelphia High," *Philadelphia Inquirer*, December 10, 2009, p. A1; Colin Flaherty, *'White Girl Bleed A Lot': The Return of Racial Violence to America and How the Media Ignore It* (Washington: WND Books, 2013), Chapter 5.

39. Myron Weiner, *Sons of the Soil: Migration and Ethnic Conflict in India* (Princeton: Princeton University Press, 1978), pp. 45–46, 102–136; Mary Fainsod Katzenstein, *Ethnicity and Equality: The Shiv Sena Party and Preferential Policies in Bombay* (Ithaca: Cornell University Press, 1979), pp. 28–29; Myron Weiner and Mary Fainsod Katzenstein, *India's Preferential Policies: Migrants, The Middle Classes, and Ethnic Equality* (Chicago: University of Chicago Press, 1981), pp. 114–115; David Marshall Lang, *The Armenians: A People in Exile* (London: George Allen and Unwin, 1981), pp. 3, 10, 37; David Lamb, *The Africans* (New York: Vintage Books, 1987), pp. 307–308; Donald L. Horowitz, *Ethnic Groups in Conflict*, pp. 46, 153, 155–156, 212–213; Donald L. Horowitz, *The Deadly Ethnic Riot* (Berkeley: University of California Press, 2001), pp. 4–5, 195, 198.

40. Larry Diamond, *Class, Ethnicity and Democracy in Nigeria: The Failure of the First Republic* (Syracuse: Syracuse University Press, 1988), p. 50.

41. Irina Livezeanu, *Cultural Politics in Greater Romania: Regionalism, Nation Building, & Ethnic Struggle, 1918–1930* (Ithaca: Cornell University Press, 1995), pp. 218–231.

42. Martin Meredith, *The First Dance of Freedom: Black Africa in the Postwar Era* (New York: Harper & Row, 1984), pp. 229–230.

43. P.T. Bauer, Reality and *Rhetoric: Studies in the Economics of Development* (London: Weidenfeld and Nicolson, 1984), p. 46.

44. Amy Chua, *World on Fire: How Exporting Free Market Democracy Breeds Ethnic Hatred and Global Instability* (New York: Doubleday, 2003), p. 50.

45. Derek Sayer, *The Coasts of Bohemia: A Czech History* (Princeton: Princeton University Press, 1998), pp. 168–169, 221–248.
46. Amy Chua, *World on Fire*, p. 4.
47. Ibid., p. 2.
48. Lord Kinross, *The Ottoman Centuries: The Rise and Fall of the Turkish Empire* (New York: William Morrow, 1977), p. 558.
49. David Marshall Lang, *The Armenians*, pp. 31, 34. A fuller account of these atrocities can be found in Ambassador Morgenthau's book *Ambassador Morgenthau's Story* (Detroit: Wayne State University Press, 2003), pp. 202–223.
50. "To Hell and Back," *The Economist*, April 5, 2014, p. 53.
51. "Devils and Enemies," *Far Eastern Economic Review*, July 7, 1994, p. 53.
52. 如同一名斯里蘭卡學者對當時情況的描述：「一九四八年的斯里蘭卡就像是安定、和平與秩序的天堂，與南亞其他地區（包括緬甸）形成鮮明的對比。權力的轉移相當順利且和平，反映出該國民族主義運動主要流派的溫和基調。更重要的是，人們在這裡幾乎找不到那些將近期獨立的眾南亞國家撕裂的歧異與苦澀。總體而言，該國的情況似乎為建國與民族復興，提供了一個令人印象深刻的穩固起點。」K. M. de Silva, "Historical Survey," *Sri Lanka: A Survey*, ed. K. M. de Silva (Honolulu: The University Press of Hawaii, 1977), p. 84.「在斯里蘭卡於一九四八年開始獨立時，其前景看似比多數新興國家都要光明。」Donald L. Horowitz, "A Splitting Headache," *The New Republic*, February 23, 1987, p. 33.「整體而言，錫蘭主體社群間的關係是和睦的，不像印度的印度教徒與穆斯林教徒那樣因為摩擦而出現嫌隙。除了一九一五年那場悲劇外，種族暴行並不常見。」I.D.S. Weerawardana, "Minority Problems in Ceylon," *Pacific Affairs*, Vol. 25, No. 3 (September 1, 1952), p. 279. 另外請見 N. Kearney, *Communalism and Language in the Politics of Ceylon* (Durham: Duke University Press, 1967), p. 27.
53. Linda Chavez, *Out of the Barrio: Toward a New Politics of Hispanic Assimilation* (New York: Basic Books, 1991), p. 29; Rosalie Pedalino Porter, *Forked Tongue: The Politics of Bilingual Education*, second edition (New Brunswick: Transaction Publishers, 1996), pp. 33, 35.
54. Randall K.Q. Akee and Jonathan B. Taylor, *Social and Economic Change on American Indian Reservations: A Databook of the U.S. Censuses and the American Community Survey, 1990–2010* (Sarasota, Florida: Taylor Policy Group, Inc., 2014), pp. 6, 7, 16.

55. Winston S. Churchill, *A History of the English–Speaking Peoples* (London: Cassell and Company, Ltd., 1956), Vol. I, p. 31.
56. Nicholas Kristof, "Is a Hard Life Inherited?" *New York Times*, August 10, 2014, Sunday Review section, p. 1.
57. Ibid.
58. Walter E. Williams, *Race and Economics: How Much Can Be Blamed on Discrimination?* (Stanford: Hoover Institution Press, 2011), Table 3.2.
59. Nicholas Kristof, "When Whites Just Don't Get It, Part 2," *New York Times*, September 7, 2014, Sunday Review section, p. 11.
60. Stephan Thernstrom and Abigail Thernstrom, *America in Black and White: One Nation, Indivisible* (New York: Simon & Schuster, 1997), p. 238.
61. Ibid., p. 237.
62. Nicholas Eberstadt, *The Poverty of "The Poverty Rate": Measure and Mismeasure of Want in Modern America* (Washington: AEI Press, 2008), Chapter 6.
63. Robert Rector and Rachel Sheffield, "Air Conditioning, Cable TV, and an Xbox: What Is Poverty in the United States Today?" *Backgrounder*, No. 2575, Heritage Foundation, July 18, 2011, p. 10.
64. Lawrence E. Harrison, *The Pan-American Dream: Do Latin America's Cultural Values Discourage True Partnership with the United States and Canada?* (New York: Basic Books, 1997), p. 207.
65. E. Franklin Frazier, *The Negro in the United States*, revised edition (New York: The Macmillan Company, 1957), p. 166.
66. Herbert G. Gutman, *The Black Family in Slavery and Freedom, 1750–1925* (New York: Pantheon Books, 1976), pp. 455–456.
67. James P. Smith and Finis Welch, *Race Differences in Earnings: A Survey and New Evidence* (Santa Monica: Rand, 1978), p. 10.
68. Gunnar Myrdal, *An American Dilemma: The Negro Problem and Modern Democracy* (New York: Pantheon Books, 1975), Volume II, p. 950.
69. Henry Reid Hunter, *The Development of the Public Secondary Schools of Atlanta, Georgia 1845–1937* (Atlanta: Office of School System Historian, Atlanta Public Schools, 1974), pp. 51–54.
70. Stephan Thernstrom and Abigail Thernstrom, *America in Black and White*, pp. 233–234.
71. Ibid., pp. 159, 164–165.

72. Ibid., pp. 160, 162.

73. Frederick C. Luebke, *Germans in Brazil: A Comparative History of Cultural Conflict During World War I* (Baton Rouge: Louisiana State University Press, 1987), pp. 64, 66.

74. Gary B. Cohen, *The Politics of Ethnic Survival: Germans in Prague, 1861–1914*, second edition (West Lafayette: Purdue University Press, 2006), Chapters 1 and 2.

75. Lawrence J. McCaffrey, "Forging Forward and Looking Back," *The New York Irish*, edited by Ronald H. Baylor and Timothy J. Meagher (Baltimore: Johns Hopkins University Press, 1996), p. 229.

76. Stephen Steinberg, *The Ethnic Myth: Race, Ethnicity and Class in America* (Boston: Beacon Press, 1989), pp. 154, 165.

77. *The New York Irish*, edited by Ronald H. Baylor and Timothy J. Meagher, p. 562.

78. Charles Murray, *Losing Ground: American Social Policy, 1950–1980* (New York: Basic Books, 1984), pp. 116, 256.

79. Kay S. Hymowitz, "The Black Family: 40 Years of Lies," *City Journal*, Summer 2005, p. 21.

80. U.S. Bureau of the Census, *Historical Statistics of the United States: Colonial Times to 1970* (Washington: Government Printing Office, 1975), Part I, p. 135; *Economic Report of the President, 2014* (Washington: U.S. Government Printing Office, 2014), p. 380; Walter E. Williams, *Race and Economics*, pp. 42–43.

81. Jason L. Riley, *Please Stop Helping Us: How Liberals Make It Harder for Blacks to Succeed* (New York: Encounter Books, 2014), pp. 67–73.

82. See, for example, Katie DeLong, "He Thought It Was a Flash Mob: Man Caught up in Attack Outside Kroger Says He Feels Lucky He Wasn't Hurt," *Fox 6 Now* (Memphis), September 8, 2014; Therese Apel, "FBI to Assist in Allegedly Racially–Motivated West Point Beating," *The Clarion-Ledger* (Mississippi), August 27, 2014; "Family Thinks Otterbein Assault May Have Been Hate Crime," *CBS Baltimore*, August 25, 2014; Danielle Schlanger, et al., "Woman Hit in Head with Pellet Gun in Alleged Hate Crime While Walking Through Central Park," *New York Daily News*, August 23, 2014; Steve Fogarty, "North Ridgeville Police Seek 3 Males in Assault of Teenager," *ChronicleTelegram* (Elyria, Ohio), August 14, 2014; "Indiana Man Charged in Shooting Death of Gary Police Officer," *5 NBC Chicago*, July 24, 2014; Julie Turkewitz and Jeffrey E. Singer, "Family Mourns at Site of a Fatal Beating," *New York Times*, May 13, 2014, p. A14; Mark Morales, "68–Year–Old Man Dies a

Day After He Was Beaten in E. Village; Video Captured Assault as Cops Hunt Suspect," *New York Daily News*, May 11, 2014; Paris Achen, "Two Men Held in Rose Village Gun Assault," *The Columbian* (Vancouver, Washington), April 10, 2014; "White Man Beaten by Mob in Detroit After Hitting Boy with Truck: Was It a Hate Crime?" *CBS Detroit*, April 4, 2014; "Police: Man Punches People in Face, Runs to Getaway Car," *KCCI 8 News.com* (Iowa), February 24, 2014; Ed Gallek, "Mob of Teens Attack Man in Downtown Cleveland," *19 Action News* (Cleveland, Ohio), February 11, 2014; Wayne Crenshaw, "Victim Recounts Snow Day Attack at Warner Robins High; 2 Arrests Made," *The Telegraph* (Macon, Georgia), February 5, 2014; Carlie Kollath Wells, "NOPD Makes Arrest in Connection with French Quarter Beating of Musician," *The Times–Picayune* (New Orleans), January 23, 2014; "Knock It Off," *New York Post*, December 10, 2013, p. 32; Thomas Tracy, et al., "Wild Bunch: Brooklyn Punks Pummel Couple, Scream out Slurs," *New York Daily News*, October 20, 2013, p. 13; Kaitlin Gillespie, "Police Seek Teens in Death of World War II Veteran," *The Spokesman–Review*, August 23, 2013; "Father of Teen Charged in Florida School Bus Beating Says Son Is 'Sorry', "*Fox News*, August 13, 2013; Peter Bernard, "3 Teens Charged in Pinellas School Bus Beating," *WFLA.com*, August 8, 2013; Jennifer Mann, "Man Convicted of Second-Degree Murder in St. Louis 'Knockout Game'Killing," *St. Louis Post–Dispatch*, April 10, 2013; Crimesider Staff, "Antonio Santiago Shooting: Suspects in Georgia Baby's Murder Face First Court Appearances," *CBSNews.com*, March 25, 2013; "Sauk Rapids Teen Charged as Adult in One–Punch Killing," *CBS Minnesota*, January 7, 2013; Michelle Pekarsky, "Stone Murder: Metro Squad Will Disband," *Fox 4 News Kansas City*, May 15, 2012; Laura McCallister and Betsy Webster, "Men Beat and Rob World War II Vet," *KCTV 5 News*, May 11, 2012; Michelle Washington, "A Beating at Church and Brambleton," *The Virginia Pilot*, May 1, 2012, p. B7; WKRG Staff, "Mobile Police Expect to Make Arrests in the Matthew Owens Beating Case Today," *WKRG* (Mobile–Pensacola), April 23–24, 2012; Michael Lansu, "Officials: Trayvon Case Cited in Racial Beating," *Chicago Sun–Times*, April 21, 2012, p. 2; Chad Smith, "Gainesville Beating Case Drawing National Attention," *Gainesville Sun*, April 10, 2012; Suzanne Ulbrich, "Father Searching for Answers in Son's Attack," *Daily News* (Jacksonville, North Carolina), April 7, 2012; Justin Fenton, "Viewers of Shock Video Shed Light on Baltimore Assault; Tips From Social Media Users Lead Police to Victim, Possible Suspect," *Baltimore Sun*, April 5, 2012, p. 1A; Ray Chandler, "Seneca Police Referring Assault Case to Federal Authorities," *Anderson Independent Mail* (South Carolina), March 28, 2012; Jerry Wofford, "Killing Ends 65–Year Romance," *Tulsa World*, March 20, 2012, p. A1; Stephanie

Farr, "'Geezer' Won't Let Thugs Ruin His Walks," *Philadelphia Daily News*, October 20, 2011, p. 26; "Concealing Black Hate Crimes," *Investor's Business Daily*, August 15, 2011, p. A16; Barry Paddock and John Lauinger, "Subway Gang Attack," *New York Daily News*, July 18, 2011, News, p. 3; Meg Jones, "Flynn Calls Looting, Beatings in Riverwest Barbaric," *Milwaukee Journal Sentinel*, July 6, 2011, pp. A1 ff; Joseph A. Slobodzian," West Philly Man Pleads Guilty to 'Flash Mob'Assault," *Philadelphia Inquirer*, June 21, 2011, p. B1; Mareesa Nicosia, "Four Skidmore College Students Charged in Assault; One Charged with Felony Hate Crime," *The Saratogian*, December 22, 2010; Kristen A. Graham and Jeff Gammage, "Two Immigrant Students Attacked at Bok," *Philadelphia Inquirer*, September 21, 2010, p. B1; Jeff Gammage and Kristen A. Graham, "Feds Find Merit in Asian Students' Claims Against Philly School," *Philadelphia Inquirer*, August 28, 2010, p. A1; Alfred Lubrano, "What's Behind 'Flash Mobs'?" *Philadelphia Inquirer*, March 28, 2010, p. A1; Ian Urbina, "Mobs Are Born as Word Grows by Text Message," *New York Times*, March 25, 2010, p. A1; Kirk Mitchell, "Attacks Change Lives on All Sides," Denver Post, December 6, 2009, pp. A1 ff; Alan Gathright, "Black Gangs Vented Hatred for Whites in Downtown Attacks," *The DenverChannel.com*, December 5, 2009; Kirk Mitchell, "Racial Attacks Part of Trend; Gangs Videotape Knockout Punches and Sell the Videos as Entertainment, Experts Say," *Denver Post*, November 22, 2009, p. A1; Samuel G. Freedman, "Students and Teachers Expect a Battle in Their Visits to the Principal's Office," *New York Times*, November 22, 2006, p. B7; Colin Flaherty, *'White Girl Bleed A Lot'*, 2013 edition.

83. Rasmussen Reports, "More Americans View Blacks as Racist Than Whites, Hispanics," July 3, 2013; Cheryl K. Chumley, "More Americans Say Blacks More Racist Than Whites: Rasmussen Report," *Washington Times* (online), July 4, 2013; Steven Nelson, "Poll Finds Black Americans More Likely to Be Seen as Racist," *U.S. News & World Report* (online), July 3, 2013.

84. James N. Gregory, *The Southern Diaspora: How the Great Migrations of Black and White Southerners Transformed America* (Chapel Hill: University of North Carolina Press, 2005), p. 123; Isabel Wilkerson, *The Warmth of Other Suns: The Epic Story of America's Great Migration* (New York: Random House, 2010), p. 291.

85. Carl Wittke, *The Irish in America* (New York: Russell & Russell, 1970), pp. 101–102; Oscar Handlin, *Boston's Immigrants* (New York: Atheneum, 1970), pp. 169–170; Jay P. Dolan, *The Irish Americans: A History* (New York: Bloomsbury Press, 2008), pp. 118–119; Irving Howe, *World of Our Fathers* (New York: Harcourt Brace Jovanovich, 1976), pp. 229–230.

86. See, for example, David Levering Lewis, *When Harlem Was in Vogue* (New York: Penguin Books, 1997), pp. 182–183; Jervis Anderson, *This Was Harlem: A Cultural Portrait, 1900–1950* (New York: Farrar Straus Giroux, 1982), pp. 138–139.
87. Milton & Rose D. Friedman, *Two Lucky People: Memoirs* (Chicago: University of Chicago Press, 1998), p. 48.
88. Jervis Anderson, *This Was Harlem*, p. 344. 補充個人經驗，我恰好曾經在她會經過的地鐵站出口附近，擔任一間雜貨店的送貨員。我時常會在禮拜六的晚上工作到午夜，並經過地鐵站返回住處，但我從來沒有遇到任何麻煩，儘管我那時的體重不到一百磅。
89. Lizette Alvarez, "Out, and Up," *New York Times*, May 31, 2009, Metropolitan section, p. 1.
90. Ibid., p. 6.
91. Walter E. Williams, *Up from The Projects: An Autobiography* (Stanford: Hoover Institution Press, 2010), pp. 6–7.
92. Ibid., p. 7.
93. Robyn Minter Smyers, "High Noon in Public Housing: The Showdown Between Due Process Rights and Good Management Practices in the War on Drugs and Crime," *The Urban Lawyer*, Summer 1998, pp. 573–574.
94. William Julius Wilson, "The Urban Underclass in Advanced Industrial Society," *The New Urban Reality*, edited by Paul E. Peterson (Washington: The Brookings Institution, 1985), p. 137.
95. Theodore Dalrymple, *Life at the Bottom: The Worldview That Makes the Underclass* (Chicago: Ivan R. Dee, 2001), p. 150.
96. Ibid., p. 164.
97. Ibid., p. 159.
98. Ibid., pp. 68–69.
99. Joyce Lee Malcolm, Guns and Violence: *The English Experience* (Cambridge, Massachusetts: Harvard University Press, 2002), p. 168.
100. Ibid., p. 209.
101. Ibid., pp. 90–91, 164–167; James Q. Wilson and Richard J. Herrnstein, *Crime and Human Nature* (New York: Simon and Schuster, 1985), pp. 409–410.
102. "A New Kind of Ghetto," *The Economist*, November 9, 2013, Special Report on Britain, p. 10.

103. Theodore Dalrymple, *Life at the Bottom*, p. 70.

104. Ibid., pp. 155–157.

105. Peter Hitchens, *The Abolition of Britain: From Winston Churchill to Princess Diana* (San Francisco: Encounter Books, 2000), Chapter 3.

106. Theodore Dalrymple, *Life at the Bottom*, pp. 155–156.

107. Michael Tanner and Charles Hughes, *The Work Versus Welfare Trade–Off: 2013* (Washington: The Cato Institute, 2013).

108. U.S. Census Bureau, "Table HINC–05. Percent Distribution of Households, by Selected Characteristics within Income Quintile and Top 5 Percent in 2010," from the *Current Population Survey*, downloaded on October 28, 2014: https://www.census.gov/hhes/www/cpstables/032011/hhinc/new05_000.htm

109. Mark Robert Rank, et al., *Chasing the American Dream: Understanding What Shapes Our Fortunes* (New York: Oxford University Press, 2014), p. 92.

110. Donald L. Horowitz, *Ethnic Groups in Conflict*, p. 180.

111. See, for example, Colin Flaherty, *'White Girl Bleed A Lot'*, 2013 edition, pp. iii, 2, 3, 5, 10, 14, 26, 28, 33, 35, 36, 91, 113, 196–197, 209.

112. Ibid., p. 113.

113. See, for example, Katie DeLong, "He Thought It Was a Flash Mob: Man Caught up in Attack Outside Kroger Says He Feels Lucky He Wasn't Hurt," *Fox 6 Now* (Memphis), September 8, 2014; Therese Apel, "FBI to Assist in Allegedly Racially–Motivated West Point Beating," *The Clarion–Ledger* (Mississippi), August 27, 2014; "Family Thinks Otterbein Assault May Have Been Hate Crime," *CBS Baltimore*, August 25, 2014; Danielle Schlanger, et al., "Woman Hit in Head with Pellet Gun in Alleged Hate Crime While Walking Through Central Park," *New York Daily News*, August 23, 2014; Steve Fogarty, "North Ridgeville Police Seek 3 Males in Assault of Teenager," *Chronicle–Telegram* (Elyria, Ohio), August 14, 2014; "Indiana Man Charged in Shooting Death of Gary Police Officer," *5 NBC Chicago*, July 24, 2014; Julie Turkewitz and Jeffrey E. Singer, "Family Mourns at Site of a Fatal Beating," *New York Times*, May 13, 2014, p. A14; Mark Morales, "68–Year–Old Man Dies a Day After He Was Beaten in E. Village; Video Captured Assault as Cops Hunt Suspect," *New York Daily News*, May 11, 2014;

Paris Achen, "Two Men Held in Rose Village Gun Assault," *The Columbian* (Vancouver, Washington), April 10, 2014; "White Man Beaten by Mob in Detroit After Hitting Boy with Truck: Was It a Hate Crime?" *CBS Detroit*, April 4, 2014; "Police: Man Punches People in Face, Runs to Getaway Car," *KCCI 8 News.com* (Iowa), February 24, 2014; Ed Gallek, "Mob of Teens Attack Man in Downtown Cleveland," *19 Action News* (Cleveland, Ohio), February 11, 2014; Wayne Crenshaw, "Victim Recounts Snow Day Attack at Warner Robins High; 2 Arrests Made," *The Telegraph* (Macon, Georgia), February 5, 2014; Carlie Kollath Wells, "NOPD Makes Arrest in Connection with French Quarter Beating of Musician," *The Times–Picayune* (New Orleans), January 23, 2014; "Knock It Off," *New York Post*, December 10, 2013, p. 32; Thomas Tracy, et al., "Wild Bunch: Brooklyn Punks Pummel Couple, Scream out Slurs," *New York Daily News*, October 20, 2013, p. 13; Kaitlin Gillespie, "Police Seek Teens in Death of World War II Veteran," *The Spokesman–Review*, August 23, 2013; "Father of Teen Charged in Florida School Bus Beating Says Son Is 'Sorry'," *Fox News*, August 13, 2013; Peter Bernard, "3 Teens Charged in Pinellas School Bus Beating," *WFLA.com*, August 8, 2013; Jennifer Mann, "Man Convicted of Second–Degree Murder in St. Louis 'Knockout Game' Killing," *St. Louis Post–Dispatch*, April 10, 2013; Crimesider Staff, "Antonio Santiago Shooting: Suspects in Georgia Baby's Murder Face First Court Appearances," *CBSNews.com*, March 25, 2013; "Sauk Rapids Teen Charged as Adult in OnePunch Killing," *CBS Minnesota*, January 7, 2013; Michelle Pekarsky, "Stone Murder: Metro Squad Will Disband," *Fox 4 News Kansas City*, May 15, 2012; Laura McCallister and Betsy Webster, "Men Beat and Rob World War II Vet," *KCTV 5 News*, May 11, 2012; Michelle Washington, "A Beating at Church and Brambleton," *The Virginia Pilot*, May 1, 2012, p. B7; WKRG Staff, "Mobile Police Expect to Make Arrests in the Matthew Owens Beating Case Today," *WKRG* (Mobile–Pensacola), April 23–24, 2012; Michael Lansu, "Officials: Trayvon Case Cited in Racial Beating," *Chicago Sun–Times*, April 21, 2012, p. 2; Chad Smith, "Gainesville Beating Case Drawing National Attention," *Gainesville Sun*, April 10, 2012; Suzanne Ulbrich, "Father Searching for Answers in Son's Attack," *Daily News* (Jacksonville, North Carolina), April 7, 2012; Justin Fenton, "Viewers of Shock Video Shed Light on Baltimore Assault; Tips From Social Media Users Lead Police to Victim, Possible Suspect," *Baltimore Sun*, April 5, 2012, p. 1A; Ray Chandler, "Seneca Police Referring Assault Case to Federal Authorities," *Anderson Independent Mail* (South Carolina), March 28, 2012; Jerry Wofford, "Killing Ends 65–Year Romance," *Tulsa World*, March 20, 2012, p. A1; Stephanie Farr, "'Geezer' Won't Let Thugs Ruin His Walks," *Philadelphia Daily News*, October 20, 2011, p. 26; "Concealing Black Hate

Crimes," *Investor's Business Daily*, August 15, 2011, p. A16; Barry Paddock and John Lauinger, "Subway Gang Attack," *New York Daily News*, July 18, 2011, News, p. 3; Meg Jones, "Flynn Calls Looting, Beatings in Riverwest Barbaric," *Milwaukee Journal Sentinel*, July 6, 2011, pp. A1 ff; Joseph A. Slobodzian, "West Philly Man Pleads Guilty to 'Flash Mob' Assault," *Philadelphia Inquirer*, June 21, 2011, p. B1; Mareesa Nicosia, "Four Skidmore College Students Charged in Assault; One Charged with Felony Hate Crime," *The Saratogian*, December 22, 2010; Kristen A. Graham and Jeff Gammage, "Two Immigrant Students Attacked at Bok," *Philadelphia Inquirer*, September 21, 2010, p. B1; Jeff Gammage and Kristen A. Graham, "Feds Find Merit in Asian Students'Claims Against Philly School," *Philadelphia Inquirer*, August 28, 2010, p. A1; Alfred Lubrano, "What's Behind 'Flash Mobs'?" *Philadelphia Inquirer*, March 28, 2010, p. A1; Ian Urbina, "Mobs Are Born as Word Grows by Text Message," *New York Times*, March 25, 2010, p. A1; Kirk Mitchell, "Attacks Change Lives on All Sides," *Denver Post*, December 6, 2009, pp. A1 ff; Alan Gathright, "Black Gangs Vented Hatred for Whites in Downtown Attacks," *The DenverChannel.com*, December 5, 2009; Kirk Mitchell, "Racial Attacks Part of Trend; Gangs Videotape Knockout Punches and Sell the Videos as Entertainment, Experts Say," *Denver Post*, November 22, 2009, p. A1; Samuel G. Freedman, "Students and Teachers Expect a Battle in Their Visits to the Principal's Office," *New York Times*, November 22, 2006, p. B7; Colin Flaherty, *'White Girl Bleed A Lot'*, 2013 edition.

114. Colin Flaherty, *'White Girl Bleed A Lot'*, 2013 edition, pp. 6, 14–15, 77, 83–84, 89, 94, 109, 133, 173–174, 178–179, 202, 203, 206.

115. See, for example, Ibid., pp. i, iv, 3, 7–8, 84–85, 88, 95, 112, 192, 220.

116. "Concealing Black Hate Crimes," *Investor's Business Daily*, August 15, 2011, p. A16.

117. See, for example, "Brooklyn Rabbi: Gang of Teens Playing Disturbing Game Of" Knock Out The Jew'," *CBS New York*, November 12, 2013; Thomas Tracy, "Jews Target of Twisted Street Game," *New York Daily News*, November 13, 2013, p. 45; "Knock It Off," New York Post, December 10, 2013, p. 32; Colin Flaherty, 'White Girl Bleed A Lot', 2013 edition, pp. 144–145, 151, 330.

118. Colin Flaherty, *'White Girl Bleed A Lot'*, 2013 edition, Chapter 2.

119. See, for example, Norman M. Naimark, *Fires of Hatred: Ethnic Cleansing in Twentieth-Century Europe* (Cambridge,

Massachusetts: Harvard University Press, 2001), pp. 117–119; R.M. Douglas, *Orderly and Humane: The Expulsion of the Germans After the Second World War* (New Haven: Yale University Press, 2012), pp. 96–97; Derek Sayer, *The Coasts of Bohemia*, p. 243.

120. See William McGowan, *Only Man Is Vile: The Tragedy of Sri Lanka* (New York: Farrar, Straus and Giroux, 1992).
121. Donald L. Horowitz, *The Deadly Ethnic Riot*, pp. 19–20.

第六章　可能的影響與遠景

1. Alan Greenspan, *The Age of Turbulence: Adventures in a New World* (New York: Penguin Press, 2007), p. 95.
2. P.T. Bauer, *Equality, the Third World and Economic Delusion* (Cambridge, Massachusetts: Harvard University Press, 1981), p. 23.
3. Daron Acemoglu and James A. Robinson, *Why Nations Fail: The Origins of Power, Prosperity, and Poverty* (New York: Crown Business, 2012), pp. 1–2.
4. Darrel Hess, *McKnight's Physical Geography: A Landscape Appreciation*, eleventh edition (Upper Saddle River, New Jersey: Pearson Education, 2014), p. 200.
5. Daron Acemoglu and James A. Robinson, *Why Nations Fail*, p. 428.
6. "Class and the American Dream," *New York Times*, May 30, 2005, p. A14.
7. E.J. Dionne, Jr., "Political Stupidity, U.S. Style," *Washington Post*, July 29, 2010, p. A23.
8. Peter Corning, *The Fair Society: The Science of Human Nature and the Pursuit of Social Justice* (Chicago: University of Chicago Press, 2011), p. ix.
9. W. Michael Cox and Richard Alm, "By Our Own Bootstraps: Economic Opportunity & the Dynamics of Income Distribution," *Annual Report 1995*, Federal Reserve Bank of Dallas, p. 8.
10. Ibid.
11. "Movin'On Up," *Wall Street Journal*, November 13, 2007, p. A24; U.S. Department of the Treasury,"Income Mobility in the

U.S. from 1996 to 2005," November 13, 2007, p. 9.
12. Niels Veldhuis, et al., "The' Poor' Are Getting Richer," *Fraser Forum*, January/February 2013, p. 25.
13. Armine Yalnizyan, *The Rise of Canada's Richest 1%* (Ottawa: Canadian Centre for Policy Alternatives, December 2010).
14. Thomas Piketty, *Capital in the Twenty–First Century* (Cambridge, Massachusetts: Harvard University Press, 2014), p. 252.
15. Thomas A. Hirschl and Mark R. Rank, "The Social Dynamics of Economic Polarization: Exploring the Life Course Probabilities of Top–Level Income Attainment," Paper presented at the 2014 Annual Meetings of the Population Association of America, Boston, May 1–4, 2014, p. 8; Mark R. Rank, "From Rags to Riches to Rags," *New York Times*, April 20, 2014, Sunday Review, p. 9.
16. Thomas A. Hirschl and Mark R. Rank, "The Social Dynamics of Economic Polarization: Exploring the Life Course Probabilities of Top-Level Income Attainment," Paper presented at the 2014 Annual Meetings of the Population Association of America, Boston, May 1–4, 2014, p. 13.
17. Paul Krugman, "Rich Man's Recovery," *New York Times*, September 13, 2013, p. A25.
18. U.S. Department of the Treasury, "Income Mobility in the U.S. from 1996 to 2005," November 13, 2007, p. 4.
19. Thomas Piketty, *Capital in the Twenty–First Century*, pp. 253, 254.
20. Ibid., pp. 252, 301.
21. U.S. Department of the Treasury, "Income Mobility in the U.S. from 1996 to 2005," November 13, 2007, pp. 2, 4.
22. Ibid., p. 7.
23. Ibid., pp. 2, 4.
24. Ibid., p. 11.
25. Internal Revenue Service, "The 400 Individual Income Tax Returns Reporting the Highest Adjusted Gross Incomes Each Year, 1992–2000," *Statistics of Income Bulletin*, Spring 2003, Publication 1136 (Revised 6–03), p. 7.
26. Joseph A. Schumpeter, *History of Economic Analysis* (New York: Oxford University Press, 1954), p. 529.
27. Thomas Piketty, *Capital in the Twenty–First Century*, pp. 473, 507; Robert A. Wilson, "Personal Exemptions and Individual Income Tax Rates, 1913–2002," *Statistics of Income Bulletin*, Spring 2002, p. 219.

28. Eugene Robinson, "The Fight–Back Plan," *Washington Post*, September 20, 2011, p. A17.
29. Carmen DeNavas-Walt and Robert W. Cleveland, "Money Income in the United States: 2001," *Current Population Reports*, P60–218 (Washington: U.S. Bureau of the Census, 2002), p. 19.
30. U.S. Census Bureau, "Table HINC–05. Percent Distribution of Households, by Selected Characteristics within Income Quintile and Top 5 Percent in 2010," from the Current Population Survey, downloaded on October 28, 2014: https://www.census.gov/hhes/www/cpstables/032011/hhinc/new05_000.htm
31. Charles Murray, *Human Accomplishment: The Pursuit of Excellence in the Arts and Sciences, 800 B.C. to 1950* (New York: Harper Collins, 2003), p. 298.
32. Ibid., pp. 304, 305.
33. Ibid., p. 98.
34. Ibid., pp. 97–100.
35. James Corrigan, "Woods in the Mood to End His Major Drought," *Daily Telegraph* (London), August 5, 2013, pp. 16–17.
36. Charles Murray, *Human Accomplishment*, p. 102.
37. John Powers, "Kenya's Domination in Marathons Has Raised the Level of Running Excellence, and the Rest of the Field Is Still Having a Hard Time Catching Up," *Boston Globe*, April 12, 2013, p. C2.
38. Joseph White, "A 1st in 52 Years: Co–champs at the Spelling Bee," The Associated Press, May 30, 2014.
39. *Sports Illustrated Almanac 2013* (New York: Sports Illustrated Books, 2012), pp. 69, 78.
40. *The Chronicle of Higher Education: Almanac 2014–2015*, August 22, 2014, p. 45.
41. Ibid.
42. U.S. News & World Report, *America's Best Colleges*, 2010 edition (Washington: U.S. News & World Report, 2009), pp. 137, 140, 191.
43. Mohamed Suffian bin Hashim, "Problems and Issues of Higher Education Development in Malaysia," *Development of Higher Education in Southeast Asia: Problems and Issues*, edited by Yip Yat Hoong (Singapore: Regional Institute of Higher Education and Development, 1973), Table 8, pp. 70–71.

44. Previous lists of statistical disparities in outcomes have appeared in such previous books of mine as *The Vision of the Anointed: Self-Congratulation as a Basis for Social Policy* (New York: Basic Books, 1995), pp. 35–37 and *Intellectuals and Society*, second edition (New York: Basic Books, 2012), pp. 116–119. Isolated examples have appeared *in Conquests and Cultures: An International History* (New York: Basic Books, 1998), pp. 125, 210, 217; *Migrations and Cultures: A World View* (New York: Basic Books, 1996), pp. 4, 17, 31, 57, 123, 130, 135, 152, 154, 157, 176, 179, 193, 196, 211, 265, 277, 278, 289, 297, 298, 300, 320, 345–346, 353–354, 355, 358, 366, 372–373.

45. Thomas A. Hirschl and Mark R. Rank, "The Social Dynamics of Economic Polarization: Exploring the Life Course Probabilities of Top–Level Income Attainment," Paper presented at the 2014 Annual Meetings of the Population Association of America, Boston, May 1–4, 2014, p. 13.

46. Alan Reynolds, *Income and Wealth* (Westport, Connecticut: Greenwood Press, 2006), pp. 27–28.

47. John Rawls, *A Theory of Justice* (Cambridge, Massachusetts: Harvard University Press, 1971), p. 73.

48. Ibid., p. 74. 49. Ibid., pp. 79–80.

50. Ibid., pp. 75–78.

51. Ibid., pp. 79–80, 82–83.

52. Ibid., pp. 4, 302, 303.

53. James M. McPherson, *The Abolitionist Legacy: From Reconstruction to the NAACP* (Princeton: Princeton University Press, 1975), p. 198.

54. Alexis de Tocqueville, *Democracy in America*, edited by J.P. Mayer and Max Lerner (New York: Harper & Row, 1966), p. 485.

55. Edward C. Banfield, *The Moral Basis of a Backward Society* (New York: The Free Press, 1958), pp. 19, 20, 76.

56. Nicholas Eberstadt, *Russia's Peacetime Demographic Crisis: Dimensions, Causes, Implications* (Seattle: National Bureau of Asian Research, 2010), p. 259.

57. Stephan Thernstrom and Abigail Thernstrom, *America in Black and White: One Nation, Indivisible* (New York: Simon and Schuster, 1997), pp. 233–234.

58. *The World Almanac and Book of Facts: 2013* (New York: World Almanac Books, 2013), pp. 748, 770, 771, 796, 806, 818, 821,

832, 839, 846; U.S. Census Bureau, "S0201: Selected Population Profile in the United States, 2013 American Community Survey 1-Year Estimates, downloaded from the Census website on November 10, 2014: http://factfinder2.census.gov/faces/tableservices/jsf/pages/productview.xhtml? pid=ACS_13_1YR_S0201&prodType=table

59. Rupert B. Vance, *Human Geography of the South: A Study in Regional Resources and Human Adequacy* (Chapel Hill: University of North Carolina Press, 1932), p. 463. 60. See, for example, P.T. Bauer, *Equality, the Third World and Economic Delusion*, Chapters 5, 6, 7; William Easterly, *The White Man's Burden: Why the West's Efforts to Aid the Rest Have Done So Much Ill and So Little Good* (New York: Penguin Press, 2006).

61. Lawrence E. Harrison, *Underdevelopment Is a State of Mind: The Latin American Case* (Cambridge, Massachusetts: The Center for International Affairs, Harvard University, 1985), p. 103.

62. *The World Almanac and Book of Facts: 2014* (New York: World Almanac Books, 2014), pp. 750, 754.

63. Robert F. Foerster, *The Italian Emigration of Our Times* (New York: Arno Press, 1969), p. 236; Carl Solberg, *Immigration and Nationalism: Argentina and Chile, 1890–1914* (Austin: University of Texas Press, 1970), p. 38.

64. Robert F. Foerster, *The Italian Emigration of Our Times*, p. 230.

65. Ibid., p. 243.

66. Fred C. Koch, *The Volga Germans: In Russia and the Americas, from 1763 to the Present* (University Park: Pennsylvania State University Press, 1977), p. 227; Timothy J. Kloberdanz, "Plainsmen of Three Continents: Volga German Adaptation to Steppe, Prairie, and Pampa," *Ethnicity on the Great Plains*, edited by Frederick C. Luebke (Lincoln: University of Nebraska Press, 1980), pp. 66–67.

67. Carl Solberg, *Immigration and Nationalism*, p. 51.

68. Robert F. Foerster, *The Italian Emigration of Our Times*, p. 261.

69. Mark Jefferson, *Peopling the Argentine Pampa* (New York: American Geographical Society, 1926), p. 1.

70. Carl Solberg, *Immigration and Nationalism*, pp. 49–50.

71. Robert F. Foerster, The Italian Emigration of Our Times, pp. 254–259.

72. Carl E. Solberg, "Peopling the Prairies and the Pampas: The Impact of Immigration on Argentine and Canadian Agrarian

Development, 1870–1930," *Journal of Interamerican Studies and World Affairs*, Vol. 24, No. 2 (May 1982), pp. 136, 152; Gloria Totoricagüena, *Basque Diaspora: Migration and Transnational Identity* (Reno: Center for Basque Studies, University of Nevada, 2005), pp. 171, 180. See also Lawrence E. Harrison, *The Pan-American Dream: Do Latin America's Cultural Values Discourage True Partnership with the United States and Canada?* (New York: Basic Books, 1997), p. 151.

73. Adam Giesinger, *From Catherine to Krushchev: The Story of Russia's* Germans (Winnipeg, Manitoba, Canada: Adam Giesinger, 1974), p. 229; Fred C. Koch, *The Volga Germans*, pp. 222, 224.

74. Fred C. Koch, *The Volga Germans*, pp. 226, 227.

75. "A Century of Decline," *The Economist*, February 15, 2014, p. 20.

76. Seymour Martin Lipset, *Revolution and Counterrevolution: Change and Persistence in Social Structures* (New York: Basic Books, 1968), pp. 90–91; Emilio Willems, "Brazil," *The Positive Contribution by Immigrants*, edited by Oscar Handlin (Paris: United Nations Educational, Scientific and Cultural Organization, 1955), p. 133.

77. Jean Roche, *La Colonisation Allemande et le Rio Grande do Sul* (Paris: Institut Des HautesÉtudes de L'Amérique Latine, 1959), pp. 388–389.

78. Gabriel Paquette, *Imperial Portugal in the Age of Atlantic Revolutions: The Luso–Brazilian World, c. 1770–1850* (Cambridge: Cambridge University Press, 2013), p. 80; Carl E. Solberg, "Peopling the Prairies and the Pampas: The Impact of Immigration on Argentine and Canadian Agrarian Development, 1870–1930," *Journal of Interamerican Studies and World Affairs*, Vol. 24, No. 2 (May 1982), pp. 131–161; Adam Giesinger, *From Catherine to Krushchev*, p. 229; Frederick C. Luebke, *Germans in the New World: Essays in the History of Immigration* (Urbana: University of Illinois Press, 1990), pp. 94, 96.

79. Warren Dean, *The Industrialization of São Paolo: 1880–1945* (Austin: University of Texas Press, 1969), p. 35.

80. Carl Solberg, *Immigration and Nationalism*, Chapter 1; George F. W. Young, "Bernardo Philippi, Initiator of German Colonization in Chile," *Hispanic American Historical Review*, Vol. 51, No. 3 (August 1971), p. 490; Fred C. Koch, *The Volga Germans*, pp. 231–233.

81. Fernand Braudel, *A History of Civilizations*, translated by Richard Mayne (New York: Penguin Books, 1993), p. 440.

82. J.F. Normano and Antonello Gerbi, *The Japanese in South America: An Introductory Survey with Special Reference to Peru*

(New York: The John Day Company, 1943), pp. 38–39.

83. C. Harvey Gardiner, *The Japanese and Peru: 1873–1973* (Albuquerque: University of New Mexico Press, 1975), p. 25; J.F. Normano and Antonello Gerbi, *The Japanese in South America*, p. 70.

84. C. Harvey Gardiner, *The Japanese and Peru*, pp. 62, 64; Toraji Irie and William Himel, "History of Japanese Migration to Peru, Part II," *Hispanic American Historical Review*, Vol. 31, No. 4 (November 1951), p. 662.

85. C. Harvey Gardiner, *The Japanese and Peru*, pp. 61–62.

86. William R. Long, "New Pride for Nikkei in Peru," *Los Angeles Times*, April 28, 1995, p. A1.

87. Pablo Macera and Shane J. Hunt, "Peru," *Latin America: A Guide to Economic History, 1830–1930*, edited by Roberto Cortés Conde and Stanley J. Stein (Berkeley: University of California Press, 1977), p. 566.

88. C. Harvey Gardiner, *The Japanese and Peru*, p. 68; J.F. Normano and Antonello Gerbi, *The Japanese in South America*, pp. 109–110.

89. C. Harvey Gardiner, *The Japanese and Peru*, p. 68.

90. J.F. Normano and Antonello Gerbi, *The Japanese in South America*, pp. 77, 113–114.

91. Carl Solberg, *Immigration and Nationalism*, p. 63.

92. Seymour Martin Lipset, "Values, Education, and Entrepreneurship," *Elites in Latin America*, edited by Seymour Martin Lipset and Aldo Solari (New York: Oxford University Press, 1967), pp. 24–25.

93. Jaime Vicens Vives, "The Decline of Spain in the Seventeenth Century," *The Economic Decline of Empires*, edited by Carlo M. Cipolla (London: Methuen & Co., 1970), p. 127.

94. Norman R. Stewart, *Japanese Colonization in Eastern Paraguay* (Washington: National Academy of Sciences, 1967), p. 153.

95. Harry Leonard Sawatzky, *They Sought a Country: Mennonite Colonization in Mexico* (Berkeley: University of California Press, 1971), p. 365.

96. Lawrence E. Harrison, *The Pan-American Dream*, p. 83.

97. Joseph Stiglitz, "Equal Opportunity, Our National Myth," *New York Times*, February 17, 2013, Sunday Review, p. 4.

98. Jason L. Riley, *Please Stop Helping Us: How Liberals Make It Harder for Blacks to Succeed* (New York: Encounter Books,

2014), p. 49.

99. John U. Ogbu, *Black American Students in an Affluent Suburb: A Study of Academic Disengagement* (Mahwah, New Jersey: Lawrence Erlbaum Associates, 2003), pp. 23–31.

100. See, for example, Diana Furchtgott-Roth and Christine Stolba, *Women's Figures: An Illustrated Guide to the Economic Progress of Women in America* (Washington: The A.E.I. Press, 1999), Part II; Thomas Sowell, *Economic Facts and Fallacies*, second edition (New York: Basic Books, 2011), Chapter 3.

101. "The Economic Role of Women," *The Economic Report of the President, 1973* (Washington: U.S. Government Printing Office, 1973), p. 105.

102. For statistical data, see Table 1 in my *Affirmative Action Reconsidered: Was It Necessary in Academia?* (Washington: American Enterprise Institute, 1975), p. 16.

103. Donald Harman Akenson, "Diaspora, the Irish and Irish Nationalism," *The Call of the Homeland: Diaspora Nationalisms, Past and Present*, edited by Allon Gal, et al (Leiden: Brill, 2010), pp. 190–191.

104. Karyn R. Lacy, *Blue-Chip Black: Race, Class, and Status in the New Black Middle Class* (Berkeley: University of California Press, 2007), pp. 66–68, 77; Mary Pattillo-McCoy, *Black Picket Fences: Privilege and Peril Among the Black Middle Class* (Chicago: University of Chicago Press, 1999), p. 12.

105. Donald R. Snodgrass, *Inequality and Economic Development in Malaysia* (Kuala Lumpur: Oxford University Press, 1980), p. 4.

106. Amy L. Freedman, "The Effect of Government Policy and Institutions on Chinese Overseas Acculturation: The Case of Malaysia," *Modern Asian Studies*, Vol. 35, No. 2 (May 2001), p. 416.

107. Michael Ornstein, *Ethno-Racial Inequality in the City of Toronto: An Analysis of the 1996 Census*, May 2000, p. ii.

108. Charles H. Young and Helen R.Y. Reid, *The Japanese Canadians* (Toronto: University of Toronto Press, 1938), pp. 9–10, 49, 53, 58, 76, 120, 129, 130, 145, 172; Tomoko Makabe, "The Theory of the Split Labor Market: A Comparison of the Japanese Experience in Brazil and Canada," *Social Forces*, Vol. 59, No. 3 (March 1981), p. 807, note 1.

109. John A. A. Ayoade, "Ethnic Management of the 1979 Nigerian Constitution," *Canadian Review of Studies in Nationalism*, Spring 1987, p. 127.

110. Burton W. Folsom, Jr., *The Myth of the Robber Barons: A New Look at the Rise of Big Business in America*, sixth edition (Herndon, Virginia: Young America's Foundation, 2010), pp. 83–92.
111. Rob Kling, "Information Technologies and the Shifting Balance between Privacy and Social Control," *Computerization and Controversy: Value Conflicts and Social Choices*, second edition, edited by Rob Kling (New York: Academic Press, 1996), p. 617. See also Marvin Cetron and Owen Davies, *Probable Tomorrows: How Science and Technology Will Transform Our Lives in the Next Twenty Years* (New York: St. Martin's Press, 1997), p. x.
112. Richard A. Epstein, *Overdose: How Excessive Government Regulation Stifles Pharmaceutical Innovation* (New Haven: Yale University Press, 2006), p. 15.

結 語

1. Paul Krugman, *The Conscience of a Liberal* (New York: W.W. Norton & Company, 2007), p. 11.
2. Sally C. Pipes, *The Top Ten Myths of American Health Care: A Citizen's Guide* (San Francisco: Pacific Research Institute, 2008), p. 9.
3. A condensed, documented account of this process can be found in the essay, "The Real History of Slavery" in my *Black Rednecks and White Liberals* (San Francisco: Encounter Books, 2005).
4. Charles Murray, *Losing Ground: American Social Policy, 1950–1980* (New York: Basic Books, 1984), pp. 116, 256.
5. U.S. Census Bureau, *Historical Statistics of the United States: Colonial Times to 1957* (Washington: U.S. Government Printing Office, 1960), p. 72; U.S. Census Bureau, *Statistical Abstract of the United States: 1984* (Washington: U.S. Government Printing Office, 1983), p. 407; U.S. Bureau of Labor Statistics, *Labor Force Characteristics by Race and Ethnicity, 2013*, Report 1050 (August 2014), p. 14.
6. 時間從一九五三年延續到一九五九年。*Sports Illustrated Almanac 2015* (New York: Sports Illustrated Books, 2014), pp. 44–45.
7. Ibid., p. 50.

8. *The Baseball Encyclopedia*, ninth edition (New York: The Macmillan Company, 1993), pp. 770, 829, 1034–1035, 1053, 1491.
9. Ibid., pp. 776, 783, 1086, 1090, 1216, 1313, 1315.
10. Ibid., p. 2074; T. Wendel, "Joe McGinnity," The National Baseball Hall of Fame and Museum, *The Hall: A Celebration of Baseball's Greats in Stories and Images, The Complete Roster of Inductees* (New York: Little, Brown and Company, 2014), p. 22.
11. Malcolm Macfarlane, *Bing Crosby: Day by Day* (Lanham, Maryland: The Scarecrow Press, 2001), p. 358.
12. Joel Whitburn, *The Billboard Book of Top 40 Hits*, revised and expanded ninth edition (New York: Billboard Books, 2010), p. 870.
13. Robert G. Barrier, "Only the Game Was Real: The Aesthetics and Significance of Re-created Baseball Broadcasting," *Baseball/Literature/Culture: Essays, 2006–2007*, edited by Ronald E. Kates and Warren Tormey (Jefferson, North Carolina: McFarland & Company, 2008), pp. 41–42; John E. DiMeglio, "Baseball," *Encyclopedia of Southern Culture*, edited by Charles Reagan Wilson and William Ferris (Chapel Hill: University of North Carolina Press, 1989), pp. 1210–1211.
14. James S. Gardner, et al., "People in the Mountains," *Mountain Geography: Physical and Human Dimensions*, edited by Martin F. Price, et al (Berkeley: University of California Press, 2013), pp. 288–289.
15. J.R. McNeill, *The Mountains of the Mediterranean World: An Environmental History* (New York: Cambridge University Press, 1992), pp. 223, 225–227.
16. Don Funnell and Romola Parish, *Mountain Environments and Communities* (London: Routledge, 2001), p. 157.
17. Ellen Churchill Semple, *Influences of Geographic Environment* (New York: Henry Holt and Company, 1911), p. 579.
18. Don Funnell and Romola Parish, *Mountain Environments and Communities*, p. 170.
19. Arthur Hu, "Minorities Need More Support," *The Tech*, March 17, 1987, pp. 4, 6.
20. Robert A. McGuire and Philip R.P. Coelho, *Parasites, Pathogens, and Progress: Diseases and Economic Development* (Cambridge, Massachusetts: MIT Press, 2011), pp. 1–2.
21. "To Each According to His Abilities," *The Economist*, June 2, 2001, p. 39.
22. Weiying Zhang, *The Logic of the Market: An Insider's View of Chinese Economic Reform*, translated by Matthew Dale

(Washington: Cato Institute, 2015), p. 126.
23. Jeffrey D. Sachs, *Common Wealth: Economics for a Crowded Planet* (New York: Penguin Press, 2008), pp. 162–163.
24. Milton & Rose Friedman, *Free to Choose: A Personal Statement* (New York: Harcourt Brace Jovanovich, 1980), p. 147.
25. David S. Landes, *The Wealth and Poverty of Nations: Why Some Are So Rich and Some So Poor* (New York: W.W. Norton & Company, 1998), pp. xvii–xviii.
26. Leon Volovici, *Nationalist Ideology and Antisemitism: The Case of Romanian Intellectuals in the 1930s*, translated by Charles Kormos (Oxford: Pergamon Press, 1991), p. 6.
27. Donald L. Horowitz, *Ethnic Groups in Conflict* (Berkeley: University of California Press, 1985), p. 117.
28. Ibid., p. 118.
29. Mary Fainsod Katzenstein, *Ethnicity and Equality: The Shiv Sena Party and Preferential Policies in Bombay* (Ithaca: Cornell University Press, 1979), pp. 137–138.
30. Donald L. Horowitz, *Ethnic Groups in Conflict*, pp. 117–118.
31. Yash Tandon, *Problems of a Displaced Minority: The New Position of East Africa's Asians* (London: Minority Rights Group, 1973), p. 15; C. Harvey Gardiner, *The Japanese and Peru: 1873–1973* (Albuquerque: University of New Mexico Press, 1975), pp. 67–68; J.F. Normano and Antonello Gerbi, *The Japanese in South America: An Introductory Survey with Special Reference to Peru* (New York: The John Day Company, 1943), pp. 109–110.
32. Donald L. Horowitz, *Ethnic Groups in Conflict*, p. 122.
33. Ibid., pp. 113–114.

國家圖書館出版品預行編目資料

誰製造了貧窮?:史丹佛經濟學家對貧富不均的思辨
／湯瑪斯．索威爾著;李祐寧譯.——初版一刷.——
臺北市:三民,2023
面; 公分.——(Vision+)
譯自:Wealth, Poverty, and Politics
ISBN 978-957-14-7666-7 (平裝)
1. 經濟學 2. 貧窮

550 112011526

VISION+

誰製造了貧窮?:
史丹佛經濟學家對貧富不均的思辨

作 者 湯瑪斯・索威爾
譯 者 李祐寧
責任編輯 王柏雯
美術編輯 古嘉琳

發 行 人 劉振強
出 版 者 三民書局股份有限公司
地 址 臺北市復興北路 386 號 (復北門市)
臺北市重慶南路一段 61 號 (重南門市)
電 話 (02)25006600
網 址 三民網路書店 https://www.sanmin.com.tw

出版日期 初版一刷 2023 年 9 月
書籍編號 S493810
I S B N 978-957-14-7666-7

WEALTH, POVERTY, AND POLITICS: AN INTERNATIONAL PERSPECTIVE
by THOMAS SOWELL
Copyright: © 2015 by THOMAS SOWELL
This edition arranged with CAROL MANN AGENCY
through BIG APPLE AGENCY, INC., LABUAN, MALAYSIA.
Traditional Chinese edition copyright: © 2023 SAN MIN BOOK CO., LTD.
All rights reserved.

著作權所有,侵害必究
※ 本書如有缺頁、破損或裝訂錯誤,請寄回敝局更換。

三民書局

112.9